# 现代传记研究

Journal of Modern Life Writing Studies

**第 12 辑**

2019 年春季号

No. 12, Spring 2019

上海交通大学传记中心主办

商务印书馆
The Commercial Press

图书在版编目(CIP)数据

现代传记研究. 第12辑 / 杨正润主编. —北京：
商务印书馆, 2019
ISBN 978-7-100-17338-4

Ⅰ.①现… Ⅱ.①杨… Ⅲ.①传记—研究 Ⅳ.
①K810

中国版本图书馆CIP数据核字（2019）第070483号

ⓒ The Commercial Press 2019
*Journal of Modern Life Writing Studies* Ⅻ / Yang Zhengrun

All rights reserved, including those of translation into foreign languages. No part of this book may be reproduced in any form or by any means, electronic or mechanical, including photocopy, recording, or any information storage and retrieval system, without permission in writing from the publisher.

本刊出版得到上海交通大学专项经费的资助，谨致谢忱。
The *Journal of Modern Life Writing Studies* gratefully acknowledges the special financial support received from Shanghai Jiao Tong University.

权利保留，侵权必究。

现代传记研究
第 12 辑
杨正润　主编

商 务 印 书 馆 出 版
（北京王府井大街36号　邮政编码100710）
商 务 印 书 馆 发 行
苏 州 市 越 洋 印 刷 有 限 公 司 印 刷
ISBN 978-7-100-17338-4

2019年5月第1版　　　开本710×1000　1/16
2019年5月第1次印刷　　印张17.75
定价：52.00元

**学术委员会**（按汉语拼音音序排列）

| | |
|---|---|
| 陈建华(华东师范大学) | 陈　进(上海交通大学) |
| 陈思和(复旦大学) | 盖兰,让-伊夫(巴黎第三大学) |
| 高宣扬(上海交通大学) | 关道雄(加利福尼亚大学圣塔芭芭拉分校) |
| 豪斯,克莱格·W.(夏威夷大学) | 霍伯曼,露丝(东伊利诺伊大学) |
| 黄贤强(新加坡国立大学) | 勒热讷,菲利浦(法兰西大学研究院) |
| 利德蕙(多伦多大学) | 刘　康(杜克大学) |
| 陆建德(中国社会科学院) | 聂珍钊(华中师范大学) |
| 乔利,玛格丽塔(苏塞克斯大学) | 施瓦茨,默里·M.(爱默生学院) |
| 特里尔,罗斯(哈佛大学) | 王　杰(上海交通大学) |
| 王　宁(清华大学) | 沃特斯,林赛(哈佛大学) |
| 亚历山大,迪迪耶(巴黎第四大学) | 杨正润(上海交通大学) |
| 张　炯(中国社会科学院) | |

**编辑委员会**

主　　　编：杨正润
副　主　编：刘佳林　袁祺
执　行　主　编：唐玉清
翻译部主任：唐岫敏
编辑部主任：陈玲玲
委　　　员：李凯平　梁庆标　尹德翔　赵山奎　朱剑利

**联系方式**

地　　址：上海市东川路800号,上海交通大学人文楼209室
邮　　编：200240
电　　话：86-21-34204579
电　　邮：sclw209@sina.com
网　　址：http://www.sclw.sjtu.edu.cn

**Advisory Board** (in alphabetical order)
Alexandre, Didier (Université de Paris IV-Sorbonne)
Chen Jianhua (East China Normal University)
Chen Jin (Shanhai Jiao Tong University)
Chen Sihe (Fudan University)
Guan, Daoxiong (University of California, Santa Barbara)
Guérin, Jeanyves (Université de Paris III-Sorbonne nouvelle)
Hoberman, Ruth (Eastern Illinois University)
Howes, Craig W. (University of Hawaii)
Jolly, Margaretta (University of Sussex)
KHA Saenyang (Shanghai Jiao Tong University)
Lejeune, Philippe (Institut Universitaire de France)
Liu Kang (Duke University)
Lu Jiande (Chinese Academy of Social Sciences)
Nie Zhenzhao (Central China Normal University)
Poy, Vivienne (University of Toronto)
Schwartz, Murray M. (Emerson College)
Terrill, Ross (Harvard University)
Wang Jie (Shanghai Jiao Tong University)
Wang Ning (Tsinghua University)
Waters, Lindsay (Harvard University)
Wong Sin Kiong (National University of Singapore)
Yang Zhengrun (Shanghai Jiao Tong University)
Zhang Jiong (Chinese Academy of Social Sciences)

**Editorial Committee**
Editor-in-Chief: Yang Zhengrun
Deputy Editors-in-Chief: Liu Jialin, Yuan Qi
Acting Editor-in-Chief: Tang Yuqing
Director of Translation Office: Tang Xiumin
Director of Editorial Office: Chen Lingling
Members: Li Kaiping, Liang Qingbiao, Yin Dexiang, Zhao Shankui, Zhu Jianli

**Contact**
Address: Room 209, Building of Humanities,
　　　　　800 Dongchuan Road,
　　　　　Shanghai, 200240, P. R. China
Telephone: 86 - 21 - 34204579
E-mail: sclw209@sina.com
Website: www.sclw.sjtu.edu.cn

# 卷 首 语

传记（life writing）是人类的纪念碑。文化的起源中就包含着传记的因素，记载孔子言行的《论语》、柏拉图的苏格拉底回忆录和四福音书为传记树立了不朽的经典。其他文学和文化的文本形式，大都随着时代的变迁而消亡，成为历史的陈迹，只有传记以顽强的生命力绵延不绝；到了 21 世纪更是超过曾经盛极一时的小说，成为文化文本中的最大类别。传统的他传、自传、回忆录、书信、日记、游记等继续繁荣，新兴的口述历史、群体传记又异军突起。传记还超越了文字的媒介，同电影、电视以及互联网和自媒体结缘，开拓出广阔的新空间，拥有难以计量的读者。越来越多的人为自己、为亲爱者写作传记，以保留一份纪念。21 世纪是属于传记的时代。

传记的发展，提出了许许多多的问题，需要研究和讨论；本刊是中国境内第一个专门研究传记的刊物，创办本刊的目的就是提供一个发表和交流的园地，为中国传记的发展聊尽绵薄之力。

在一个全球化的时代，《现代传记研究》是一个开放性的刊物。它向中外传记界开放，它发表对各种传记类型的问题，包括历史的、现实的和理论的问题，所进行的不同角度的研究和探讨；它鼓励和欢迎专家、作者和读者之间的交流和互动；它提倡视角和方法与时俱进、不断创新，同时也倡导严谨、求实的文风。它的目的只有一个，促进传记学术的繁荣，推动传记的发展。

办好一份刊物是一件艰苦的事，我们会不断学习、不断反思、不断改善以求进步。我们也吁求国内外传记界的朋友们、传记爱好者的支持，你们的关注和参与，你们的能力和智慧，是办好这份刊物最有力的保证，期待着你们！

《现代传记研究》编辑部

# Editor's Note

As a monument to honor human beings, life writing has permeated culture since its origin. *Analects of Confucius* by Confucius, Plato's *Apology of Socrates*, and *The Four Gospels* are immortal classics in the history of life writing. Despite the fact that many genres of literature and culture perish over time, life writing has persisted in a tenacious manner, and the twenty-first century is witnessing a golden age of life writing, which even surpasses the novel, the once-dominating genre. Life writing now is among the most esteemed of cultural texts. Such traditional forms as biography, autobiography, memoirs, letters, diary and travel writing still maintain prominence and the emerging oral history and collective lives demonstrate great momentum. Simultaneously, life writing, having crossed the border of textual medium into the domain of movies, TV, Internet and We Media, claims an ever new and extensive space with the potential for innumerable readers. An increasing number of people have taken to life wiring for themselves or for their loved ones, aspiring to erect an everlasting monument. In brief, the twenty-first century is an era of life writing.

Life writing as a genre of discourse has posed a great number of questions, requiring energies devoted to deeper studies and thorough scholarly discussions. The *Journal of Modern Life Writing Studies* takes the initiative in China as the first journal exclusively devoted to life writing studies. It aims to make a distinctive contribution to the development of Chinese life writing by providing a forum for publication and exchange of views in scholarship.

In the context of globalization, the *Journal of Modern Life Writing Studies* is an open journal, accessible to the life writing community home and abroad, publishing research and explorations on all kinds of life writing issues (historical, practical and theoretical) from various perspectives, encouraging and welcoming communication and interaction among scholars, authors and readers, and highlighting innovative perspectives and methodologies as well as rigorous and realistic style. Our over-arching commitment is to facilitate the development of life writing and to bring it to a new level of excellence.

A full-fledged journal requires arduous and painstaking efforts. We pledge to consistently aim for progress through consistent learning, reflection, and improvement. We also appeal to dear friends in the life writing community at home and abroad and devotees of life writing for your support, attention and participation. Your talents and wisdom are the most powerful assurance of our success. We are looking forward to your help!

The Editorial Board of *Journal of Modern Life Writing Studies*

# 目 录

卷首语 ·············································································· （1）

**【专栏：名家访谈】**

The Biographer's Art: An Interview with Richard
　　Holmes ······································· Tang Xiumin （1）

**【专栏：沈从文传记研究】**

"有情"之画笔
　　——试论沈从文后期书信 ························· 梁庆标 （15）
济渡自身意愿下的自我建构
　　——《从文自传》之书写选择 ··················· 丁茜菡 （27）

**【理论研究】**

纳博科夫的传记实验
　　——"作家传记"的诗性历史与艺术真实 ········· 贾　莹 （41）
英美传记小说的文类困境与突围
　　——以戴维·洛奇传记小说为例 ················· 蔡志全 （53）
Peritexts in David Lodge's *Author, Author*, and *A Man
　　of Parts*: From the Perspective of Genette's Theory of
　　Paratexts ···································· Chen Wenyu （69）
完美自传 ··············································· 毛　旭 （82）

【比较传记】

走进复杂的灵魂

——论苏曼殊传记的创作及其特点 …………………… 慕江伟（97）

【作品研究】

以传记游

——以莫理循旅华游记《一个澳大利亚人在中国》为例

………………………………………… 张文茹　崔亚霄（111）

邝丽莎家族回忆录《百年金山：我的美籍华人家族奋斗史》中的

身份话语 ………………………………………… 褚夫敏（124）

空间诗学视角下的生命叙事

——论房伟的《王小波传》 ……………………… 王布新（136）

【传记史研究】

论民国期刊对现代传记文学的贡献 ……… 陈含英　俞　扬　俞樟华（149）

"五四"新文化运动与中国现代传记文学 …………… 许菁频（161）

"必需的文学"

——论非裔奴隶自传叙事的功用 ………………… 郑春光（174）

"先贤传记"与方志的关系探究

——兼论方志的学科归属 …………………………… 李　贺（188）

【人物研究】

致命的42岁

——探究果戈理之谜的新线索 …………………… 徐晓宇（202）

【书评】

公主日记与写日记的公主

——评凯丽·费雪《公主日记》 ……………… 李霄垅　王梦婕（216）

【传记影视】
  表演框架视域下的传记电影研究·················· 周倩雯（224）
  女性主义电影中女性知识分子的媒介书写
    ——基于《汉娜·阿伦特》和《黄金时代》的比较········ 杨石华（238）

【学术信息】
  "传记工作坊：作者、学者和读者的对话"侧记············ 邵　怡（250）

稿　约 ································································ （258）
编后记——兼致本刊青年作者 ······································ （262）

# Contents

**Editor's Note** ·················································································· (2)

**Special Section: Interview**

   The Biographer's Art: An Interview with Richard
      Holmes ·············································· Tang Xiumin (1)

**Special Section: The Study of Shen Congwen's Life Writing**

   The Affectionate Paintings: On Shen Congwen's Letters in
      His Later Years ······································ Liang Qingbiao (15)
   Living beyond the Suffering by Constructing the Self:
      The Selection in the Writing of *Congwen's*
      *Autobiography* ······································ Ding Qianhan (27)

**Theory Studies**

   Experimenting on Biography: The Poetic History and Artistic
      Reality in Nabokov's Literary Biography ············· Jia Ying (41)
   The Generic Dilemma and Breakthrough: Taking David
      Lodge's Biographical Novels as an Example ········ Cai Zhiquan (53)
   Peritexts in David Lodge's *Author, Author*, and *A Man*
      *of Parts*: From the Perspective of Genette's Theory of
      Paratexts ············································· Chen Wenyu (69)
   Perfect Autobiography ································· Mao Xu (82)

**Comparative Biography**

Into the Complex Soul: Features of Su Manshu
 Biography ·················································· Mu Jiangwei (97)

**Text Studies**

Biography As Travel Writing: A Study of George Morrison's
 *An Australian in China* ·············· Zhang Wenru  Cui Yaxiao (111)
The Identity Discourses in Lisa See's Family Memoir *On
 Gold Mountain: A Family Memoir of Love, Struggle
 and Survival* ················································ Chu Fumin (124)
The Life Narrative Examined from the Perspective of Space
 Theory: The Case of Fang Wei's *A Biography of Wang
 Xiaobo* ························································ Wang Buxin (136)

**History of Life Writing**

On the Contribution of the Periodicals in the Republican
 Period to Chinese Modern Biography
 ····························· Chen Hanying Yu Yang Yu Zhanghua (149)
The May Fourth New Culture Movement and Chinese Modern
 Biography ···················································· Xu Jingpin (161)
"Literature of Necessity": On the Utility of the African
 Slave Narrative ·································· Zheng Chunguang (174)
The Relationship between the Sage Biography and the
 Local Chronicles: On the Academic Discipline of Local
 Chronicles ·························································· Li He (188)

**Subject Study**

42, a Fatal Age: A New Clue to the Enigma of Gogol

·················································· Xu Xiaoyu (202)

**Book Review**

The Princess's Diary and the Princess Diarist: A Review of *The Princess Diarist* by Carrie Fisher ··· Li Xiaolong Wang Mengjie (216)

**Film Biography**

Looking at Film Biography from the Perspective of Performance Framework ······························ Zhou Qianwen (224)

Female Intellectuals' Media Writing in Feminist Films: A Comparative Analysis between *Hannah Arendt* and *The Golden Era* ······························································ Yang Shihua (238)

**Academic Info**

2018 Life Writing Workshop: A Dialogue among the Biographer, the Scholar and the Reader: A Report ···················· Shao Yi (250)

**Instructions to Contributors** ······································· (260)
**From the Editor**—To Our Young Contributors ······················ (266)

# The Biographer's Art:
# An Interview with Richard Holmes

## Tang Xiumin

**Interviewee**: Richard Holmes was the first Professor of Biographical Studies at the University of East Anglia, 2001-2007. He is a Fellow of the British Academy, and an Honorary Fellow of Churchill College, Cambridge. He is the author of *Footsteps: Adventures of a Romantic Biographer*, and biographies of Shelley, Coleridge and young Dr Johnson. His study of scientists and poets *The Age of Wonder* won the Royal Society Prize for Science Books (UK) and the National Book Critics Circle Award for Nonfiction (USA). He has also written about the early balloonists in *Falling Upwards*, which was one of *Time* magazine's Top Ten Non-Fiction Books of 2013. His most recent book is *This Long Pursuit*, a study of his biographical methods and teaching. In 2018 he won the BIO Award (USA) for sustained achievement in Biography.

**Interviewer**: Tang Xiumin, Professor of English, is Adjunct Fellow at SJTU Center for Life Writing, Editor on the *Journal of Modern Life Writing Studies*, and Deputy Secretary General of the Biography Society of China. She is the author of *Lytton Strachey and "the New Biography": A Historical-Cultural Study* (2010) and the major author of *A History of British Biography* (2012). She is currently working on a critical book on biography.

**标题**：传记家的艺术：理查德·霍姆斯访谈

**受访者**：理查德·霍姆斯，英国东安格利亚大学首位传记学教授（2001—2007）、英国国家学术院院士、英国剑桥大学丘吉尔学院荣誉院士。著有《足迹——浪漫主义传记家历险记》，写过雪莱、科勒律治、约翰生等人的传记。他的《好奇年代》是为科学家与诗人撰写的群传，荣获英国皇家学会科学图书奖和美国国家图书书评奖（非虚构类）。科学家传记《上穷碧落》为美国《时代周刊》杂志评选的 2013 年度"非虚构图书十佳"之一。近作《漫长的探寻》探讨了作者的传记方法与传记教学。2018 年因在传记领域持续不断的成就，荣获（美国）国际传记家组织大奖。

**采访者**：唐岫敏，英语教授，《现代传记研究》编辑，上海交通大学传记中心兼职研究员，中国传记文学学会副秘书长。著有《斯特拉奇与"新传记"》（2010）、以第一作者合著《英国传记发展史》（2012）。

In China, Richard Holmes is renowned among scholars of life writing studies and some scientists. In his monumental study *A Modern Poetics of Biography*（2009）Yang Zhengrun supports his proposition with quotes from Richard Holmes' *Footsteps*: *Adventures of a Romantic Biographer*（1996）and *Shelley*: *The Pursuit*（2003）. Sun Yongbin, a Chinese Samuel Johnson scholar, cites Holmes's *Dr. Johnson and Mr. Savage*（1993）in his research, such as "Johnson's Subjectivity in *Life of Savage*"［*Foreign Literature Studies* 4（2008）］. Tang Xiumin's study of Holmes appears in *A History of British Biography*（Shanghai Foreign Language Education Press, 2012）. Bao Yongning, the translator, has produced Chinese versions of Holmes's *The Age of Wonder*（The Science and Technology Publishing House of Hunan Province, China, 2012）and *Falling Upwards*（Beijing SDX Joint Publishing, 2018）. At present Li Kaiping is translating Holmes' *Shelley*: *The Pursuit* which will be published by Guangxi Normal University Press, China. Conducted in November 2018, the following email interview displays Richard Holmes's views on the various issues concerning the art of biography, such as translation, self-narrative, "objective" narration, literary awards, and etc..

英国著名传记作家理查德·霍姆斯在中国传记研究学者和一些科学家中享有盛誉。著名传记研究专家杨正润先生在其扛鼎之作《现代传记学》（南京大学出版社，2009年）中，多处引用霍姆斯的《足迹——浪漫主义传记家历险记》（1996年）和《雪莱传——求索》（2003年）论证其观点。约翰生研究专家孙勇彬教授在论文《论约翰生在〈塞维奇传〉中的主体性》（《外国文学研究》，2008年第4期）中，也引用过霍姆斯的《约翰生博士与塞维奇先生》（1993年）。唐岫敏教授在《英国传记发展史》（上海外语教育出版社，2012年）中专门研究过霍姆斯。霍姆斯的《好奇年代》（湖南科学技术出版社，2012年）与《上穷碧落》（生活·读书·新知三联书店，2018年）由暴永宁先生先后翻译成中文。目前，李凯平博士正在翻译霍姆斯的《雪莱传——求索》，将由广西师范大学出版社出版。

本次电邮采访日期为2018年11月。访谈展现了霍姆斯对诸多传记艺术问题的看法，例如翻译、自我叙事、"客观"叙述、文学奖与传记发展等。

**Tang Xiumin(TX)**: *Prof. Richard Holmes, I am so glad that you reminded me in the email that two of your science biographies have the Chinese versions. The two Chinese translations are works by one translator just as their originals by one biographer. This obviously guarantees the finished work with the same style. As the author, what do you think of translations of biography? What are the essentials for a translated biography, do you think?*

**Richard Holmes(RH)**: The great challenge for a translator of biography is not so much the basic text (as in a novel), but to find a way of rendering the passages of quotations *within* the text. These quotations or citations will be stylistically different from the biographer's main contemporary narrative—for example in *The Age of Wonder* excerpts of $18^{th}$ century scientific prose by Herschel, or intimate $19^{th}$ century letters by Keats, or Gothic fiction by Mary Shelley, pieces of actual poetry by Coleridge or Byron. The translator must find a convincing way of showing to the reader all these various historical styles.

**TX**: *As a biographer, you have published a trilogy of biographical reflections, summarizing and rationalizing your practice in the field. This makes me wonder what your attitude towards theories of biography is. You know quite a few biographers don't like theories. What about you? Do theories help your life writing?*

**RH**: In my long drawn-out trilogy written over thirty years—*Footsteps* (1985), *Sidetracks* (2000), and *This Long Pursuit* (2016)—I am mainly concerned with my own practical experience as a biographer—my travels, my moments of discovery, my mistakes and misconceptions, my anecdotes and adventures, and above all my individual portraits and "parables". However, when I began teaching biography at the University of East Anglia in 2001 as a MA degree, I found that the history of biography as a form in Western Literature—beginning with Plutarch—lead naturally to the discussion of the various theories of biography as they had developed over time; the changing views on the nature of truth-telling;

and the conception of the private/public self. So for example Plutarch's views on these theoretical questions are different from Dr Johnson's or Elizabeth Gaskell's or Lytton Strachey's or Michael Holroyd's. It also led naturally to "comparative biography", that is the study of a series of different biographies of the same subject, written over time—for example eight biographies of the feminist Mary Wollstonecraft from William Godwin's in 1798 to Claire Tomalin's in 1976—and the different interpretations and theoretical assumptions they displayed. Much of this is described in my chapter "Teaching" in *This Long Pursuit*. There have also been many new books which have popularized biographical theory in the last ten years by biographers themselves—for example by Nigel Hamilton(2008), Hermione Lee(2009), James Atlas(2017), and Hans Renders(2018).

**TX:** *In a newspaper review, you are described as a biographer that does not mind being told that you have written "a rather old-fashioned book".*① *How do you regard criticism of your biography or biographical reflections?*

**RH:** I think all reviews of biography are helpful, whether critical or not, because they add to the general understanding of the form which is currently changing so fast, both in style and subject matter. I remember a very long, academic review of my two Coleridge biographies by Hermione Lee in the *London Review of Books*(1999), which began very fiercely but turned out to be one of the best discussions of contemporary literary biography in English that I have ever read. Actually I have been very lucky with reviews all my life, so to have my tenth book described as "rather old fashioned" at the age of 72, is quite reassuring if a bit anodyne. More lively disagreement might have been welcome.

**TX:** *When you commented on the French romantic [painter] Félix Nadar's self portrait you stated that "[N]ever trust a biographer on the subject of himself."*② *Could you elaborate on your remark?*

**RH:** This was partly meant as an ironic joke, at my own expense! It was provoked by Nadar's wonderful romantic photograph of himself (a photograph not a painting) made in his own Paris photographic studio in about 1854. He carefully presents himself with the intense, wild, passionate appearance of some unworldly French poet, when in fact he was a very brilliant and businesslike media-man, a cartoonist, a professional photographer, a pioneer balloonist, and a publicity expert. (His real name was Felix Tournachon—the name "Nadar" was his own publicity invention and a hugely successful business "logo".) The joke is that the portrait photographer was originally thought to give the most objective, truthful and realistic image possible of his sitter: in effect a true, direct *visualbiography*. But when Nadar turned his camera on himself it, he showed anything but the simple truth about his own nature: it was a brilliant manipulation, even a subtle form of myth-making, as if to say: *Behold Nadar, the poetic soul*! So in the same way, when truthful "objective" biographers start to write about themselves ... beware! Though it can produce a tender comic masterpiece, like Michael Holroyd's *Basil Street Blues*(1999).

**TX:** *In his biography of Thomas Carlyle, James Froude describes the artist's attempts to paint Carlyle on canvas with a sigh that " A portrait of Carlyle completely satisfactory did not yet exist,"③ meaning that the multi-facets of the subject makes it hard for the painter to catch the sitter's authentic features. Do you have similar feeling in your word-painting of your subjects?*

**RH:** Yes, Froude was right, even though Carlyle was a close friend. With a great deal of hard work and some luck(and sighing!) you can catch some of the authentic truth about your subject, but never remotely the whole truth. I think this must be an axiom of modern biography. It is not simply a question of biographic facts or events, or even the interpretation of them. It is the whole underlying question of human character and personality, and how complex they are, and how difficult to describe. (How well do you know even your best friend? What happens when they act "out of character"?) The evidence is always complicated, and often contradictory. Your subjects will certainly be seen differently by the people who knew them; will appear different at different points in their lives; and what's more will describe themselves differently depending on mood and circumstances (and whether they do so in casual conversation, formal interview, letter, email, blog, diary or memoir). Moreover, the standards of intimacy, privacy, censorship and self-censorship, alter not merely with history but also with nationality and culture. ("Privacy" is presumably not the same in first century Greece, fifteenth century Italy, or twenty-first century America.) You have to orchestrate all this symphonic material through a whole book(not merely paint a single painting), yet establish some kind of convincing outline or melody(not merely a collection of fragments) and yet also show the continuous, dynamic curve between youth and age(perhaps the greatest narrative challenge of biography). I think Virginia Woolf made a striking comment on this, when she wrote in her wonderful essay *The New Biography*(1927) that a single individual may somehow contain a hundred lives. Or maybe Walt Whitman put it most memorably in *The*

*Song of Myself* (1855): "Very well, then I contradict myself, I am large, I contain multitudes".

**TX**: *A Chinese biographer avers that a successful biography must be a process in which the biographer starts with writing about the subject, but goes on to merge into writing about him/herself figuratively.*④ *Do you think so?*

**RH**: I think this is an acute observation, and is obviously true of some classic biographies like Boswell's *Life of Samuel Johnson* (1784). However, it is interesting that the reverse might equally be true. That a biographer might start with a highly subjective, personal impression of their subject, in effect a version of themselves, but gradually through the actual process of research and writing come to a more objective, and differentiated account. (Biographers sometimes speak of naively "falling in love" with their subjects at first, and then "growing up" into a mature relationship after several years of work. I have called this mature relationship "the biographer's handshake") Of course a lot turns on that word "figuratively". All biographies certainly carry the imprint, or under-shadow or figurative shape, more or less disguised, more or less conscious, of their author's own experiences(This was the subject of my book *Footsteps*, 1985) But often this autobiographical "figure" only becomes clear retrospectively, many years later(if the biography survives), and whether it has produced a valuable result. Hence the fascination of studying comparative biography, as described above.

**TX**: *Addressing literary biography, Richard Ellmann holds that what a biographer elicits is less the events of a writer's life than the "mysterious armature".*⑤ *Did you also try to bring out the "mysterious armature" from your subject's life? Could you tell us with a specific example?*

**RH**: I think Ellmann's phrase was quoted from the French poet Mallarmé, meaning the linking structure or pattern that connects or "binds the creative work" throughout the working life. Henry James said something similar in his short story describing the mystery of an imaginary writer's life, which he called "The Figure in the Carpet" (1896). Yes, you certainly search for this mysterious element, but it is elusive and easy to mistake. I have sometimes found myself using the musical analogy of the tune, or melody, which emerges in the very process of writing the life, and which seems gradually to connect all the notes. There used to be a fashion for presenting biographies as shaped overall by classical myths or legends, for example, *Ariel: A Life of Shelley* (1923), or *Prometheus: The Life of Balzac* (1966) both by André Maurois. The poet WB Yeats claimed there was "one myth for every man". While John Keats observed:"A man's life of any worth is a continual allegory, and very few eyes can see the mystery of his life, a life like the scriptures, *figurative*." Equally the pattern or key was once thought to be provided by psychoanalytic ideas, and formative events in childhood, going right into adult life, as in George Painter's *Proust*(1959/1965) or Leon Edel's *Henry James* (1953/1985). In my own *Coleridge* (1989/1998) I found another kind of link or pattern in certain recurrent images, of rivers and the caves: the Pixies' Parlour of his childhood, the caves "measureless to man" in "Kubla Khan"; the metaphysical cave of his middle-age poem "A Tombless Epitaph"; or the seaside cave where he bathed as an old man on the Kentish coast. These caves were all symbols of Coleridge's strange, deep imagination, and a lifetime spent exploring it, both in his writing and his famous talk. My main experience is that this link or melody can never be imposed from outside, it only emerges gradually from inside the narrative, in the actual process of writing. It is always to some extent a surprise, an unexpected discovery, even a gift!

**TX:** *By the time you set your pen on paper after you have done sufficient research work, do you have rules in your mind for the composition of the biography?*

**RH:** Incidentally, I never feel I have done sufficient research! There is always more to learn, even after the biography is finished.... But by the time I start writing, I would hope at least to have some idea of the overall chapter structure, the main episodes in the life, and where I will spend most time and use most detail. This means knowing, apart from anything else, how and where I will begin. This is not always as obvious as it sounds. With *Shelley* I finally began with the view from his bedroom window in boyhood, already "looking west" towards the setting sun(prophesying his great poem "Ode to the West Wind" and his premature death). With *Coleridge* I began with him in old age, talking garrulously about his own very early childhood. With *The Age of Wonder*, I began with young Joseph Banks jumping down, wide-eyed, on a beach at Tahiti. None of these were the result of general "rules" of composition, they were each individual decisions, depending on the kind of story I wished to tell. They often took a long time to get right(maybe years), and many trials and much re-writing as well. I originally began *Coleridge* in his middle-age in 1814, writing secret letters about his opium addiction. But the ingenuous split time structure this would have required, working backwards and forwards through his life, was something I gradually realized that he did better himself in his own superb confessional Notebooks. So I finally left it to him to tell the story in his own way!

**TX:** *Would you please tell us something about your research process? Do you have frustrating moments?*

**RH:** My main research method is to combine "library" work (letters, diaries, original editions, paintings, maps, museums, mass archives and so on) with "footstepping", that is following my subject, geographically, to all the places they actually lived and worked throughout their lives. For example, Shelley took me to many famous cities and mountains, but also to remote houses, riversides, and beaches in England, Scotland, Ireland, France, Switzerland, Germany and Italy (and almost to Greece, but he drowned before he got there). You could describe this as a combination of "indoor and outdoor" work. I try to bring all this together in my "two-sided" or "double accounting" notebooks, which (put schematically) gather all objective facts or data on the right-hand side, and all subjective materials (including travel notes, puzzles, irritations, speculations, even dreams) on the left-hand side. The left-hand side certainly contains many frustrations and unsolved mysteries. That is its great value! It's a kind of "negative capability" zone of reflection for the working biographer. It's the state which John Keats marvelously described in 1817: "when a man is capable of being in uncertainties, mysteries, doubts, without any *irritable reaching after* fact and reason". Some uncertainties are very simple—did Shelley father an illegitimate child in Naples? Some remain very subtle and complicated—was he really an atheist? (apparently yes, in his essays and letters; apparently no, in much of his poetry). I always recommended the use of such objective/subjective notebooks to my students, and describe them most recently in the "Travelling" chapter from *This Long Pursuit*. It makes the whole research process (which may go on for five years or more) very rich and fascinating, but also much clearer to oneself.

**TX:** *The Age of Wonder is indeed a meaty book, as a reader comments. Please allow me to focus on this biography with the following few questions. It seems that you decided to write the book out of your concern over our present life. In the Epilogue, you mention that without fully understanding "the hopes and worries of the Romantic generation" one can hardly apprehend today's "debates about the environment, or climate change, or genetic engineering, or alternative* *medicine, or extraterrestrial life, or the nature of consciousness, or even the existence of God".*⑥ *Is the tie between that generation and today's generation indeed so close?*

**RH:** This is a big and meaty question! But let me at least try a lean and simple answer. I originally began the book for biographical reasons, because I discovered that the poet Coleridge had a lifelong friendship and continuous "dialogue" with the great chemist Humphry Davy. As young men they both came from the English West Country, and they first met at the Bristol Pneumatic Institute, where Davy was conducting experiments on the medical properties of the newly discovered nitrous oxide(laughing gas, which also has anesthetic properties) as a possible cure for tuberculosis. Coleridge became one of his volunteer subjects, inhaling the gas and experiencing its euphoric effects, at the same period he was writing his visionary opium poem "Kubla Khan". There was a similarity between the two experiences or experiments. Later Coleridge went to Davy's scientific lectures in London, as he said "to renew my stock of metaphors". So here was an important exchange of ideas between a great poet and a great scientist, which suggested to me that the much-lamented modern split between the "two cultures" of arts and sciences(as described by C. P. Snow in his lecture of 1959) had not always existed. From that point on my book expanded out to the history of some 60 European writers and scientists(in Britain, France and Germany) who knew each other's work during the Romantic period 1770-1830, and who often exchanged their thoughts and their discoveries. This led them to ask basic questions about the impact of science on society and the imagination which certainly have parallels with those we ask today: Are we damaging or failing to understand Nature? Do we have human "souls" or some kind of special consciousness? Is there intelligent life beyond the Earth? How was the universe created, if not by God? Should we be engineering new kinds of human being? I think it is helpful to know that we are not the first generation to ask these kinds of question, and experience this mixture of hopes and fears. We are not alone! The Romantics were there before us, and biography can show this very well.

**TX:** *At the beginning of Chapter I, in your recount of what Joseph Banks experienced on Tahiti, you describe that when they walked back to their ship from an excursion into the island, the Englishmen felt "dangerously like royalty" in front of those passionate islanders who lined to say goodbye (3). Why dangerously?*

**RH:** Yes, "dangerously", because this is one of the very first hints in

Banks's historic *Endeavour Journal* of the future imperialist attitude, that white Europeans were naturally superior to native peoples, and should come to rule over them by right. This exploitative attitude is usually associated with later Victorian explorers and colonizers. But here, in one tiny remark by the Enlightened young Joseph Banks, its whole fatal development is foretold!

**TX:** *It is impossible to give an account of one individual's entire life within the limited space of a biography. Perhaps this is why a biographer must choose a theme for the representation of his subject's life story? The theme of* The Age of Wonder, *for instance, seems to be the Romantic people's paradoxicality in their exploration of the world. From Joseph Wright of Derby's paintings, you read that "Romantic science contained terror as well as wonder" (xix); the concept of "the Noble Savage" seems to be a style of life that people at that time wished to avoid as well as admired (333); Joseph Banks distinguished the rich European's anxieties and the poor islanders' happiness (39), to cite a few examples.*

**RH:** Yes, as I suggest throughout the book, there is a divided or paradoxical Romantic attitude to scientific "progress"—benevolent or destructive?—which we have all inherited. But what was interesting to me was to show this at work in the biographical experience of individual lives, not merely as a "sociological" theme. The story of the African explorer Mungo Park's two very different expeditions up the river Niger, for example, makes this paradox painfully clear. Or the benefits and controversies surrounding Humphry Davy's invention of the miner's safety lamp. Or the mixed successes and failures of balloonists like Jean-Pierre Blanchard. In all these the linking theme of "wonder" is vividly ambiguous.

**TX:** *In your narrative, Tahiti became a legend after Joseph Banks returned to London from his voyage, " the island started its long decline into a source of popular entertainment"; and at the notorious nude "Tahitian Review". It was said that "wealthy clients could then 'anthropologically' sample the native girls (who were all of course London cockneys)" (54). The diction "Long decline", "anthropologically sample" and "London cockneys" all reveals your sarcastic tone. Do you think a biographer should bear his/her stand in life writing?*

**RH:** I had to allow for the fact that all British and American readers would inevitably be aware of the modern Hollywood clichés of "Tahitian" exoticism! I thought it would interest them that this kind of commercial exploitation began so early, and $18^{th}$ century audiences were already aware that a Review show that was being presented as "anthropologically" serious, was really a quite different kind of entertainment. My sarcastic or ironic tone reflected the knowing attitude of the *audience at the time*, and invited my modern readers to share it. But I was also deliberately provoking my readers to remember the exploitation of the London working-class "cockney" girls themselves. I think it legitimate for a biographer to use this kind provocation. Humour can be a way telling the reader to stay alert. Something complicated is going on in the story!

**TX:** The Age of Wonder *is a successful group biography. What is the hardest nut to crack in writing a group biography?*

**RH:** Surprisingly it's not the actual size of the group(some 60 figures in all, which I give as a Cast List as in a Russian novel), but the overall control of the chronology. A group biography is a continuous problem of Time. A single subject biography will usually have a relatively simple development through a single life-time, from youth to age whether long(Coleridge 62 years) or short(Shelley 29 years). But a group biography requires a more complicated time-sequence. The lives of my three main protagonists sometimes overlapped (Joseph Banks born 1743, William Herschel born 1738, Humphry Davy born 1778) and they were working to some degree simultaneously(notably during the period 1790-1820). But they were of different ages, and they rarely met each other. So in the biography they cannot be presented simultaneously. They have to be introduced to the reader in some kind of separate order, and their stories taken forward in different stages. You have to move the reader on from one story to the other, but without losing the thread. I adopted various narrative devices to do this, but I will mention just two. For a start each of my ten chapters opens with a scene from Banks's life, so as President of the Royal Society he becomes a kind of chorus figure, and introduces us to all the others as they appear, or reminds us where we had got to in the overall history. And of course Banks himself grows old as the book progresses, so we still have a continuous measure of one human life-time to judge by, which is so important in biography. Another device I use is to break up each of the three main biographies into at least two sections, and to interleave them(or in cinematic terms, inter-cut them) with more thematic chapters featuring lesser, but nevertheless fascinating, figures—for example chapters on ballooning(Lunardi and Blanchard), or African exploration (Mungo Park) or experimental medicine (William Lawrence, Wilhelm Ritter and Mary Shelley author of *Frankenstein*). This allowed me to explore the element of suspense, so vital in scientific biography. (Where will the next experiment, or expedition, or discovery lead to? Read on....). So I could eventually describe the book in my Introduction, I hope accurately, as a "relay-race" of scientific stories.

TX: *Hermione Lee believes that a good biography is one that the reader would like immediately sit down and have an argument with the author.*⑦ *Michael Benton believes that "[I]n a well-written biography, poetic truth and literal truth are interdependent."*⑧ *What do you think is a good biography?*

RH: I am reminded of Somerset Maugham's remark about what makes a good novel: "There are only three rules for writing a good novel. Fortunately, no one knows what they are." Good biographies—by James Boswell, Mrs Gaskell, Michael Holroyd or Hermione Lee, for example—are obviously so varied in style, approach and temperament that it would be difficult to define any essential common ground between them. Nonetheless, I think the ability to fall in love with your subject, and out of love again where necessary, is probably fundamental to the writer of any good biography. This implies many strange biographical virtues: obsessive curiosity, passionate empathy, cool advocacy, and the patience of a saint, for a start. It also suggests certain vices to avoid: above all, perhaps, boring your nearest and dearest with endless accounts of your thrilling researches.

TX: *In* This Long Pursuit: Reflections of a Romantic Biographer,⑨ *you mention that you have loved life writing intensely for over more than 40 years and yet you still don't understand entirely the things within. What are those intangible things in your life writing?*

RH: Ah, if I only knew I could tell you! I once wrote "Ten Commandments" for my biography students. The last commandment was this one: "And, lastly thou shalt be Humble about biography, for it demonstrates that we can never know, or write, the last Word about the human Heart."

TX: *Interpretation is indispensable in life writing. The frequent quote is Lytton Strachey's view that facts without interpretation are "as useless as buried gold."*⑩ *Could you say something about your methods regarding interpretation? Say, is comment or evaluation a sort of interpretation in some way?*

RH: I suspect it is almost impossible to present biographical facts *without* interpretation. The mere selection, or highlighting, of certain facts in preference to other facts, is itself a form of interpretation. The writer Julian Barnes has a wonderfully witty chapter about the wildly different effects of selection in his satirical novel about the methods of biography, *Flaubert's Parrot* (1984). His imaginary biographer, Geoffrey

Braithwaite, gives several versions of exactly the same episode from Flaubert's life, but entirely alters the reader's view of it, first heroic then blameworthy and finally ridiculous, simply by slightly altering his choice of facts (though all the facts are equally true). The overall narrative tone which you adopt in the biography is also fundamental. For instance, I had to decide whether Coleridge's whole life was basically a tragedy or a comedy. Did he waste his life and his poetic talents, or make something wonderful and extraordinarily original of them? How far was Coleridge, or his friend William Wordsworth, really responsible for the revolution in Romantic poetry? Was his love affair with Sara Hutchinson ("Asra") a pure fantasy, or a necessary escape from an unhappy marriage? Should he be blamed for his opium addiction, or praised for his endless struggles to overcome it? (Notice there is interpretation even in that sentence! —"endless" struggles implies heroism, but "unavailing" struggles would suggest tragedy and failure.) The answers to these kinds of basic questions had to produce the overall shape and tone of my biography, and they all depend ultimately on personal interpretation and judgement of the facts. But in the end, of course, interpretation must be as subtle, truthful and empathetic as you can make it.

**TX:** *There are quite some literary awards for biography. What do you think of those awards? Are they stimulators for the development of biography?*

**RH:** I think awards and prizes for young biographers, especially, can be encouraging and of course financially helpful. Unlike fiction, biography always requires a lot of preliminary travel and research expenses, and it is hard to carry that financial burden until publishers know your work and are prepared to pay you reasonable advances. So a prize or an award can be vital, a life-saver! It can also be very lonely setting out, and some recognition from your peers can be hugely encouraging. It produces what has aptly been called "the refreshment of success". Another great thing that awards can do is find you a bigger readership. For example I think my own work was very little known in America until I won the National Book Critics Circle Award for Non-fiction for *The Age of Wonder* (in the same year that Hilary Mantel won it for Fiction). I should add that in Britain there is wonderful outfit called The Biographers' Club, founded in 1997, run by biographers themselves, which gives generous prizes for first biographies, and even for biographical proposals before they have been published. That certainly keeps young biographers on their toes. Good luck to them all!

## Acknowledgement

I am very grateful to Prof. Richard Holmes who allowed me to interview him at length. And my thanks also go to Prof. Hans Renders, without whom this interview is impossible.

## 注释【Notes】

① D.J.Taylor, "Review: *This Long Pursuit: Reflections of a Romantic Biographer by Richard Holmes.*" *Times* 22 Oct.22, 2016. Retrieved 18 Oct. 2018.
〈https://www.thetimes.co.uk/article/this-long-pursuit-reflections-of-a-romantic-biographer-by-richard-holmes-lw6q5l092〉

② Richard Holmes, "My Hero: Félix Nadar." Guardian 26 Apr., 2013. Retrieved 10 Oct.2018.
〈https://www.theguardian.com/books/2013/apr/26/my-hero-felix-nadar〉

③ James Froude, *Froude's Life of Carlyle*. Ed. James Clubbe. London: John Murray, 1979. 641.

④ Zhang Sheng. "He Came from the War: A Dialogue between Two Military Men of Two Generations." *Journal of Modern Life Writing Studies* 1(2013):1-11.

⑤ Richard Ellmann, Preface. *Golden Codgers*. Oxford: OUP, 1973. x.

⑥ Richard Holmes, *The Age of Wonder: How the Romantic Generation Discovered the Beauty and Terror of Science*. London: Harper Press, 2008. 468.

⑦ Vrvashi Vashist, "The Life Biographic: An Interview with Hermione Lee." *Literateur.com* 21 June 2012. Retrieved 13 Oct. 2018. 〈http://literateur.com/hermione-lee/〉

⑧ Michael Benton, *Towards a Poetics of Literary Biography*. Hampshire and New York: Palgrave Macmillan, 2015. 140.

⑨ Richard Holmes, *This Long Pursuit: Reflections of a Romantic Biographer*. London: Vintage, 2018.

⑩ Lytton Strachey, "A New History of Rome." *Spectator* January 2, 1909. 20.

# "有情"之画笔
## ——试论沈从文后期书信

梁庆标

**内容提要**：1949年之后，在服饰文物研究之外，沈从文成了"书简家"，主要通过书信找到了舒缓情绪、展现自我的方式，这是他在政治风云中得以抒情并保持人性力量的重要私人渠道。书信也是沈从文文学人生之"美学与哲学"的重要体现，概而言之便是：以从容与静观的姿态，刻绘出一幅幅"有情""有艺"之画，处处散发出"柔和"的心性之美。

**关键词**：沈从文 书信 绘画 柔和之美

**作者简介**：梁庆标，江西师范大学文学院副教授。主要从事传记研究、文学教育研究，近期发表了《"原罪"抑或"合法性偏见"：当代西方自传批评辨析》（《国外文学》，2017年第2期）、《从"特洛伊画"到"罗马共和"——〈鲁克丽丝受辱记〉中的艺术与政治》（《外国文学评论》，2018年第4期）等。

**Title**: The Affectionate Paintings: On Shen Congwen's Letters in His Later Years

**Abstract**: Shen Congwen became a letter writer after 1949. In addition to the research on traditional Chinese clothes and cultural relics, he wrote a lot of letters to express himself and soothe his emotions. Letter writing is the most important channel for him to maintain the strength of human nature in the period of political movements. Letters also embody Shen's "aesthetics and philosophy" as a literary writer. To put it in general, Shen portrays "affectionate and artful" paintings in his letters in all the calmness and contemplation so that the letters emit "tender" beauty of his soul everywhere.

**Keywords**: Shen Congwen, letters, paintings, the beauty of tenderness

**Liang Qingbiao** is Associate Professor of Literature at Jiangxi Normal University, China. His research concerns life writing and literary education studies. He is the author of "'Original Sin' or 'Legal Prejudice': Current Western Debates on Autobiography"(*Foreign Literatures*. 2 2017), "From 'The Troy Picture' to 'Roman Republic': The Issue of Art and Politics in The Rape of Lucrece"(*Foreign Liferature Review*. 4 2018). E-mail: qbliang@163.com.

> 《湘行散记》的作者究竟还是一个会写文章的作者。这么一只好手笔，听他隐姓埋名，真不是个办法。但是用什么办法就会让他再来舞动手中一支笔？简直是一种谜，不大好猜。（沈从文，20：111）

本文还可以使用另一个题目：《沈从文封笔了吗？——试论其后半生的书信世界（1949—1988）》，因为主要处理的是沈从文在1949年直至1988年去世这40年间写下的大量书信。对于1949年之后沈从文的"封笔"沉默，聂华苓曾引用美国诗人弗罗斯特（Robert Frost）的一句诗："……要我的歌声沉默/必定是有什么毛病了。"（聂华苓，《乡下人》 312）在这个有大"毛"病的世界中，小说家沈从文停止了歌唱，转而寻找另外的声音，就如同隐居瓦尔登湖畔的梭罗所言："如果一个人没有跟上他的同伴，大概是因为他听到了不同的鼓点。就让他伴着自己听到的音乐前行吧，无论近远。"（Thoreau 442）显然，沈从文似乎也找到了自己的鼓点和节奏：从事文物研究，当然非常不合时宜。

现实就是，在1949年左右经历了思想危机之后，沈从文变成了文物研究者和普通讲解员，除了旧体诗和少数不成功的小说尝试，他基本放弃了最拿手的文学写作。这是巨大的心理和身份裂变，如同一个人被拦腰斩断。然而问题是，沈从文真的放下了那极细的文学之笔，完全投身于服饰文物研究？他当然不会甘心。也就是说，如果我们认真对待沈从文后期留下的8卷书信（占全集1/4篇幅）就会看到，其文学时期或"情书时期"①的"有情"风格依然一以贯之，②构成了其文字的基本色调。

张新颖早就提出应将沈从文视为"书简家"来加以阅读研究（张新颖，

《有情》214），但除《湘行书简》外，研究者似乎尚未意识到这一问题，未对沈从文的书信投入关注。诚然，在1949年之前，沈从文是公认的文学家，留下的书信虽然不多，但其文学特征和情感色彩自不必说，最典型当属《湘行书简》。这是沈从文在1934年从北平回湖南凤凰老家探望母病期间，于上行船上写给妻子张兆和的系列书信，无疑是笔者读过的最为动人的情书。张新颖曾回顾说，他也是通过这册情书的"机缘"才真正进入沈从文精神世界的："这些尘封的书信带给我一个特殊的时刻，我似乎一下子明白了什么"，它们"真正开启了我理解的空间"（张新颖，《沈从文的后半生》353）。这几十封情书风格独特，值得专门研究，本文在此不加详述。值得指出的是，直至1948年，沈从文到颐和园消夏，给妻子的信还是带有"情书"色彩："写这个信时，完全是像情书那么高兴中充满了慈爱而琐琐碎碎的来写的！"（沈从文，18：497）信中谈家长里短，调皮而幽默，如称呼妻子为"小妈妈"，将自己称为不听话、不讲卫生的"大顽童"，还教导妻子如何管教自己。可以说沈从文"给妻子的信，又出现了十多年前'情书时期'的抒情，还多了一点幽默，更增添了一种历经生活磨砺之后的韧实"（张新颖，《沈从文的后半生》6），说明沈从文此时对事业、家庭的前途充满乐观，依然有不小的文学雄心。

但是转瞬中国时局风云突变，沈从文无所适从，自觉被时代所遗弃，悲观厌世。好在他挺了过来，并且在文物研究之外，通过书信找到了舒缓情绪、展现自我的方式，这是他在波谲云诡的政治风云中得以抒情并保持人性力量的重要私人渠道，它们是其文学人生之"美学与哲学"的重要体现，概而言之便是：以从容与静观的姿态，将日常生活审美化，刻绘出一幅幅"有情""有艺"之画，处处散发出"柔和"的心性之美。目前关于沈从文文学作品的画面艺术，已有不少人道及，③但是对于其书信本身的艺术之美尚少有人留心。④

一

1951年，沈从文随队到四川内江参加"土改"，在这种如火如荼的政治运动中，沈从文于当年12月写给儿子沈虎雏的信却极具个人感情。他特别感谢儿子送的那支极细之笔,它可以用来写极小的字,当然更多的是用来细腻地刻画所见的自然美景与社会风情,它们构成了沈从文笔下精细动人的"风景画"。无疑,富有美感和艺术性的自然风光是客观存在的对象,但它们之所以能够"入画",关键则源于沈从文善于发现和欣赏的独特审美之眼,以及刻意传达的低调、豁达人生姿态。即便在政治运动中,他依然不忘发现美,"这里野外颜色,值得用极好色彩画下",其中极富韵味的是他在山上看到的"乱世独钓图":"在一个孤立的四周都是绝壁悬崖的山顶上,且见到一个老头子在小水塘中钓鱼……我看见那人坐在太阳下土坎边,神气稳稳的,土坎上蚕豆苗长得极绿,水塘中的水也极绿。这个砦子只十多户人家,也有许多在开会,男女日夜都开会,这个老人却像是和这个动荡的社会完全不相关,在山顶上钓鱼,多奇怪!我想用一个短篇小说写它,写出来一定动人。"(沈从文,19:236)这个垂钓的老人正呼应沈从文1957年"五一"期间在上海外白渡桥观察到的艑艑船中沉睡的渔父形象。在给大哥沈云麓的信中,他附上了三幅带文字的素描,姑且称为"渔父不醒图",形象地呈现了江中艑艑船的镇静闲逸状态:五点半时他们如"小婴孩睡在摇篮中"般平静,未被桥上走着的"红旗队伍"惊醒,到六点钟,他们依然在"红旗的海,歌声的海"中"做梦","总而言之不醒",随后居然被惊醒了,但船上的人却拿网兜捞鱼虾,"网兜不过如草帽大小,除了虾子谁也不会入网。奇怪的是他依旧捞着"(沈从文,20:177—178)。甚至到了1971年,年近70的他在武汉双溪下放劳改,端午节写信给张兆和,描写农民劳动捕鱼场景,依旧刻绘了堪比王维画卷的乡村风情画:"内中蓝白衣裤占多数,只一二粉红色衣近新娘子,作木刻画可真好。……环境比王维画卷还清润得多,动中有静!……我看过上千名画,上百种农村人事景物画,什么王维、韩滉《捕鱼图》,可没有这小镇上的捕鱼图活泼生动!更何况岸边还有个'沈老头'来作比较鉴定。"(沈从文,22:503)在善于细察的沈从文眼中,这些平常场景之所以构成动人的图画,值得他细思、玩味、动情,是因为画中人物都有着自己的节奏,虽然并不都合社会的节拍,但安然自得,令其艳羡。无疑,画中人物恰是沈从文自己的写照或情感投射,在接连不断的政治运动的驱策下,他的身体显然已经无法由自己完全把控，但他把自己的内心安置在了这些游离于世情之外的意境之中，独享佳境。所以钱理群认为，沈从文书信中"'动'的阶级斗争的人事，都是抽象的、理性的，偶尔写到的自然景物，却是绝妙的静物画"（钱理群 48），常常给人眼前一亮的惊奇。

沈从文对如画意境的书写不但源自眼前所见所感，还包括对几十年前青年时代生活画面的追忆。从某种意义上说，与现实的混乱不堪相对照，这是封笔之后沈从文的情感寄托与留恋之处，也是他文学感觉的来源，使其文学能量不至于寂灭。比如，1952年农历新年时节，沈从文在内江给张兆和写信，回忆了年轻时在凤凰的村子里度过的一次新年，正是一幅"雪后新晴图"："村子也是在一个冲子里，两面住人，中夹小溪，雪后新晴，寒林丛树如图画，山石清奇，有千百八哥成群聒噪于大皂角树上。从竹林子穿过时，惊起斑鸠三五，积雪下卸，声音如有感情。故意从雪深处走去，脚下陷极深。"（沈从文，19：309）多年之后，其记忆依然如此富有诗意和音画感，怀恋之情不言自明。

这种善于记忆和捕捉画面美感的能力，只能来自沈从文的文学鉴赏力和高超的写作才华，也就是说，只要涉及文学审美方面，沈从文的才情和能量就会被激发出来，从而优美的文字绘制的画面就从笔端流溢出来。1956年8月给沈云麓复信时，沈从文就谈到，自己所保留的记忆其实都是"文学记忆"，只有涉及文学方面才会留下清晰细致的记忆痕迹，而其他日常生活琐事全部容易遗忘："三四十年前一树花一条河，或一个王屠户的样子，流水的声响，或王屠户和人相骂神气，可记得清清楚楚。过去写作时，文字在手中像有生命一样……"（沈从文，19：472）比如，1957年他到济南参观博物馆，回忆当初在青岛那段幸福生活，给妻子的信中就特别提到了"一对小毛兔"："我一到写什么时，就似乎还和一个廿岁的人一样，想起在青岛小松林中时那一对小毛兔，好像还在等待着我们去看它们。"（沈从文，20：20）凌宇也讲述了一个类似的故事，他在1979年去拜访沈从文，沈则向他回忆起年轻时经过凌宇故乡时的深刻印象："过里耶时，见一头小白羊站在河边岩嘴上饮水，情怯怯的，让人替它捏一把汗。"（凌宇 329）可见，多年前的小兔小羊都在沈从文的心灵中占有独特地位，被他视为自然生命的文学化身。

当然，沈从文笔下能描绘出生动的画面，也是因为他"胸中有画"，即对中国传统绘画艺术的熟稔，眼前的景致往往能与经典画卷勾连起来，在他胸中渲染成画，这也是他后来从事服饰文物研究的根基所在。如1963年11月12日在客居长沙时，他给张兆和的信就绘制了这样的画面，从窗口往外看去，一派寒冬里的"绿树白烟图"，"当画景看倒极像赵松雪或赵大年南方烟雨景子画卷，细致而柔静，秀气湿润"（沈从文，21：390）。但他并不满足于单纯的自然美景，由此又想象贾谊和屈原两人在这样的阴沉天气和萧萧风声中去国万里或遭贬放逐的黯淡情景，认为是非常值得一写而自己能写得"感情充沛、有声有色"的故事，这样，在他的画境中又增添了相映衬的人物，可谓情景交融。沈从文不断用文字本身的魅力来呈现绘画等艺术的效果，充分发挥了文字蕴含的诗性潜质。因此聂华苓指出，虽然沈从文认为"服侍文字必觉得比服侍女人还容易"，但他"服侍文字的功力是很深的。他的文字叫人感觉，视觉、听觉、触觉、嗅觉、味觉——叫人五官一起用"（聂华苓，《与自然融合的人回归自然了》 299）。也难怪黄永玉在谈沈从文的文字之精巧与情感之细腻时说："谁能怀疑他的文字不是爱抚出来的呢？"（黄永玉，《这一些忧郁的碎屑》 452）说到底，沈从文审美风格背后的动力，乃是对人世的爱欲与沉思，来自外部的压力并不能触及其根本。

## 二

上文勾画的"乱世独钓""渔父不醒""雪后新晴""绿树白烟""松林毛兔""小羊饮水"这类生动回忆和画面再现，点缀在沈从文的书信之中，看似破碎支离，但连缀起来看，恰恰是一幅幅显示沈从文心迹的视觉形象，足见沈从文情感之柔和细腻，也可以体会到他面对日常生活的审美趣味。也就是说，在这些可见的视觉画面的指引下，我们便可以揣摩、勾勒出沈从文深具柔和之美的内心画卷，这是其人生哲学的体现，也是其"日常生活审美化"之"生命美学"的展现，根基就在于对素常生命本身蕴含的勃勃生机的肯定和爱欲，也就是处处"有情"。其中"柔和"是沈从文非常喜欢运用的一个词语，他对灵魂"柔和之美"的展现最让人动容。如1949年，"柔和"一词在他的文字中多次出现。当时，经过大半年的思想危机和斗争，沈从文在慢慢恢复，重新找到自我和生活的意义，也试图确立自己在社会中为国家服务的位置，他对自己有所反省，也渴求"新生"，在这一天呓语般的日记中就写到了当时的心境："我心中这时极慈柔……看看院中明朗温润阳光，想起在阳光下一切人的欢乐与活动，心中柔和之至。"（沈从文，19：28—30）当然，这是在一种自我悲悯状态下的自我调节，达到的是"无我"或故作无我的柔和状态，带有无奈的哀愁，是不情愿的甚至是比较极端的自我暗示。而到了50年代之后，他在描绘上述风景画的时候，情况已然有所不同，这是他在反思之后的自觉，作为旁观者有意疏离于时代，做江上不醒的渔父。此时的风景画，更能代表沈从文的心境，更接近恬淡自然。无怪乎金介甫谈到，在听众看来，晚年赴美讲学的沈从文就像一尊笑口常开的"弥勒佛"，似乎经历了一切磨难历练之后，已经超然了一切，给人谦逊而欢喜的感觉："他的语调既表现出中国伟大的传统学者所持有的那种无我的谦逊，又流露出一种欢欢喜喜的精神，因而在他的听众中有些人说他活像一尊'小佛爷'，一尊'弥勒佛'。"（金介甫，《沈从文在美国》 313）

所以说，"美是沈从文的上帝，但他的上帝也是生命"（金介甫，《沈从文传》，258）。也就是说，沈从文并不完全沉醉在象牙塔中，而是对人的命运问题进行了哲学的、宗教的、政治的探索，是实实在在的人性探察者，而非单纯安分的"文体家"。所以金介甫曾有这样的假设，"如果他受过正规教育并懂得几门外语的话，40年代他会放弃文学，改写哲学著作"（金介甫，《沈从文传》258）。事实上，我们看到，沈从文的书信恰恰就承担了进行人生探索的功能，因为书信的存在，我们并未缺少一位关注生命现象本体的"诗性哲人"，他的思维并未沉睡或完全被驯化，而且和他60年代针砭时弊的诗词一样，"沈从文的讽刺天才并没有沉睡"（金介甫，《絮然瞬间迟迟去》 324）。1952年1月写给张兆和的信就颇引人深思，信中他忧郁地谈到了隔壁老人吵架之事：这对老夫妇每夜必吵，为任何一点琐事就会发生冲突，如争被盖、说错字等，更可怕的是，沈从文特别发现，"日里两人即沉默坐在厨房，不声不响，生命如此真可怕"，"只有左拉有勇气写它，高尔基也写过它。……从争辩中可见出生命尚极强持，但是白天看看，都似乎说话也极吃力，想不到在争持中尚如此精力弥满，且声音如此刚烈，和衰老生命恰成一对照，奇怪之至，也可怕之至。我就生平还不曾听到老夫妇会如此剧烈兴奋争吵的。有那么多话说！"（沈从文，19：298）这对老夫妇就类似高尔基《童年》中描绘的为了琐事而剧烈争吵的外祖父母，投射出的是生命的阴暗与顽强。相反，独钓老者、江上渔父等则代表另外一种生存方式，这种生存方式的意义恰恰是通过沈从文的描述，通过沈从文的眼睛被凸显的，而他们自己，倒很可能并不具有如此鲜明的自我意识。沈从文的内在自我似乎就隐含在了当时留下的这些文字之中，使其带有了"隐微写作"的玄妙。比如，1951年他在华北革命大学学习班上写了长篇交代，"交代很长，但写得并不特别战战兢兢……在一份交代里，沈讲起他的'错误旧思想'来有些神采飞扬，使人读了不知是否利用这个场合来为自己辩解，为后世留下记录"。金介甫甚至认为，"沈从文的交代写得富于抒情意味"（金介甫，《沈从文传》 252—253）。

因为"有情""有艺"而兼有"哲思"，沈从文在极其艰苦的生活境况下依然还能保持乐观，并能将困境转化为"美景"加以描摹。他保持了达观幽默、隐忍静观心态，竟能苦中作乐，以至于在"文化大革命"之后回顾这段难言历练时，他自己都觉得如梦般离奇："大雨中房子积水到四十来石时，还能和浮丘公一般，穿着长统胶皮鞋子，在房中泥浆里走动，并且打着伞在桌边做事，只觉得一切和做梦差不多，十分离奇。"（沈从文，25：270）1979年"文化大革命"动乱之后他给二儿子沈虎雏写信，谈自己所受的各种屈辱不公等命运遭际，最后一段写院中景致，似乎可以窥见沈从文在大风浪前的平和心绪与淡定从容："这里在静静秋阳下进入冬天，院子里月季还有卅卌朵在陆续开放。有的花头大如饭碗，能连开十多天，还不谢落，而且颜色鲜美，比牡丹还厚实。"（沈从文，25：418）这种"静美"是对沈从文心绪的映衬，也是其日常生活审美化的表征，正合司马迁之"有情"笔法。

当然，不容否定的是，在书信表露的"柔和""静美"等日常审美风格背后也隐含了他"灵魂深处对人生所抱有的恐惧感"(凌宇 357)。这种恐惧来源于1949年之后在运动和冲击中所遭受的各种打击,他无法逃避这巨大历史阴影的笼罩,以及所看所闻的人世沉浮(如巴金、丁玲等人的遭遇)。这使他对人生产生了无以名状的悲悯,也避免成为"出头鸟"而首先遭受打击,因而采用了"老乌龟"式的生存哲学,在平和的文字背后其实包裹了心灵的创伤。在1973年4月20日自述一生的长信中,他就幽默地谈到了自己的这一人生哲学,即学做"老乌龟",不紧不慢地走,不紧不慢地活,因此甚至超过了很多曾经风光无限的人物:"不怕人笑话,学个'老乌龟',慢慢不息的走去,时间一长,在比较下,情形便不相同,而把部分当年自视极高的若干'天才',大都拖垮了。"(沈从文,23:323)他认为,自己前半生搞文学,后半生搞文物,都是用这种方法。其实,他的书信世界也是这种哲学的体现,即不紧不慢,从容反复写去,看似轻描淡写,但左顾右盼,审世度人,万般滋味都蕴含其中。

## 三

拈出沈从文书信中的写画刻绘风格及思想含蕴,并非对其书信的刻意拔高,事实上,1949年之后,这是沈从文最着意的写作方式,应当视为其文学写作的替代,内中隐含了他在独特社会语境下的思考与委婉表达,因此钱理群指出,"失去了风景背景,就没有了沈从文的文学,甚至没有了沈从文这个'人'"(49)。这是虽然想"归队"并配合时代但总是感觉游离于主流之外的沈从文所能选择的表达方式。在1962年1月14日给张兆和信的末尾,他就附上了这句话:"小妈妈,写文章如像给你写信那么无拘束,将多方便,还可写多少好东西给后来人看。"(沈从文,21:155)因此,在他当时计划写作的"回忆录"问题上,书信体便成了首要的选择。这一年的1月8日,60岁生日时他在南昌给张兆和写信说:"回想起近五十年个人和社会种种发展变迁,也可说是在温习一部历史,若能平铺直叙写出来,即当成信来给虎虎等写回忆录,也一定将是一部大部头好书。"(沈从文,21:143)按照他的计划,这部大书约 50 万字，采用容易落笔的信札体，完成之后肯定会成为流传于世的近于史的东西。可惜的是这部回忆录未能完成，但我们完全可以将沈从文留下的数卷书信视为回忆录的朴质雏形。

在遗作《抽象的抒情》中，沈从文留下了两句带有《圣经》风格的话："照我思索，能理解'我'。照我思索，可认识'人'。"（沈从文，16：527）这句话也可以视为沈从文对后世读者的指引，从他充满"爱欲"与"哲思"的"有情"之眼出发，方能理解个人自身以及他所描写的人性世界，书信就构成了必要的介质与引导。因此，如张新颖所言，沈从文的"遗产清单"丰富得超人想象，他是需要"重新发现"和不断"再次发现"的作家，"不仅有对已经列在'清单'上内容的'再次发现'的问题，还有对不断添加到'清单'上的新内容的'第一次发现'"（张新颖，《沈从文的后半生》 344）。本文对沈从文书信的解读，便是"再次发现"沈从文的一次尝试。从这个意义上说，"有情"式地来读解沈从文的书信美学，并从哲思的角度加以审视，应当是追寻他的思想轨迹的一条路径，也是"发现/重新发现沈从文"的应有之义。

## 致谢【Acknowledgement】

本文得到了国家留学基金面上项目资助及夏威夷大学传记中心的支持，作者谨致谢忱。

My acknowledgement and gratitude go to China Scholarship Council and the Center for Biographical Research of University of Hawai'i at Mānoa for their sponsorship and support.

## 注释【Notes】

① 张兆和提到，结婚之前沈给她写了大批情书，可惜全毁于日军炮火："那些信是我俩生活最有意义的记载，也是将来数百年后人家研究你最好的史料，多美丽，多凄凉，多丰富的情感生活记录，一下子全完了，全沦为灰烬！多么无可挽救的损失啊！"（沈从文，18：279）金介甫也指出，20 世纪 20 年代在北京时，沈曾帮黄玉书代写 30 多封情书，"沈擅写情书的本领这一回终于结成了一场百年之好的姻缘"（金介甫，《沈从文传》 52）。

② 这是他评价司马迁《史记》传记笔法的赞词：《史记》列传写人，三言两语且毫不粘滞，"二千年来还如一幅幅肖像画，个性鲜明，神情逼真，堪称"大手笔"，这种长处即源自"有情"："诸书诸表属事功，诸传诸记则近于有情。事功为可学，有情则难知。"（沈从文，19：318）

③ 黄永玉曾谈到沈从文对绘画的深刻理解："他自然是极懂画的。他提到某些画，某些工艺品高妙之处，我用了许多年才醒悟过来。"（黄永玉，《太阳下的风景》 40）瑞典汉学家马悦然对沈从文作品的绘画美也大加称赞，"他对原野进行的印象主义的描写表明，他也具有水墨画画家的眼睛和表现手法"，而且，"他具有少见的用快速的笔道勾勒出全景的能力，然后再使细节进入准确的焦距——经常是栩栩如生的人或自然界的运动——因此反映了内在的灵魂状态。"（马悦然 291）李辉在《画 音乐 沈从文》一文中对此也有生动描绘（李辉 38—44）。

④ 周作人和常风便是其中的两位。常风回忆说，在昆明时沈从文经常给他写信："他的信写得十分优美生动又自然亲切，都是上乘的写景写情之作。"常风把信拿给周作人看，"他很喜欢看这些信，称赞写得很美。"（常风 60）

## 引用文献【Works Cited】

艾芜编：《我所认识的沈从文》。长沙：岳麓书社，1986年。
[Ai Wu, ed. *The Shen Congwen That I Have Known*. Changsha: Yuelu Press, 1986.]

巴金、黄永玉等著：《长河不尽流：怀念沈从文先生》。长沙：湖南文艺出版社，1989年。
[Ba Jin and Huang Yongyu, eds. *The River Runs Long Forever: In Memory of Mr. Shen Congwen*. Changsha: Hunan Literary and Art Press, 1989.]

常风：《留在我心中的记忆》，《长河不尽流》，巴金、黄永玉等著，第57—69页。
[Chang Feng. "The Memory Remained in My Heart." *The River Long Runs Forever*. Eds. Ba Jin and Huang Yongyu, 57–69.]

黄永玉：《这一些忧郁的碎屑》，《长河不尽流》，巴金、黄永玉等著，第450—489页。
[Huang Yongyu. "These Fragments of Melancholy." *The Long River Runs Forever*. Eds. Ba Jin and Huang Yongyu, 450–489.]

——：《太阳下的风景》，《我所认识的沈从文》，艾芜编，第17—41页。
[——. "The Scenery under the Sun." *The Shen Congwen That I Have Known*. Ed. Ai Wu, 17–41.]

金介甫：《沈从文传》，符家钦译。长沙：湖南文艺出版社，1992年。
[Kinkley, Jeffrey. *The Odyssey of Shen Congwen*. Trans. Fu Jiaqin. Changsha: Hunan Literary and Art Press, 1992.]

——：《沈从文在美国》，《长河不尽流》，巴金、黄永玉等著，第312—321页。
[——. "Shen Congwen in America." *The River Runs Long Forever*. Eds. Ba Jin and Huang Yongyu, 312–321.]

——：《粲然瞬间迟迟去》，《长河不尽流》，巴金、黄永玉等著，第322—325页。
[——. "The Bright Moments Disappeared Slowly." *The River Runs Long Forever*. Eds. Ba Jin and Huang Yongyu, 322–325.]

李辉：《平和与不安分：我眼中的沈从文》。郑州：大象出版社，2018年。
[Li Hui. *Gentle or Restless: Shen Congwen in My Eyes*. Zhengzhou: Elephant Press, 2018.]

凌宇：《风雨十载忘年游》，《长河不尽流》，巴金、黄永玉等著，第326—359页。
[Ling Yu. "My Ten-Year Friendship with Elderly Shen Congwen." *The Long River Runs Forever*. Eds. Ba Jin and Huang Yongyu, 326–359.]

马悦然：《沈从文》，《长河不尽流》，巴金、黄永玉等著，第289—292页。
[Malmqvist, Goran. "Shen Congwen." *The River Runs Long Forever*. Eds. Ba Jin and Huang Yongyu, 289–292.]

聂华苓：《乡下人》，《我所认识的沈从文》，艾芜编，第308—312页。
[Nieh Hualing. "The Countryman." *The Shen Congwen That I Have Known*. Ed. Ai Wu, 308–312.]

——：《与自然融合的人回归自然了》，《长河不尽流》，巴金、黄永玉等著，第296—299页。
[——. "He Who Harmonized with Nature Returned to Nature." *The River Runs Long Forever*. Eds. Ba Jin and Huang Yongyu, 296–299.]

钱理群：《岁月沧桑》。上海：东方出版中心，2018年。
[Qian Liqun. *Hard Times*. Shanghai: Orient Publishing Center, 2018.]

沈从文：《沈从文全集》（1—32卷）。太原：北岳文艺出版社，2002年。
[Shen Congwen. *The Complete Works of Shen Congwen*. 32 Vols. Taiyuan: Beiyue Literature and Art Publishing House, 2002.]

Thoreau, Henry David. *The Annotated Walden*. New York: Clarkson N.Porter Inc., 1970.

张新颖：《有情：现代中国的这些人、文、事》。上海：上海书店出版社，2012年。
[Zhang Xinying. *With Affection: These People, Works and Events in Modern China*. Shanghai: Shanghai Bookstore Publishing House, 2012.]

——：《沈从文的后半生：1948—1988》。桂林：广西师范大学出版社，2014年。
[——. *The Last Years of Shen Congwen: 1948-1988*. Guilin: Guangxi Normal University Press, 2014.]

# 济渡自身意愿下的自我建构
## ——《从文自传》之书写选择

丁茜菡

**内容提要**：从对1934年初版《从文自传》的细读和与前后作品的比对可见：沈从文在自传中对自我的少时形象进行了选择，将消极形象隐去而着意展示积极的一面；沈从文对经验时段也进行了选择，在《从文自传》中选用了可为当时避开城市中困扰的乡村经验，而将自传写作前十年中自己在城市社会中的迷惘一笔带过。《从文自传》之后，随着进一步成长，沈从文重视起这十年城市经验，用之服务当下，少时形象中消极的一面也在1949年恢复呈现。这体现出沈从文希望以建构自我的方式获取走出困境、走向未来的支撑的意图。

**关键词**：《从文自传》 自我书写 自我建构

**作者简介**：丁茜菡，复旦大学中国现当代文学博士，复旦大学新闻学院在站博士后。主要从事沈从文研究、中国当代文学批评与非虚构写作研究。

**Title**：Living beyond the Suffering by Constructing the Self：The Selection in the Writing of *Congwen's Autobiography*

**Abstract**：By close reading of the first edition of *Congwen's Autobiography* (1934) and comparing it with the author's other works before and after it, one sees that Shen Congwen has made special selections to construct his young image in the autobiography by hiding the shadows and showing the bright sides. The selection is also done for the life time span. In the autobiography, Shen chooses to write his life at the rural area and leaves out his ten-year urban life in his writing career. This successfully avoids his puzzlement in the urban life at the time. After writing the autobiography, with his inner development, Shen Congwen pays more attention to this ten-year perplexed experience in his urban life and employs it for his present use. He no longer shuns away from displaying his negative young self from 1949. This change reflects Shen Congwen's intention to live beyond the suffering by constructing the self. And Shen has a tendency to rely on his experience that the self-construction is closely related to the past self.

**Keywords**: *Congwen's Autobiography*, self-writing, self-construction

**Ding Qianhan** received a Doctorate in Chinese Literature from Fudan University. At present she is a postdoctoral researcher in School of Journalism at Fudan University. Her research interests are Shen Congwen study, Chinese literature study and nonfiction study. E-mail: dingqianhan@fudan.edu.cn.

沈从文在《一个人的自白》中回忆，他把穷困无名时给予其帮助的卖煤油的老人写进《边城》，让他"为人服务渡了五十年船"（沈从文，《沈从文全集》 27：18）。让体验到的温暖帮助形象化进入作品，传递给他人"勇气同信心"，这是沈从文对他人的济渡（沈从文，《沈从文全集》 8：59）。然而在以作品济渡他人前，沈从文有意地进行了对自身的济渡。

1930年，沈从文在带有自我经验的作品《冬的空间》中说"我要明白自己，明白了，我似乎就能从此超生"（沈从文，《沈从文全集》 5：4）。原指超出恶道、往生善道的佛教用语"超生"一词，在这部作品的语境中形象地表达出摆脱现实困境的意愿。"超生"的途径是"明白自己"，用自我的建构来济渡自身、超越苦难。之后几年中，沈从文果真展露出卓越才华。张新颖《沈从文九讲》中说他"通过《从文自传》的写作，找到了自己"，之后"最能代表自己个人特色的作品就呼之欲出了"（81）。

《从文自传》的写作之所以能够使其找到自己，与书写选择有关。本文通过考察沈从文少时形象在《从文自传》写作之前、之中及之后的发展过程和沈从文一生中不同时期对《从文自传》经历时段关注的不同侧重，理解《从文自传》中的书写选择。

《从文自传》中使用了自我书写的权力，对少时形象和经验时段的书写进行了选择，从而以过去自我为基础，在写作中完成了对自我的建构，进行了求诸己的自度。自传写作时，他刻意隐去少时形象中的消极而展示积极的一面，对城市阶段的经验采用的是"断裂"的处理方式。尽管在济渡自身意愿下，对自我的书写发生了变化，但还是以过去自我为基础的，并非另起炉灶，这体现了沈从文依赖自我经验的特点。

## 一、《从文自传》：形象与时段

结合《从文自传》及其后沈从文相关作品对它的观照，可发现两个特别现象：一是沈从文对少时形象的书写在《从文自传》之后发生了多年中断，又在1949年再书写后发生了改变；另一现象是，1923—1932年的十年时间在此中被浓缩，而在沈从文之后提及这本自传时又被不断延展。

### （一）自传之后，少时形象书写的中断与改变

《从文自传》是沈从文在1932年夏以白话语体创作的自传，具有饱满流畅的叙述弧线，描绘了清晰的少时形象，充满着生命活力，令读者耳目一新。可就在这部自传的描绘对自己少时形象做了一个定型后，少时形象书写也至此中断了。1934年自传出版之后至1949年以前很长一段时间内，沈从文作品中较少再书写自己少时的形象，而此前作品中常有涉及。少时的形象似乎在《从文自传》中一下写尽，很多年之后才缓过气来。

再见到，已与之前描述的不同。1934年第一出版社在《人言周刊》上曾多次推介"趣味横生"的《从文自传》，这与当时及之后包括当下读者反馈中的积极印象是一致的（邵洵美 297）。1949年沈从文才重新开始对自己少时形象进行描绘，可这时描绘的形象与《从文自传》一般给人的印象差别巨大，可用陌生来形容。

1949年的《一个人的自白》概括出一个令人陌生的少年形象，"脆弱，羞怯，孤独，顽野而富于幻想"（沈从文，《沈从文全集》 27：8）。这一形象在沈从文的自白中短期多次出现。如同年《一点记录——给几个熟人》中，他指认出十岁起即承受死亡诱惑的自己，以及十七岁"遇事无可奈何，心带着各种碎伤，屈辱和饥饿"（沈从文，《一点记录》 4—5）。到了1980年，

《从文自传》的重版"附记",也改用"近于出入地狱的沉重和辛酸"来描述少时的自己(沈从文,《沈从文全集》 13:367)。

脆弱、羞怯、无可奈何……中断后重启时,沈从文自我书写的少时形象发生了改变。但自传之后,少时形象书写的中断和改变是为何呢?

### (二)自传内外,十年时间的浓缩与延展

另一个问题,在时间方面。《从文自传》共十八章,主要写1902年出生到1923年赴京求学(当时已有生命时间的2/3)的早期生活,末尾才讲到在北京的旅店登记,转行以一句话收束自传、抽身书外——"便开始进到一个使我永远无从毕业的学校,来学那课永远学不尽的人生了"(沈从文,《从文自传》163)。他用几乎整本书来写2/3的生命,自传末尾,十年时间却被急剧浓缩。到1943年开明修订本时,才给1934年初版、1935年再版中总起的那句"写点我在这地面上过的日子"加上了二十年时间限定(沈从文,《从文自传》 1)。其实未写的1923年到1932年,在沈从文的生命中不可谓不印象深刻。这十年里,地理上已从北京辗转上海、武汉到青岛,身份上从求学无门的旁听生变成了作家和大学教师。同月《我的写作与水的关系》一文及1946年《从现实学习》中,都可了解到这十年其个人经历、感触之多。至亲好友的亡讯也使得《从文自传》写作的前一年异常沉重。即便如此,这一切似乎都被装进自传最后一句,不愿多提及。尽管受出版篇幅制约,这套"作家自传丛书"中张资平的自传也节选了部分人生,但不同的是,沈从文并无完整叙述的意愿,显然是基于另外原因的选择。

并且,从沈从文自己后来对《从文自传》的提及和引用看,其长久关注的恰恰是这后十年时间,以及进入后十年时人生决策的内心活动。相比而言,前十七章中已有2/3生命时间却不再被重视。

自传内外,是什么造成了对十年时间书写的浓缩与延展?

## 二、选择少时形象:从"无我""自我"到"超生"

沈从文进行少时形象的选择,是为了建构自我以自度。

回顾沈从文写作中少时形象的开始，他起先是"无我"的。"自我"意识率先从城市经历即时书写中感知并表达出来，在此意识影响下，湘西少时形象从"无我"向"自我"探寻发展，简单的自传创作尝试也开始了。然而，到《从文自传》中，显示出的少时形象已不能等同于"自我"，此时少时形象中消极的层次被隐藏起来。

对少时形象积极内容的书写和确认，抗衡了沈从文在城市中的无所适从，使他镇定下来，有支撑的作用。此后少时形象的中断，是为了维持积极稳固自我的印象。直到1949年，他才被迫又直面《从文自传》隐藏了的消极生命感受，以重建生命。

## （一）从"无我"找到"自我"

要探究《从文自传》之后沈从文少时形象中断与改变的原因，应当回到《从文自传》之前，来看少时形象在沈从文书写下发生的变化。这一变化也关涉其城市经历的即时书写。

到1932年写《从文自传》，沈从文的写作发表生涯已近十年。起先创作中书写的少时形象处于"无我"的状态。这符合初学者创作往往从调动最为熟悉的自身资源开始的一般规律，即常使用自己的亲身经历。由于起始创作的艰难和自我意识的淡薄，这阶段还未及做自我生命成长的梳理归纳。因此，在此时写湘西经历的作品中能够看到沈从文对自己少时的借用，他是家中的幸福顽童，是想家而稚气未脱的小兵，也是已故朋友奇趣生命的见证人，主要体现在1929年前与湘西生活有关的作品中。

1929年前的作品中，顽皮少年对世界充满好奇而又依赖家庭。这体现在1925年《夜渔》，1926年《我的小学教育》《往昔之梦》《槐化镇》中。同年的《炉边》更专门描写了母亲、自己及九妹、六弟其乐融融的温馨片段。此后则写顽童与家人分别去当兵，迷茫不安。1928年的《卒伍》详细描述了突然当兵的那天，1926—1927年通过《黎明》《船上岸上》和《雪》三篇抒发思乡之情。但毕竟年幼，一点稀奇快乐便能暂时打消愁苦。1926年《传事兵》写出满怀豪情却畏手畏脚、童心未泯的形象，同年发表的《哨兵》《占领》写出孩童心理和嬉戏日常。还有一些对已故好友生平的回顾，侧重于见证交集，如1926年《记陆弢》《堂兄》和1927年《入伍后》。

沈从文作品中还有城市经历的即时书写。从1925年《公寓中》开始，"我"长期是城市中哀嚎着的年轻人的形象，承受着健康、爱情、名誉和金钱各方面的缺乏。1927年《我的邻》，1928年《不死日记》《中年》，1930年《一个天才的通信》《冬的空间》《楼居》，1932年《俨之先生传》……作品中的年轻人，常常如沈从文一样，被"九妹"称作"二哥"，带着病重的母亲，还拥有与沈从文一样的乡野童年和当兵历史，分享着作家和教师职业的经验。有时候，这个年轻人还得了"从文"的名。不妨说，这些作品中的种种，便是沈从文对城市中生活感受的即时反映。正如《致唯刚先生》信中所说，是老老实实写自传。这十年中，作者本人正在城市中身处窘境，垂头丧气，哀叹连连，在濒死的状态中煎熬。这部分创作中，有以自叙传方式直抒当前心理状态的，也有进行自我问答做内心梳理的。这部分的创作主题，也随着不同的困境而更迭。这个年轻人，永远处于身体疾病或相思病中，因为贫困和不得志而受人欺侮，在自我的颓废中，不节制地书写。

不应当由于消极的基调而看轻沈从文早期城市生活部分的创作，不仅因为这是初期写作的练习，还因书写城市经历也是其自我探索和成长的过程。当以自叙传的方式直抒当前于城市中的心理状态时，是对自我状态的探索；当作品表达不满时，他似乎正在生活基调中挣扎调整。身处城市窘境，一边用湘西经历抗衡无所适从，一边在城市生活的自怜与哀嚎中探索成长。自我认知的渴望和对自我的了解程度都在此中增长。

事实上，是城市中的"我"率先被敏锐感知，直抒胸臆、痛苦哀嚎地表达出来，在此影响下，他开始找寻湘西经历中"自我"的存在，终于渐渐从空无自性的混沌中聚焦出自我。这可从湘西经历书写的变化中看到：由于城市经历中自我探寻的影响，1929年起他已开始从湘西过往聚焦自我，并尝试着自传的写作，直到获得一个满意的少时自我形象。

1929—1932年沈从文回忆中所呈现的湘西少年不同了。1929年自叙传小说《一个天才的通信》中，"我"追溯少时经历时，第一次认为自己有"疯狂的因子",注意到当小兵时"对于生死的感觉"(沈从文,《沈从文全集》 4:345,369)。

沈从文开始有意识在少时经历中找寻"自我"。这个时间段里,他开始尝试简短自传的写作。1930年短文《略传——从文自序》中,描述自己出生于偏僻落后地区,幼时"放荡""诡诈",当兵后"放纵""野蛮",后由于事业上的憧憬来到北京(沈从文,《沈从文全集》 13:371)。同年《我的二哥》假借九妹的口吻,分析介绍了"二哥"沈从文。

## (二)"超生"选择的"自我"

1930年《冬的空间》中说"超生","超生"是目的,"明白自己"是获得"超生"的方法(沈从文,《沈从文全集》 5:4)。沈从文强烈的自我探寻意识源自认为要在当下困境中突围必须要明白自己,然后自伞自度。1930年《略传》和《我的二哥》这样简略的概述不能够使他满足,1931年《甲辰闲话一》中,他为自己制订了二十年写作计划。对照下来,1932年写的《从文自传》便在其中。

然而不能将沈从文寻找到的"自我"等同于在《从文自传》中的描述。《从文自传》中少时沈从文的形象有两个层次。一般所看到的积极形象,是自传中第二个层次的少时形象。重回《从文自传》文本,以1934年第一出版社初版所提供信息为限,可见到第一个层次的少时形象——消逝、死亡的阴影伴随着传主的回忆,节日意味着的团圆、慰藉却持续缺席。

死亡的阴影,伴随了整个自传。"当我拿起这枝笔来,想写点我在这地面上过的日子。"(沈从文,《从文自传》 1)从全篇来看,开篇首句中的"这地面上"与包含着消逝含义的"地下"相对应,正统摄了作者下意识的记录——他是从这消逝、死亡中成长起来的。

首先家乡的历史、自己的生长环境、家族荣耀消逝了。据《从文自传》,家乡经历过残暴虐杀和血染,历史销声匿迹,他所生长的环境也已消失了。缩小到家族上,本在地方最为优越,然而长辈和家族地位逐渐消逝,祖父母死去,战事毁去了一半产业。

沈从文在成长中逐渐感受到生死的难以把握：六岁差点病死，少年时跟船差点淹死，后又重病；亲人中，为表哥担心性命，最强的妹妹最先夭折，依赖的舅父忽然病死；朋友身手敏捷却淹死，少时所见得志的三人中已死去二人。《从文自传》中的少时从文在命运的掌握中茫然行走。

如果命运的执行有它委婉而固执的节奏，军队的杀戮则是残忍愚昧人类轻率的直接后果。小时候，苗人当替罪羊被草率地大肆掠杀。清乡时，部队报复冷枪，用酷刑和滥杀敛财，再显生命之轻贱。尽管他的叙述带着理所当然的镇静，这种日常杀戮的生活也非一般人经验所及。杀一千人、一年四个月中约看七百次杀头，仅凭数据便可使人震惊。小孩子挑了至亲的人头，一城人的白骨堆成山丘，这些可视的画面给读者直观的视觉刺激。部队一夕间覆灭，"大王"获自由前毫无征兆地瞬息毙命……死亡不断在沈从文身边发生。

然而，正如开篇时历史纪录一般的郑重口吻很快融化在孩童的视角中，消逝和死亡的沉重，常被自传描绘中自然的奇妙、经历的独特掩盖。被掩盖的，还有作为幼童时因让家中失望而被忽略，两相不理解下内心自尊受到的伤害。忽奉命离家时的茫然、行军的艰险、富贵亲戚的疏远、上下级等级的森严，也在笔墨中淡淡过去。

虽然将自己经历的重心放到了奇特、光明、温暖、包容的部分，在文本中对这些部分做了强调，但忧伤、孤独浸湿了纸背。节日的圆满和慰藉力量，在少年沈从文身上缺席了。直到几十年之后，他还清楚地记得忽然当兵的那天，称此为人生中三大毫无准备的事之一。而本该团圆的年初一，却在外乡行走受到愚弄，反击后等待着报复；元宵节死里逃生，只在河滩上烧了两堆火过夜。还有，不安于现状，身份上不能得到自我的认同，机遇也长久缺乏。如此叙述下来，这份自传本会是凄凉的。

重新将凄凉捡出后，再看这本"趣味横生"的《从文自传》，不免读出悲壮，读出坚韧。

对凄凉的修饰可用"微笑"来概括。1949年初，沈从文提到自己少时惨境时，略提及梭罗古卜的小说《微笑》。他认为自己与之状态相同，并提到故事结局处主人公的跳河自杀。主人公格里沙·依古诺夫身世凄苦，在欺凌、嘲笑中保持微笑，以微笑来掩饰害怕、悲伤、失望、可怜。《从文自传》中少时形象的书写经历了这种"微笑"的掩饰。

回忆佐证了"微笑"之下消极第一层次的存在。1959 年他道出《从文自传》只是记录的"一些节目"，其实"远比狄更司写的自传式小说还离奇复杂得多。……每天必待人开饭后，才赵趄走拢去把桌上残余收拾扫荡，每晚在人睡定后，才悄悄睡下去，拉着同乡一截被角盖住腹部免得受凉……"（沈从文，《沈从文全集》 12：405）在 1981 年英文版《湘行散记》序中，他指出《从文自传》"有一种'悲悯'感"，认为"严重挫折"在身心均留下无可补救的痕迹（沈从文，《沈从文全集》 16：394）。这"严重挫折"即藏在《从文自传》深处。

因此，《从文自传》是有层次的，第一层是被隐藏的消逝、死亡和缺席，第二层才是自传中令读者印象深刻的自然、人情与文化。第二层是沈从文在生命中有缘的偶然，也是他奋力相遇的结果。将少时自我的凄凉隐去，藏在自传深处，沈从文从此进入到一个奋力准备好的稳健状态。而《从文自传》之后到 1949 年之前多年对少时形象书写的中断是为了维持与《从文自传》中第二层次统一的少时形象。

这便是 1930 年《冬的空间》中所想要的"超生"。但并不是"明白自己"，而是选择"自我"，之后又对这选择做了维护。而到了 1949 年，第二层中提炼出的力量及生长出的稳健已在长期挫折中被现实击垮，所以下意识地显现了隐藏在《从文自传》中第一层次的少时形象。后半生对少时形象的回忆，或以少时挺过苦难的具体经验为困境中的自己提供坚持的力量，或以顽野少年尔后奋发经历为例勉励育人者和下一代，他已然走出《从文自传》。

## 三、选择经验时段："断裂""更新"与"羁绊"

同样为了济渡自身，1923—1932 年的十年时间在《从文自传》中被浓缩，是对城市中迷惘的"断裂"处理。用与之"断裂"的方式处理，使到北京前的经历占自传的主要部分，抗拒了城市带给他的困扰。与《从文自传》以前对城市经历专门的即时书写相比,此时沈从文改变了面对城市困扰的方式。

但之后再提及《从文自传》时,沈从文的选择发生了变化,多提及自传中原本浓缩的1923—1932年十年时间,并联系所处现实。这是新的成长——沈从文接受、回顾和使用了那十年进入城市的迷惘经历,将之作为新的"过去"经验来服务当下。

沈从文有取"过去"为"今日"服务的习惯。十年时间在《从文自传》之后延展,是继自我形象隐藏、城市经历凝缩之后对"过去"的第三次更新,用属于城市经历的"过去"代替城市生活之前的乡村"过去",给了新的"今日"以新的经验参考,借此"昨日"面对困难的力量而度过后来的困境。取"过去"的经验来为"今日"服务,这种思考方式不仅体现在《从文自传》前后的时间段取舍,还体现在后来种种方面。沈从文的"今日"是开放的,包含"将来",连接"过去","今日"与"过去"间深深羁绊。

### (一)暂时性地与城市迷惘"断裂"

1923—1932年的十年时间在《从文自传》中浓缩,而在日后提及《从文自传》时被延展。这个现象应该分前后两个部分来看。

首先看十年时间浓缩。其原因,概括而言,是在城市中的迷惘及对其的处理。沈从文舍弃了当时难以做出积极处理的十年进入城市生活的经历,而使用能够把握的乡村经验。

沈从文写《从文自传》时,正处于迷惘之中。1923年的地理转移和身份转换尤为重要——从湘西一带到北京,进入城市,寻求知识的同时,城市大多数时候对个人的困扰也显现出来。在城市经历的即时书写《一个天才的通信》《冬的空间》等之中,已可看到其个人在城市中的不愉快、无力感、迷茫和挣扎。之后的自我书写1946年《从现实学习》、1949年《一个人的自白》也印证了这一点。

安东尼·吉登斯在《现代性的后果》解释过"自身迷惘"感受的来源:"被大量我们还无法完全理解的事件纠缠着,这些事件基本上都还处在我们的控制之外。"（2）姜涛论述沈从文城市经验早年的部分："中间穿插着无尽的眼泪和幻想，无望的阅读和写作。"（168）写自传，必须面对自身进行梳理。显然，写作《从文自传》时，沈从文仍深感城市中的困扰，因此在自传时间段的选择上，将进入北京后感到强烈困扰的这十年尽可能浓缩了。

《从文自传》显示了处理困扰方式的改变。这里，沈从文用与城市经历"断裂"的方式处理，详述乡村而高度概括城市经历。而在写《从文自传》之前，沈从文以城市生活的即时书写感知、宣泄、探索自我。从即时书写到"断裂"，也是对自己提炼、规划、导引的过程。

《从文自传》中浓缩城市的经历，和隐藏少时形象中消极的一面具有相同的目的——济渡自身，超越苦难。张新颖说："之所以要叙述和值得叙述，就是因为要靠这个过程才能把自我确立起来。"（81）这本自传成为沈从文当时及之后事业和心态上的稳定支撑。

### （二）接受、回顾和使用城市社会经验

再看时间的延展，这是在《从文自传》之后的事。

说延展，有两层意思：一是指沈从文后来提及《从文自传》时，关注点不在文本上选取的已有 2/3 时间中的生命活动，而在最后一章，更在极度浓缩的结尾上，即多提及的是这十年时间的部分——这里发生了对《从文自传》经历关注点的"更新"；二是指后来沈从文提及《从文自传》这一部分时，有时与自己所处的不同境遇对比，有时则认为自己在生活中延续了这十年的态度，总以此联系自己的即时处境。

将沈从文在文本中提及《从文自传》时的心理简要梳理概括于此：30 年代提及《从文自传》中这后十年的部分时，用于比对当前，如《习作选集代序》。而 50 年代以此作为对"今天"自我的支撑与鼓励，如 1950 年《总结·传记部分》、1951 年《我的学习》、1957 年《沈从文小说选集》题记。70 年代，社会和人皆在时代中被消耗，在提及《从文自传》的末章时，以此对比、感慨"今天"并重申自己的做人做事态度，如 1971 年《双溪大雪》诗跋的修改中、1979 年末两封信中。

"一切体验不是很快地被忘却，对它们的领会乃是一个漫长的过程，而且它们的真正存在和意义正是存在于这个过程中。"（伽达默尔 101）《从文自传》中原被"断裂"的城市社会经验被接受、回顾和使用，说明沈从文渐渐能够归纳、处理迷惘的城市社会经验并从中受益，是《从文自传》之后继续成长的表现。

### （三）"过去""今日"与"将来"的羁绊

沈从文在《从文自传》书写时和之后提及《从文自传》时主要选取了两种不同时间段的"过去"，两种时间段的"过去"有城乡之别。"过去"发生了三次更新：第一次更新发生在写《从文自传》时，自我形象的隐藏；第二次更新，是写《从文自传》时选择了属于乡村的"过去"为经验，以这部分为当时"今日"自己的支撑，而与后十年中令其迷惘的城市经验"断裂"；第三次更新发生在《从文自传》之后的漫长岁月中，对《从文自传》提及时倾向于延展十年进入了城市的部分，将之作为新的"过去"经验来接受、回顾和使用。写《从文自传》确立自我"是为已经可以触摸到的将来而准备的"。（张新颖 81）同样，在《从文自传》之后的提及中再更新"过去"，是沈从文自身已有了对城市中迷惘感的更多理解和更好处理，是为了在新的基础上再发展。

但沈从文所用的思考方式是相同的，都是取"过去"的经验来为"今日"服务。这种思考方式，在沈从文是非常常见的。他常常回忆写《从文自传》时流畅的思路和旺盛的精力，也是在取"过去"的经验来为"今日"服务。除了内容和书名被多次明确提及，沈从文还在三四十年代、60年代回忆《从文自传》的写作状态，多提及自己写自传时精力充沛的状态，而非具体内容。三四十年代提及精神困境，而1960年起，由于身体问题阻碍着文物工作和文学创作，对写作状态的回忆中，饱含着对重新恢复精力而恢复创作及其他工作能力的渴望。

在《从文自传》中，也存在这样的情况。

一方面，"过去"的具体年月日是不重要的，重要的是经过了"过去"的"今日"。"过去"的生命活动和少时形象是清晰的，与此形成对比的是，作为传记，"过去"中的时间交代却模模糊糊。沈从文不断从"今日"的视点来回看、交代和点评"过去","过去"为"今日"服务。

另一方面，内容上，1929—1932年写的湘西少时经历为《从文自传》做出了前期准备。直接可见的是《从文自传》首章扩写1932年发表的小说《凤子》第五篇中前半篇，第十章提到1929年发表的《我的教育》，事件也有很大部分重叠。1929年《说故事人的故事》则在《从文自传》中转变为"一个大王"一章。

在作品关系上，《从文自传》也成为其他作品中的"过去"，为其他作品服务。例如，1934年《我的写作与水的关系》提到这部自传，论述了水与自己写作的关系时，肯定了自传中所写的水对自己的影响之大。1947年《一个传奇的本事》开篇便引用《从文自传》中水与自身关系的片段。

《从文自传》的"今日"是开放的，也包含了"将来"。这在1943年开明本的一处修改中即可看到。开明修订本第十七章中丰富了对四位朋友命运的交代，且比1934年初版多了一句"我就成了如今的我"（沈从文，《沈从文全集》 13：358）。这里的"如今"显然超出初版时的"今日"，而适用于原属于"将来"的1943年。更明显的体现在1988年《自我评述》中，此篇用《从文自传》末句概括了到北京之后的五六十年生活。

《从文自传》中"今日"与"过去"不是隔离的，"今日"从"过去"生长起来，拥有"过去"培养出的态度、观念，而成为"过去"之后与不断更新的"今日"相连接。因此，沈从文的"今日"向"将来"延伸，又从"过去"生长，这个意义上，可以说他的"今日"无边无际。

## 结　语

本文关注了沈从文自我书写中对少时形象和生命时段做出的取舍，在济渡自身意愿下，他使用自我书写的权力坚韧地建构了自我。

《从文自传》的写作中，沈从文有意识地对少时形象进行选择，在自传中隐藏凄凉的层次而凸显出奇特、光明、温暖、包容的部分，即以"微笑"来掩饰；他也对描述时间进行选择，暂以断裂的方式处理城市的十年迷惘经历，以抗拒所处的困境。沈从文的少时形象从写作之初到《从文自传》，发生了从"无我"到"自我"再到"超生"的变化。在《从文自传》之后，沈从文渐渐将其浓缩的十年城市社会经验作为新的"过去"经验，而保持着为"今天"拿来"昨日"以抵达"未来"的经验处理方法。

虽然沈从文的意愿及做法下隐隐透露出进化论的观点，但选择中体现了对传统的依赖。安东尼·吉登斯认为，"前现代"信任传统，将传统"作为联系现在和未来的手段，过去取向的时间维度"；而"现代"则信任"未来取向的非实在论"，"作为连接过去与现在的模式"（88）。沈从文的思考方式徘徊于"前现代"与"现代"二者之间。《从文自传》面向未来，对于沈从文而言，"今日"与"过去"又羁绊颇深，因此才会对"少时形象"及"生命时段"进行了自度意愿下的取舍显隐。这与"五四"观点下的"未来"信仰是有差异的。

## 引用文献【Works Cited】

伽达默尔：《诠释学Ⅰ：真理与方法》，洪汉鼎译。北京：商务印书馆，2010年。
[Gadamer, Hans-Georg. *Hermeneutics*：*Truth and Method*. Trans. Hong Handing. Beijing：The Commercial Press, 2010.]
吉登斯：《现代性的后果》，田禾译。南京：译林出版社，2011年。
[Giddens, Anthony. *The Consequences of Modernity*. Trans. Tian He. Nanjing：Yilin Press, 2011.]
姜涛：《公寓里的塔：1920年代中国的文学与青年》。北京：北京大学出版社，2015年。
[Jiang Tao. *The Tower inside the Apartments*：*Literature and Youth in China in the 1920s*. Beijing：Peking University Press, 2015.]
邵洵美：《洵美文存》。沈阳：辽宁教育出版社，2006年。
[Shao Xunmei. *Selected Works of Xunmei*. Shenyang：Liaoning Education Press, 2006.]
沈从文：《从文自传》。上海：第一出版社，1934年。
[Shen Congwen. *Congwen's Autobiography*. Shanghai：First Press, 1934.]
——：《沈从文全集（1—32卷）》，张兆和等编。太原：北岳文艺出版社，2009年。
[——. *The Complete Works of Shen Congwen*. 32 Vols. Eds. Zhang Zhaohe et al. Taiyuan：Beiyue Literature and Art Publishing House, 2009.]
——：《一点记录——给几个熟人》，《新文学史料》2014年第4期，第4—12页。
[——. "Some Records：To a Few Acquaintances." *Historical Studies of Modern Literature* 4(2014)：4-12.]
张新颖：《沈从文九讲》。北京：中华书局，2015年。
[Zhang Xinying. *Nine Lectures on Shen Congwen*. Beijing：Zhonghua Book Company, 2015.]

# 纳博科夫的传记实验
## ——"作家传记"的诗性历史与艺术真实

贾 莹

**内容提要**：纳博科夫曾在多部作品中尝试以非传统的方式撰写"作家传记"、展开大胆的传记实验。从形式上看，他打破了传记以散文为主体的形式惯例，尝试了诗歌、小说、文学评传等多种艺术样式；从内容来说，他利用作家所创作的作品为其生命历程做注解，以不同主题串联相关的人与事，聚焦抽象的意识和情感，放逐看似客观的枯燥表象。纳博科夫的传记实验消解了传统传记对线性叙事和客观真实的追求，并与传记写作中捕风捉影、猎奇翻新、哗众取宠的做法形成对抗。"作家传记"是纳博科夫以诗性的方式再现作家个人史的努力，他对真实与虚构、历史与艺术等问题的探索，透露出其独特的真实观和历史观。

**关键词**：纳博科夫 "作家传记" 真实观 后现代史观

**作者简介**：贾莹，博士研究生在读，北京师范大学文学院比较文学与世界文学研究所，研究方向为英美文学与中西比较文学。

**Title**: Experimenting on Biography: The Poetic History and Artistic Reality in Nabokov's Literary Biography

**Abstract**: Vladimir Nabokov tried literary biography in an unconventional way in many of his works and carried out the bold biographical experiments. In terms of the art form, he breaks the prosaic form by using the form of poetry, novel, literary review and so on. In terms of the content, he interprets writers' lives by reviewing their art works. He also integrates different themes with the people and accidents concerned, then focuses on abstract consciousness and emotions instead of boring appearance. Nabokov's experiment deconstructs his pursuit of linear narrative and objectivity which are emphasized in conventional biography. His experiment is in contrast with some practice, such as groundless accusations, novelty pursuit and sensationalism, which occur regularly in life writing. Nabokov's literary biography indicates his effort to reconstruct writers' life stories in a poetic way. His exploration of such problems as reality and fiction, history and art, manifests his unique conception of reality and history.

**Keywords**: Nabokov, literary biography, conception of reality, postmodernism on history

**Jia Ying** is a doctoral candidate in Comparative Literature and World Literature Center, School of Chinese Language and Literature at Beijing Normal University. Her research concerns English and American Literature and Comparative Literature. E-mail: jiaying2090@126.com.

  "作家传记"从字面语义来看，有两层含义。一是传主的身份是作家，传记为作家而作；二是传记写作者的身份是作家，传记出自作家之手。本文所论述的主要是第一层意义上的"作家传记"，它的写作目的是"为作家作传"。纳博科夫一直以来对"作家传记"的关注，与他的作家身份、他对理想传记的追求有关，同时也透露出他对消费时代的文化市场、传记写作的焦虑。

  自从传记产生以来，真实性一直是其最根本的价值追求，为写作者、批评家、大众读者所重视，传记在很长时期内"被看作历史学的一种"（杨正润 21），承担着记录个人、社会和时代演变的任务。20世纪以来，"真实性"问题再度受到关注，人们对传统意义上的客观性、真实性标准产生质疑，外在表象的世界与心理、意识、情绪所构筑的内在世界往往相去甚远，究竟哪一种才更接近现实、更能成为解释世界和个人主体的标尺？现代传记受这一趋势的影响而"向内转"，一些推崇新传记的作家开始挖掘传主的精神世界，强调复杂人性和微妙情感，"历史"的属性一定程度上被淡化，这就引发了关于传记艺术的"诗"与"真"的讨论。

  同时，20世纪以来的消费文化对现代传记的创作与传播也产生极大影响，商品经济夸大了文化产品所携带的符号意义，将写作者同化为经济意义上的生产者，致使部分作家为了迎合大众品味和市场需求而放弃艺术作品应有的尺度，导致了商业艺术的繁盛。不少传记作家开始投合观众的猎奇心态、窥视心理，不顾传主的意愿而随意剖露其私生活和隐私，甚至为博取更多吸引力而不惜篡改事实、捏造真相，这些都严重触犯了传记文学的伦理道德。然而，此类传记却大受吹捧，历史名人、作家学者、歌星影星等的身家过往一再被挖出来翻新，被出版商盛装打扮之后流入市场，成为文化消费产品，丢失了文学传记所应有的真实性和艺术性，这不得不说是现代传记发展演变中难堪的一幕。

作家纳博科夫对此是有所洞察的，20世纪的美国是一个典型的消费社会，在与出版商、记者、虚伪的传记作家的交往中，纳博科夫曾深受其害，对那些满是虚假谎言的"作家传记"深恶痛绝。他曾指定安德鲁·菲尔德为自己的传记作者，然而菲尔德的作品与纳博科夫的预期相差甚远，"传记充斥着粗鲁的杜撰、无稽之谈和荒谬的假想，事件的时间、地点错误百出，把纳博科夫传记写成了为吸引眼球而趣味低俗的'艺术作品'"（贾莹 1）。这恰是纳博科夫最为反感的，也体现了两种传记理想之间的冲突。而早在一系列虚构和非虚构作品中，纳博科夫就展开了"作家传记"从形式到内容的实验，建构了一种独特的传记美学，并在自传中进行了实践。

# 一、元传记中的实验性思想

《塞巴斯蒂安·奈特的真实生活》是纳博科夫第一部英文小说，也是一部关于"如何写作传记"的元传记。小说讲述了叙述者 V 为同父异母的哥哥塞巴斯蒂安·奈特撰写传记而四处奔波求证的过程。实际上在 V 的讲述中有三条并行的线索：一是以奈特的生平为总线索，串联起不同的人物对传主的回忆，并以奈特创作的艺术作品与生命历程相互阐释的方式，勾画出奈特的生命轮廓；二是 V 在此过程中不断地拆解古德曼为奈特所撰写的传记《塞巴斯蒂安·奈特的悲剧》，指出其传记中荒谬、虚假之处，作为理想传记的反面典型；三是 V 展示了自己为撰写传记做准备的全部过程，包括如何去往各地获取关于哥哥真实生活信息的材料，如何观察受访者、参观奈特过去的住所，并通过自己的理解从中筛选出有用信息。三条线索齐头并进,相互交叉,看似混乱,又有序进行着。

V沿着奈特从出生到死亡的时间线索,探访他生前短暂栖居过的地方,生前所居住的公寓,拜访与之交往过的人,筛选出构成奈特传记的材料和信息。他以所获取的现实信息为依据,并非有条不紊地按照时间进程串联出一个人的人生"故事",而是根据已知的有用信息,凭着对传主性格的了解和理解,将想象注入枯燥的事件记录中,让逝去的时间和空间活起来。例如,V再现塞巴斯蒂安在剑桥读书时的场景:"当他走进庄严、幽暗的大庭院,许多穿着长袍的人影穿过薄雾,搬运工的圆顶礼帽在他面前浮动,塞巴斯蒂安感到自己不知怎的辨认出了每一种感觉,湿草坪散发出的有益健康的气味,脚踏石板的古老声响,头顶深色墙壁的模糊轮廓——一切的一切。"(Nabokov, *The Real Life of Sebastian Knight* 41)

同时,V尝试用奈特作品中的某一段话语、某一个场景、某一个人物敏感的触觉或听觉来为奈特的过往生活做补充。例如,奈特生命的最后阶段忍受着肉体和精神病痛的双重折磨,这一时期他写下了最后一部作品《可疑的常春花》,V认为这时的写作与他对生命、病痛、死亡、爱情和艺术的思考息息相关,相互照应,呈现了一个即将死去的男人的思想意识的海岸,生活线索与写作线索再次重叠、交相辉映。只有将奈特的作品与创作的相应生活阶段相互补充,才能深入理解一个作家对自我人生的探索。

在这部关于"如何写作传记"的元传记中,纳博科夫通过V之口,探讨了撰写作家真实生命历程的传记的可能性。首先,"不要过于确信你可以从现在口中了解过去"(Nabokov, *The Real Life of Sebastian Knight* 50)。传主的故事经过口述者的整理、听者的过滤、奈特本人对前两者的隐瞒,仅仅是某种可能的真实情况的回响。其次,作家的生活主线与他的写作主线应当紧紧缠绕、不可割裂,通过作家创造艺术作品的情形、作品中隐藏的深层意识和情绪,关联作家的生活与创作,打开解读其艺术生命的一个窗口。

V反驳古德曼对奈特真实生活所做的歪曲,与古德曼为了迎合图书市场、吸引眼球而不惜将作家戏剧化、丑化的传记观不同,他拒绝"小说化传记",将作家一生所经历的表层现实与深处的意识情感融合一起,旨在发掘作家心灵的成长史、创作意识的觉醒、写作的艰难历程等,从而寻找其思想的轨迹。

V的传记实践,间接地传达了纳博科夫关于"作家传记"的实验性思想。也正如他曾说的"要叙写像我这样乏味的人的生平,唯一理性也是艺术的办法就是追踪他作为一个作家从第一首朦胧诗到《透明》的发展历程"(博伊德 607)。即用作家的创作历程来组织其一生,凸显他作为文学大师的艺术生命史而非私生活史,再现其艺术人生。

## 二、形式的探索:评传和诗歌

《尼古拉·果戈理》是纳博科夫为果戈理撰写的评传,描述果戈理生平的同时,重点展开对他作品的评论分析,深入他创造的文学世界去理解其个性、思想、人生。纳博科夫认为,只有先成为这个作家的优秀读者、合格评论家,才能把握一个作家真正的灵魂,评传将果戈理的人生主题与艺术创作相互嵌入。纳博科夫简要地对果戈理从死亡到出生的历程进行了逆向追溯,以主题的形式探讨果戈理的生命花样,包括疾病主题、母亲主题、艺术主题、旅行主题等。其他四个部分,是对《钦差大臣》《死魂灵》《外套》三部重要作品的评析,与此并行展开其文学生涯,让果戈理的艺术创作勾连出同时期的生活状况。

在评传中,果戈理不再被简单定义为一个喜剧作家,或一个现实主义作家。纳博科夫着力挖掘果戈理艺术世界中的"次级人物"和"次级世界"①,从而抵达果戈理的梦幻世界,窥探其思想意识的深层。纳博科夫曾用一个比喻形容果戈理的"次级人物"和"次级世界"的妙处:老套的戏剧策略一般是"如果第一幕有一杆猎枪挂在墙上,那它在最后一幕必须开火","但果戈理的枪挂在半空中,并且没有开火——事实上,他的提及其魅力恰恰在于,什么下文也没有"(纳博科夫,《尼古拉·果戈理》 47)。果戈理通过戏剧的出场人物之口,小说中的比喻、抒情插笔、从句等使这些次级形象现身。通过对果戈理作品的创造性阅读和评价，得出结论：果戈理不反映现实生活，相反，他的作品属于梦幻文学，而他自己则属于镜中的人物，他的一生与他的艺术同是想象的产物。

纳博科夫创造性地解读果戈理，在其作品中发现了隐秘的艺术矿藏，一个被评论界所忽略的果戈理形象。评传的形式，最大限度地完成了纳博科夫理想中的作家传记的形态：用作家的作品为其艺术人生做注解。

纳博科夫对传记艺术形式的探索还体现在小说《微暗的火》中。《微暗的火》由前言、诗歌、注释、索引四部分组成，单从诗歌的部分来看，这是一部由诗人谢德所写的自传体诗篇。四章诗歌中，贯穿诗人对生命和死亡的哲学沉思，他在一生中经历了亲人的离世、出生、死亡，每一次生存环境的变动、亲密之人的来去，都引发他对人类生活真谛的思索。

第一章以窗玻璃上连雀的意外死亡开头，开启对童年生活的回顾。"我是那被杀害的连雀的阴影，凶手是窗玻璃上那片虚假的蔚蓝"（Nabokov, *Pale Fire* 33)，随后，诗篇以大雪、房屋、双亲、姑妈、上帝、大自然、病痛等主题串联起童年生活。结尾仍是连雀的死亡，呼应开头。"我是那被杀害的连雀的阴影，凶手是窗玻璃上那片虚构的远方。"（37）死亡的主调在此埋下伏笔。

第二章，从青年时代对死亡主题的继续探索开始，依次经历了莫德姑妈的去世，与西碧尔相爱，女儿的出生，女儿阴郁的青春期及用自杀来结束自己年轻的性命。第三章，谢德用大量篇幅探讨死亡及死后的生活，哀悼女儿，想象她鬼魂般的生活，勘察死后的深渊，并经历了一次濒死体验。第四章，谢德开始探索美，呈现创作过程中的苦恼、意识的灵动、捕捉词汇的瞬间，直抵意识的深处，他通过艺术理解生存和死亡，探究宇宙的奥秘。

传主用一生的时间体验着生与死的奥秘，在彷徨与反思中承受其中的艰辛和欢愉，最后在艺术中找到了开解世俗人生的钥匙，构成了一曲浮士德式的篇章。自传体诗歌，从形式到内容，都十分契合谢德的诗性人生。哲学沉思式的、丰满的精神世界，灰暗的、无助的、必然经历生死的现实世界，都在谢德独自吟咏的诗句中获得化解，在诗行中得到升华。自传诗体能够承载最炙热的流动的意识，以及深沉灵动的哲学思想。自传体诗歌之于谢德的人生，无疑构成一种真诚的隐喻。

以上两部作品中，纳博科夫对传记的艺术形式做了探索。传记作为一种文学艺术，形式与内容相适应是其应有之意，而不必拘泥于纪实性散文体。恰当的艺术形式能更好地呈现传记的内容、契合传主的人生。文学大师果戈理的人生，必然绕不开他的艺术创作，对其作品的深入理解是读懂果戈理的关键，评传无疑是最合适的；诗人谢德的人生则用自传体诗歌娓娓道来，其诗性人生便不自觉地展现了出来。纳博科夫打破了传统传记对艺术形式的规约，从而削弱了虚构与非虚构文本之间的界限。通常，传记作为一种非虚构的文类有自身的规定性：散文叙事为主、事件编排依照线性时间、以传主生平事件为中心等，是传统传记的基本属性。纳博科夫的形式实验表明，除了散文叙事之外，其他文学样式照样可以容纳传记的真实性，艺术不仅仅是虚构，纪实也不是完全照搬现实，在某种意义上，艺术、真实、虚构之间没有一条泾渭分明的界限，人为地将传记中的艺术性和纪实性相分离的做法，实际上是有违文学艺术规律的。

## 三、反传统的自传写作实践

纳博科夫曾坦言："作家传记的可贵之处不在于他的冒险史，而在于是他的风格形成的故事。"（纳博科夫，《独抒己见》 160）在经过了对"作家传记"从内容材料到艺术形式的探索之后，纳博科夫在自传《说吧，记忆！》中展开了反传统的写作实践，他聚焦微观的个人史，以诗性话语抒发流亡之苦和故国之思，从而在一定程度上颠覆了宏大的历史叙事。

《说吧，记忆！》是纳博科夫离开故国、流亡多年后，将不同时间、地点所写的个人回忆录汇集而成。时间从1903年跨越到1940年，作者回顾了从出生到步入成年的时光，运用意识流、自由联想、蒙太奇等手法勾勒了不同的生命主题，穿插着大量对时间、空间、生命、死亡、意识、想象、记忆、爱与痛等抽象事物的哲学思考。在这部自传中，纳博科夫编织了如画般的过往，试图在回忆与虚构中找寻自我。无论形式还是内容，《说吧，记忆！》都展示了它与众不同的风格，自传的实验性色彩体现为以下几个方面。

首先，时间处理上打破传统的线性时间，大传记中套着小传记，以主题的方式组织大小传记。在自传中，纳博科夫尝试为不同的人立传——父亲的家族、母亲的家族、双亲、舅舅、家庭教师群像、O小姐、弟弟、少年时代的恋人，等等，这些小传记既独立成章，又构成大传记必不可少的枝叶。《说吧，记忆！》的叙事不按照传统的时间顺序，而以不同的主题将传主的过往进行分解、合拢、重组，不同的主题会在不同的小传记中相互交织，同一个主题也在回顾不同的人与事中不断重现。

其次，以不介入的方式"介入"历史。对于俄国当时的政治事件和革命暴动，纳博科夫仅将其作为背景一带而过，有意隐藏主观态度，但却将俄国历史事件的影响通过个人和家族历史的变迁表现出来，包括家庭的支离破碎、亲人的意外离世和永不得返乡的流亡之苦。看似回避，却处处影射。实际上，纳博科夫在1962年的一次采访中，曾谈及他再也不想回到俄国的理由："我所需要的俄国的一切始终伴随着我：文学、语言，还有我自己在俄国度过的童年。我永不返乡。我永不投降。何况，一个警察国家的阴影在我的有生之年难以消除。"（纳博科夫，《独抒己见》 10）而对于流亡所带来的最为心酸的事情，纳博科夫也曾谈道："对于艺术家，流亡只意味着一件事——他的作品被禁。自从四十三年前我在一家德国公寓的沙发上写下第一部作品以来，我所有的作品在我的祖国都遭到查禁。"（纳博科夫，《独抒己见》 122）这些强烈的态度，在纳博科夫的文学作品，包括《说吧，记忆！》中并没有直接反映，他始终以一种更为隐晦、讽刺、心酸的方式来表达俄国政治和革命对他的影响。

第三，用想象和虚构支撑起时间序列中的点，用艺术的方式还原生动的画面。许多未能亲眼所见、亲自体验的场景，或家族纪事，纳博科夫会尽可能地根据事件本身，添加以栩栩如生的画面。他之所以利用想象和虚构让单调的现实事件丰满起来，在于他将"日常现实"本身看作静态的，它假设了一种可供观察、天下皆知的状态，而这一状态本身根本不存在。相反，"想象是记忆的一种形式"（纳博科夫，《独抒己见》 80）。对于个人回忆而言，它是创造性想象与回忆的结合,"记忆与想象都是对时间的一种否定"(纳博科夫,《独抒己见》 80)。

第四,元传记特质。纳博科夫在回忆时不断跳出文本叙述的历史时间,回到现实的写作时间,从而将他记忆过程和虚构手法暴露给读者。作为自传的作者、故事的讲述者、历史事件的主人公,纳博科夫在这三重身份中自由切换,不露痕迹。例如在想象法国家庭女教师刚下火车时的场景后,作者突然从这个凄美立体的梦境中清醒,回到了当下的写作现场:"我耳中的振动不再是逐渐远去的铃声,而是我年老的血脉发出的低吟。一切都静止了,被月亮这面幻想的后视镜吸引、迷醉。然而,雪是真切的,当我弯腰捧起一把雪,六十年的岁月在我指间化为闪烁的霜尘。"(Nabokov,*Speak*,*Memory* 100)

最后,诗性画面与具有流动性的语言。纳博科夫在回顾牧歌般的过去时,用缓缓流淌的诗性话语对琐碎的生平事件进行重新审视,利用想象、幻想、记忆重新编制过往生活的图景,详尽描述某场景中极其细微的动态,力图还原当时画面中的色彩、气味和声音,在视听融合中靠近真实的文学空间。他是在以诗人的思维方式思考和表达真实。回忆录的开头就如一句短小的诗:"摇篮在深渊之上摇晃,常识告诉我们,我们的存在只不过是两个永恒的黑暗之间短暂的一隙光亮。"(Nabokov,*Speak*,*Memory* 19)不同于传统传记以事实说话、用语言思维,诗人用形象说话。自传始终充满了诗性的浪漫怀旧色调。

## 四、独特的真实观与后现代史观

以上几部作品中,纳博科夫传达了他关于"作家传记"的实验性思想,用实践尝试"作家传记"的多种艺术形式和反传统的叙事策略。他本人对"作家"这一身份的切实体验,促使他形成了关于"作家传记"的理想传记观——用作家的创作经历和作品诠释其生活,勾勒出艺术家的生命史,而非私人生活史;不拘泥传统的散文体形式,发掘与传主生命历程相契合的艺术形式。

纳博科夫的作家身份，是促使他进行传记实验的直接因素。但更为深刻的原因，在于他独特的真实观与历史观。在纳博科夫看来，真实是一种非常主观的东西，他认为自己所感受到的现代世界是艺术家创造的幻影。真实是经过筛选过的，纯粹客观现实在他看来是不存在的，只有保持记忆中的细节的真实，尽可能用形象去还原画面，才可能触摸到真实的零星棱角。这样的真实观也导致他对历史的独特看法，《独抒己见》是这样表述的："我们是否要界定所谓的'历史'？如果'历史'意味着'事件的书面记载'，那么就让我们来诘问：实际上是谁——什么样的抄写员，什么样的文书——把它们写下来？他们是否胜任这样的工作？我倾向于猜想，大部分的'历史'是被平庸的作家和有偏见的观察者篡改过的。"（纳博科夫，《独抒己见》143）

纳博科夫的真实观、历史观与20世纪六七十年代出现的新历史主义不谋而合，后现代历史学家海登·怀特在谈论"作为文学仿制品的历史文本"时，揭示了历史叙事的虚构性，他认为历史故事是经过历史学家运用情节结构对一系列事件进行编码之后的产物，与文学一样隐含着一个象征结构。"他们通过假定的因果律，运用真实系列事件与约定俗成的虚构结构之间的相似性提供多种理解，还成功地赋予过去系列事件以超越这种理解之上的意义。"（怀特 182）历史学家将一系列事件建构成一个故事，事件就被赋予情节结构和象征意义。历史著作，实际上就是从"事实"到"虚构"的转译。

海登·怀特十分重视想象，他认为，"我们只能通过将事实与想象对照或将事实比喻为想象才能了解事实"（190）。历史学家正是通过这样的虚构，对已发生的事件进行诗意地建构。历史与文学同样具有叙事性，叙事就必须经过语言的编码和修辞，这一过程中包含着编码者的主观因素，无论历史文本还是文学文本，都是其意识形态和思想的投射。

实际上，这样的真实观、历史观与现代人流离失所、无根漂浮的生存现状息息相关。就纳博科夫所在时期的社会状况而言，19世纪末至20世纪初的俄国正处于极其动荡的历史时期，民族运动、国内战争、政治改革频发，1905—1907年革命、1917年二月革命、1919年十月革命、农民革命和解放运动、"红色"和"白色"恐怖等依次上演，政治上的恐怖现象和激进主义加强了动乱的程度，各阶层之间和内部矛盾被激化。在集权政治的背景下，容不得自由、民主的存在，大批自由主义革命者、思想家、作家被驱逐，或被迫迁徙境外，开始了流亡生涯。这种特殊的现象造就了俄侨移民文学的产生和发展，20世纪先后出现了三次俄罗斯侨民文学浪潮。侨民作家在国外虽然能够自由地创作，侥幸逃脱了本国政治文化的压制，但无法返乡的痛苦无时无刻不在折磨着那些敏感的心灵，思乡与怀旧的忧愁成为侨民文学中永恒的主题。

作为流亡艺术家的纳博科夫所坚守的家园只剩下一抹乡愁，现实中的故国是强权政治主导下的遥远的"他乡"。流亡塑造了纳博科夫的独特的作家身份，深刻影响他对现实与历史的看法，可以说，他一反传统的传记美学也必然与此相关。"诗性历史与艺术真实"这句话恰好可以解读纳博科夫以审美的、艺术的方式关照历史和现实。

## 结　语

在虚构的小说、诗歌，以及非虚构的评传中，纳博科夫以实验的方式消解了传统传记文学关于形式和内容的规定性，尝试将多样化的艺术形式与传主的人生相契合，建构独具一格的"作家传记"，最大限度地还原作家的生命史。他在真实与虚构之间找到了一个艺术的平衡，即，以诗性的方式还原历史、从虚构中挖掘真实。在自传《说吧，记忆！》中，纳博科夫实践了这一传记美学，最终创作出了理想中的"作家传记"。

回到当下，在一个信息爆炸的时代，读者对传记文学的审美很容易受消费文化的影响，世俗化的、娱乐至上的阅读需求诱导传记作者们一味地迎合大众的猎奇心态，使传记艺术沦为普通的消费产品。同时，大众媒介对当代文艺产生了极大的影响，文学的边界一再被拓展。这种背景下，反观纳博科夫在20世纪中叶关于"作家传记"的探索和实验，以及他对艺术之真的坚守，对于当代的传记写作是一种深刻的启示。只有那些能保持对历史的清醒认识，并有效抵抗消费主义时代不良诱惑的传记作品，才能既保有文学之"诗"，又守住历史之"真"。

## 注释【Note】

① 纳博科夫在《尼古拉·果戈理》中提到果戈理有一种独特的表现手段,让"次级"形象在戏剧或小说中短暂地闪现,然后就再也不会提到,但它们又是如此逼真地存在过。这些"次级人物"和场景就构成了梦幻般的"次级世界"。相反,故事的主要人物和情节被谈话为背景,与老套文学中陈腐的花招全然不同。

## 引用文献【Works Cited】

布赖恩·博伊德:《纳博科夫传——美国时期(上、下)》,刘佳林译。桂林:广西师范大学出版社,2011年。

[Boyd, Brian. *Vladimir Nabokov*:*The American Years*. 2 Vols. Trans. Liu Jialin. Guilin:Guangxi Normal University Press, 2011.]

贾莹:《纳博科夫的传记形象研究——以〈说吧,记忆!〉和〈纳博科夫传〉为对象》(硕士学位论文)。兰州大学,2015年。

[Jia Ying. *Research on the Biography Image of Nabokov—Speak, Memory and The Biography of Nabokov*. MA thesis. Lanzhou University, 2015.]

弗拉基米尔·纳博科夫:《尼古拉·果戈理》,刘佳林译。桂林:广西师范大学出版社,2010年。

[Nabokov, Vladimir. *Nikolai Gogol*. Trans. Liu Jialin. Guilin:Guangxi Normal University Press, 2010.]

——. *Pale Fire*. New York:Vintage Books,1989.

——. *Speak, Memory*:*An Autobiography Revisited*. New York:Vintage Books, 1989.

——:《独抒己见》,唐建清译。杭州:浙江文艺出版社,2012年。

[——. *Strong Opinions*. Trans. Tang Jianqing. Hangzhou:Zhejiang Literature and Art Publishing House, 2012.]

——. *The Real Life of Sebastian Knight*. New York:Vintage Books, 1992.

海登·怀特:《后现代历史叙事学》,陈永国等译。北京:中国社会科学出版社,2003年。

[White, Hayden. *Postmodern Historical Narratology*. Trans. Chen Yongguo et al. Beijing:China Social Sciences Press, 2003.]

杨正润:《现代传记学》。南京:南京大学出版社,2009年。

[Yang Zhengrun. *A Modern Poetics of Biography*. Nanjing:Nanjing University Press, 2009.]

# 英美传记小说的文类困境与突围
## ——以戴维·洛奇传记小说为例

蔡志全

**内容提要**：传记小说是英美小说创作的新趋势。传记小说集传记、小说、文学批评于一身，具有纪实、虚构、学术研究等多重特征，其文类归属等问题面临诸多困惑。戴维·洛奇在传记小说中反思传记小说文类本质，寻找突破传记小说文类困境的路径：一方面，洛奇与读者订立文类契约，并在小说的副标题、题记、后记（致谢）等处多次提及、印证，引导读者阅读；另一方面，洛奇在引用文献史料的同时，运用多视角聚焦等小说策略，在纪实与虚构之间达到微妙平衡。传记小说是传记与小说"联姻"的产物，是一个跨文类的"混血儿"，是"生命书写"的新类型。

**关键词**：传记小说　戴维·洛奇　文类困境　文类契约　生命书写

**作者简介**：蔡志全，文学博士，五邑大学外国语学院讲师。主要从事当代英美传记文学研究，近期发表《作者的声音——戴维·洛奇〈亨利·詹姆斯年〉与〈写作 H.G.威尔斯〉解读》（《当代外国文学》，2017 年第 1 期），《传记小说：当代英语小说创作的新潮流》（《外国文学动态研究》，2017 年第 5 期）等。

**Title**: The Generic Dilemma and Breakthrough of Anglo-American Biographical Novels: Taking David Lodge's Biographical Novels as an Example

**Abstract**: Biographical novel, straddling biography, novel and literary criticism and claiming multiple traits of fiction, non-fiction as well as literary research, encounters a generic controversy. David Lodge reflects upon the essential attributes of biographical novels and tries to find a breakthrough of this dilemma. On the one hand, he makes a genre pact with readers as a guidance and refers to it in the paratexts of the subtitle, preface and acknowledgement; on the other hand, Lodge strikes a delicate balance between the traditional life writing and the literary imagination through a few techniques of fiction. This paper concludes that the biographical novel which is a hybridized offspring of biography and fiction has emerged as a new sub-genre of life writing.

**Keywords**: Biographical Novel, David Lodge, generic dilemma, genre pact, life writing

**Cai Zhiquan**, Doctor of Letters, is a lecturer at Wuyi University, China. His research concerns contemporary Anglo-American life writings. His recent publication includes "The Author's Voice: On David Lodge's *The Year of Henry James* and 'Writing H. G. Wells'"(*Contemporary Foreign Literature*, 1 2017) and "Biographical Novel: A New Trend of Novels in English"(*New Perspectives of World Literature*, 5 2017). E-mail: czqzsu@126.com.

最近几十年以来，传记小说（biographical novel/fiction）在英美文坛悄然兴起。传记小说集传记、小说、文学批评于一身，具有纪实、虚构、学术研究等多重特征[①]。不过，传记小说自问世以来，一直面临着文类归属的困惑。小说家纷纷在创作中反思传记小说的文类困境，探索化解之道。英国著名文学家、文学批评家戴维·洛奇（David Lodge，1935—  ）不仅关注传记小说兴起与发展，还躬亲创作。他先后创作了《作者，作者》（*Author, Author*，2004）与《风流才子》（*A Man of Parts*，2011）两部传记小说。这两部作品是当代英语传记小说的重要代表，是洛奇对广义传记（life writing）的全新尝试，彰显了洛奇对传记小说文类困境的反思与突围。

# 一、传记小说的文类困境

文类归属问题一直是传记小说发展过程中一个颇有争议、亟待研究的问题。传记小说家、评论家、书评人、读者等不同群体对传记小说的文类归属与判定往往各执一词、莫衷一是。《作者，作者》甫一出版，其文类归属就成了一个争论热点。"这部作品读起来就像一部展示多种叙事技巧、引人入胜的小说，一曲各种声音汇成的复调音乐，一部情节紧凑、悬念迭出的戏剧，同时也是一部包含少量杜撰情节、有选择性的亨利•詹姆斯传记。"（Gallix et al. 9）书评人瓦尔登（George Walden）认为"作为一部小说……它不太行，如果它根本就不是小说，那或许是部传记佳作"（qtd. in Lodge，*The Year of Henry James* 85）。作家霍林赫斯特（Alan Hollinghurst）评论认为"作为小说，比较勉强，其文本淳朴无华，更接近传记"。我国学者高继海也提出了对这部小说文类的见解，"戴维•洛奇的小说《作者，作者》很难分类，尤其是很难把它划归小说或传记，当然也可以说它是一部关于19世纪末、20世纪初的英国社会文化史。这部作品写的是著名小说家亨利•詹姆斯的生平与创作。我用研究型传记小说来界定这部作品，在作品中，传记的因素和小说的成分一方面水乳交融，另一方面又泾渭分明"。

待到《风流才子》出版时，传记小说的文类归属依然是个问题，各方观点仍莫衷一是。书评人西迪基这样写道："洛奇的这部'传记小说'（创造性非虚构小说？历史小说？这部作品很难归类！）似乎主要描写威尔斯的私生活"（Siddiqui）。龙瑞翠称其为"传记元小说"（169）。还有研究者认为《风流才子》"与其说是一部小说，不如说是一部用虚构手法写成的传记"（Doherty）。还有评论者用"准传记"（quasi-biography）、"小说化的传记"（fictionalised biography）等名词术语形容这部作品。可见，洛奇的两部作品引发了关于传记小说文类归属的大讨论。

戴维•洛奇的《作者，作者》与《风流才子》的文类归属并非一个独立个案，英美传记小说自问世以来一直面临着文类困惑。究其原因，传记小说这个名字正如"历史小说"或"非虚构小说"一样，本身就是一个不言自明的悖论。比如，早在古希腊时期，佐依勒斯（Zoilus，400BC—320BC）就曾抱怨荷马史诗《伊利亚特》的文史之惑："我越把它当历史，却越会发现诗的影子；而我越拿它当诗，却又越发现历史事实。"（qtd. in Bernbaum 438）约翰•巴斯（John Barth）曾在《枯竭的文学》（"The Literature of Exhaustion"，

1967）一文中为文艺中的悖论辩护："艺术家可以以充满悖论的方式，把他所感知到的当今时代的一些根本问题，转化为创作的素材与方法。"（转引自洛奇，《小说的艺术》 248）鉴于上述论辩，洛奇认为"这类作品的文体定义饱受种种质疑、争论，倒也不足为奇"（241）。

## 二、传记小说的文类本质

传记小说是传记、小说与学术研究/批评等多文类的混合体。以前辈作家为主人公的文人/作家传记小说不只是混合了事实与虚构的生平写作，也是对前辈作家作品的续篇、改编、分册、拼贴、模仿或者评论。比如，美国作家迈克尔·坎宁安（Michael Cunningham）的传记小说《时时刻刻》（*The Hours*，1999）是弗吉尼亚·伍尔夫《达洛维夫人》（*Mrs. Dalloway*，1925）的改编；南非小说家加尔格特（Damon Galgut）的传记小说《北极夏日》（*Arctic Summer*，2014）是对E.M.福斯特1909年未完成的同名小说的续写、重写；爱尔兰作家科尔姆·托宾（Colm Tóibín）原计划写一部关于亨利·詹姆斯的散文集，不过最终却写成一部关于詹姆斯生平的传记小说《大师》（*The Master*，2004）。

当代英美传记小说从作品中寻觅作家的生平，反推再现作家构思、创作的过程，这是文人传记（小说）最为独特之处，体现了文人传记小说的独特魅力。这个逆创作过程实揭示了传记小说的"虚构"本质，打破了小说文本的"真实"幻象，即在小说中展示小说的创作过程，讨论小说的写法，甚至加入对小说的评论，因此传记小说是一种典型的自反性（self-reflexive）叙事。在评论《福楼拜的鹦鹉》（*Flaubert's Parrot*，1984）时，张和龙指出，"文学家的传记本身即是一种重要的批评行为。小说中有关福楼拜及其作品的各种材料和内容铺陈，其实是对文学批评过程及其批评方法的揭示，……小说中有关艺术与批评的'自反性'文字、段落、章节比比皆是，并且以不同的形式出现在小说的虚构文本和非虚构文本中"（5）。

戴维·洛奇的传记小说除了再现小说家的创作过程，还常常会加入关于小说创作、主题、文学价值等问题的研究或评论，文学批评成了传记小说文本的重要内容，甚至能够发挥真正的文学批评的作用。在《作者，作者》中，洛奇为了表现小说的主题，借用、评价了亨利·詹姆斯的中篇小说《人到中年》（"The Middle Years"）："他利用这个故事，给我带来的最主要的影响就是让我想去重读这个故事，这当然是好的文学评论的结果"（Perkin 126），"小说中有关文学研究与评论的散文体章节或段落与其说是嵌入虚构话语中的逼真的或地道的文学批评，倒不如说是一种已经虚构化了的探讨艺术创作与文学批评的自反式的、元小说式的创作手法"（张和龙 6）。

洛奇的传记小说以亨利·詹姆斯和H.G.威尔斯等小说家为主人公，他们的生平与作品之间存在明显的互释、互证的特征。"戴维·洛奇的虚构艺术或许可以说属于独特的一类：他的作品在文学与批评或理论的狭窄边界之处写成"（Necula 160）。从内容上看，传记小说"一半是批评，一半是叙事"（Bradbury 487），介于小说与批评之间，是"小说和批评的边界领域"（Currie 21）。"小说中有不少整段的内容，读来就像一部侃侃而谈地讲述19世纪文学史的手册。"（Moon 636）陈榕指出洛奇传记小说文本具有文学批评特征："在洛奇铺陈这些情节时，有时却会不自觉地流露出批评家的笔法。比如他在小说中引用詹姆斯等人的书信原文时，往往用斜体专门标出，让人看了不禁莞尔：就差给信加上注释，标明出处了。"（111）陈榕的上述评论，点出了洛奇传记小说文本的文学评论特征。洛奇在传记小说文本中嵌入评论，旨在强调传记小说融合了传记批评/研究的创作模式。洛奇的传记小说实际上是传记、小说与文学批评的混合体，继承发展了英国"学养型评传"[②]写作传统。

洛奇指出他的"传记小说从未打算掩饰其混杂本质"（Lodge, *The Year of Henry James* 9）。也就是说，洛奇的传记小说是一种自反性文类，将自身的文类问题化。"如果在这些现代主义作家笔下，先前被置于传记、自传及小说间的文类区别已经模糊不清，那么传记小说家的任务就变成了一种更具自我意识、自反性的追求。结果进一步地消解了传记、自传及小说的概念，消解了其作为相互独立文类存在的可能性。"（Hudson 31）当代传记小说家对传记小说这一新兴文类的理解存在差异,他们往往会根据自己设定的原则创作,结果创作出了不同类型的传记小说。

在《今天的小说家:还在十字路口吗?》("The Novelist Today: Still at the Crossroads?")一文中,洛奇把同一小说文本中不同文类与风格的混用称为"交叉小说"(crossover fiction)。他指出这是当今小说创作中的一个显著特色(Lodge,*The Practice of Writing* 9)。后来,在一次访谈中洛奇又提出了"混合小说"(hybrid novels)概念,"我最近的小说《作者,作者》对我来说是全新的开始,也是混合小说与传记的混合小说总体发展趋势的一个实例。它是一个自1990年以来迅速发展的次文类。因此这是小说家的另一条可行之路,今天或许有五条路,而不再是四条适用于小说家的现状"(Gallix et al. 13)。对于英国小说的这个发展趋势,评论家凯特·斯托佛使用"文学的跨界混搭"(literary mash-up),即历史传记小说(historical biographical fiction)来指称这一文类。斯托佛指出:"虚构历史人物生平的小说,一直是历史小说的一个纯正亚种,而且对于喜欢传记与回忆录的读者而言,这是他们重要的入口点。"(Stover)

## 三、传记小说的文类契约

洛奇指出,"在文学史上,小说是一种全新的写作类型:一种反文类的文类。与史诗、悲剧、喜剧、牧歌等经典文类不同,除了从那些传统文类折中地选择借用,小说没有写作规范。通过永不停息地打破自身规范,偏离自身的惯例,小说在演变,在不停地演变——早期小说史上的《项迪传》,就是从这种意义上写就的一个范例文本"(Lodge,*The Year of Henry James* 205—206)。从这个意义上讲,传记小说是英美小说发展演变过程中的一个新分支,一个亚文类(subgenre)。"用虚构/小说手法表现真人真事"是传记小说的共同特征,如果借用菲利浦·勒热纳(Philippe Lejeune)的"自传契约"概念,这是传记小说作者与读者订立的"传记小说契约"。事实上,勒热纳还提出过"小说契约"[③]概念:"我们可以假设存在小说契约,以与自传契约对称。

小说契约也有两个特点：公开表白非同一性（作者与人物不同名）和证明虚构性（今天，封面上的副标题小说一般起到这种作用；须指出的是，在当今术语中，小说一词即意味着小说契约）。"（118—119）

　　一般而言，小说的"文类契约"一般非常隐蔽，甚至常常省略，因为它实际上处于一种"默认"状态。杨国政在《自传契约》译序中指出，"小说也是一种'契约'文类，只不过小说契约不如自传契约那样明显，封皮上的'小说'字样，甚至契约的缺失本身就构成小说契约：当我们阅读一个文本时，如果作者未做任何说明，我们自动将其视为一种虚构"（11）。传记小说属于纪实小说，既有生命书写（life writing）的纪实性，又有小说的虚构性双重特征，是具有典型"跨文体"特征的文体形式。"当作家在进行跨文体写作时，他大体应该明白自己写作的核心文类是什么，是傍着小说跨诗呢？还是傍着诗跨小说？还是傍着散文跨小说？还是傍着文学跨非文学？也就是说，他不可能完全忘记了自己的身份，最终该明确他到底是在写小说、写诗、写散文还是在写文学。"（贾奋然 23—24）

　　作者在明确作品核心文类的同时，还要将此以"文类契约"的形式昭示读者，与读者协商，求得读者的认可。纵观传记小说发展史，许多传记小说作者用小说的前言或后记等副文本向读者出示"文类契约"，直截了当地指出他们写的不是传记，而是小说。比如，伦纳德·欧希利（Leonard Ehrlich）在《上帝的人生气了》（*God's Angry Man*，1932）序言中指出："这部作品是小说，不是传记，也不是历史"（Ehrlich ix）；罗伯特·格雷福斯（Robert Graves）提示读者《弥尔顿先生之妻》（*Wife to Mr. Milton：The Story of Marie Powell*，1962）"这本书是小说，不是传记"（Graves vii）；布鲁斯·达菲（Bruce Duffy）明确告诉读者，《如我所发现的世界》（*The World as I Found It*，2010）"这是一部小说：不是历史，不是哲学也不是传记，尽管有时候会涉及这些领域"（Duffy xviii）；卡罗尔·欧茨（Joyce Carol Oates）也明确说明"《金发女郎》（*Blonde*，2009）只应该作为一部玛丽莲·梦露的小说来读，不是传记"（Oates vii），等等。

　　在戴维·洛奇等传记小说家看来，与读者"签订"传记小说的"文类契约"不但不能省略,而且不可或缺。一方面,有时因为"传主或其家人可以因传记的真实与否把传记作家告上法庭,但不会因此与传记小说家对簿公堂,所以传记小说家会特意点明小说的文体"(欧荣 238),"'小说'的字眼,等于宣告了对内容的不负责任。虚构是一面保护屏或防火墙,可以过滤掉来自当事者的可能的责难和追究,也是一张通行证,可使作者逃避检查蒙混过关"(杨国政 303);另一方面,或许也是最重要的方面,鉴于传记小说以小说的技巧讲述真人真事,作为文学创作一种新趋势,兼具传记与小说甚至文学评论等多重内容与风格,文类交叉混杂是显著特征。为了减少读者对这类作品文类的困惑,避免读者当成传记来读,小说家们必须动用作者的"权威":明确标识作品的文类,告诉读者本书要当成小说来读,告诉读者传记小说是虚、实结合,或虚、实交叉的混杂文类,属于小说分支,而非传记。

勒热纳指出"自传契约"并无固定的格式,"它既可以在正文前以宣告的形式明确表述出来,也可以体现在书名、献词、开场白、封底说明等边际文本中,甚至注释中或发表时的采访中"(11)。事实上,戴维·洛奇曾在小说的前言、后记、致谢、创作随笔甚至作家访谈中,以小说作者的"权威"身份多次、以多种方式重申了这个契约。这反映了他对传记小说文类本质、创作手法、写作过程等的反思,展现了他的传记小说观。

洛奇传记小说的"文类契约"明确而具体,分布于小说的标题、前言与文后致谢之中。从内容与功能角度而言,这三处的内容大致相当于一篇新闻稿的标题、导语和主体,或者相当于一篇学术论文的标题、摘要和正文。首先,在传记小说的封面上,文类标识"一部小说"(A Novel)是最简洁的"文类契约":给这个文本定性,宣布其为"小说",而非"传记"或其他。其次,在小说《作者,作者》的前言题记中,再次提出"文类契约",这里的内容较封面上的文类标识更为详细具体:

> 几乎所有在本作品中发生的故事都建立在事实基础上。除了一个无关紧要的例外,一切有名有姓的人物都是真实的。从他们的专著、戏剧、文章、信件、日记等引用的都是他们自己的话。但在再现他们所思、所

感、所说时，我行使了小说家的特权；我想象了一些被历史记录忽略的事件和个人细节。因此，本书是一部小说，而且以小说的结构展开。（题记）

洛奇在此向读者解释了其传记小说的体裁特色：与纯虚构小说不同，传记小说的人与事等材料都取材于现实，不是作者的杜撰，也不是作者对真人真事的挪用或虚化。几乎所有故事情节都有文献依据，作者以此为基础，运用小说手法与技巧，把这些材料创造成一部文艺作品。作者虚构的内容主要是人物的内心活动、思想、对话及一些细节等，这些内容一般没有文献记载。不过，即使这些内容，也不是出于任意想象和杜撰，而是小说家根据已有材料，比如人物的作品、日记、书信、自传或评论等，以此为基础，"推断""猜想"的结果，并且想象的内容，不能与已有记载相矛盾或者抵触。这相当于给想象划定了一个范围或底线，是在一定范围内受限制的想象，这是传记小说中的想象性虚构与其他虚构小说的根本不同。洛奇在创作第二部传记小说《风流才子》时，写作手法更为纯熟。在大量掌握相关资料信息的基础上，通过"推断"、演绎等方法来创作，以"与资料内容相符"为虚构创作的标准。

在小说的正文之后的致谢中，为了"读者更多地了解我所增加的内容的性质和程度"（460），"洛奇甚至一五一十地把哪些情节是自己'原创'的，原创的性质和程度如何"（穆白 77）向读者和盘托出，比如，在创作《作者，作者》时，因为找不到相关文字描述，亦无照片可以参考，洛奇想象了女仆人明妮·基德的模样；为了引出小说的主体情节，在框架故事中杜撰了杰拉德·杜默里埃（乔治·杜默里埃的儿子）的贺电。

为了回应前言中向读者承诺的"从他们的书籍和其他出版物、演讲以及（除了极个别的例外）书信中引用的都是他们的原话"，洛奇在《风流才子》致谢中一并列举了虚构的书信内容/片段，为了方便读者，他还标明了每封信所在的页码，总共有 7 封虚构的书信。洛奇在致谢中清楚具体地罗列了虚构的内容，是为了佐证传记小说"基于事实"的约定，"通过向读者坦白我虚构的内容，我想说明我虚构的内容相当有限"（Gallix 23）。因此读者可以放心地相信小说的叙述话语真实可靠。

可见，在两部传记小说中，"通过副标题、作者寄语和致谢的运用，洛奇强调了文本作为"传记小说"的特别之处"（欧荣 46）。封面上的文类标识"一部小说"、前言和致谢共同构成完整而详细的传记小说"文类契约"。契约内容一方面揭示了传记小说的本质特征以及作者的创作手法，另一方面也充分体现了洛奇传记小说的自反性：作者的闯入，发表创作评论，告知读者资料的来源，更重要的是打破传记小说叙事的"真实性"幻象。

## 四、传记小说的文类平衡

正如洛奇在界定传记小说时所言，虽然他写的是真人真事，不过他使用了许多虚构写作常用的叙事技巧，因为洛奇一直在焦虑"小说不能读起来像传记"（Lodge, *The Year of Henry James* 50）。某种意义上讲，不同叙事技巧/策略的使用，可以标示区分文类，"小说、戏剧和诗歌之所以被划分为虚构性作品，而历史、传记和报道则属于非虚构性作品，一个重要的原因是它们对事实采取了截然不同的叙述策略"（赵白生 127）。在这两部作品中，洛奇有意识地选用多种小说叙事策略，凸显作品"小说"的文类特征，保持传记小说的文类平衡。

小说策略的使用首先体现在对小说中主要人物的称呼上。在《作者，作者》的开头，洛奇只用"作者"（the author）指代詹姆斯，以此创造悬念，比如"这位著名作家已渐渐走向死亡……作家七十二岁高龄，……弥留之际的作家躺在床上……"（3）"亨利·詹姆斯"的名字直到第三段中才首次出现。在小说的主体故事中，提到主人公时，洛奇有意只用名字"亨利"，而不用姓氏詹姆斯，这是小说的常用手法，旨在拉近主人公与读者的距离。"通常，使用一些语体替换词，也就是使用视角人物的叫名，可以保存这种紧密的效果"（洛奇，《写作人生》245）。爱尔兰作家科尔姆·托宾在《大师》中也采用同样的策略，"'亨利'给人带来亲密熟悉感，适合从亨利·詹姆斯的意识与视角聚焦虚构叙事"（Lodge, *The Year of Henry James* 82）。2004年8月，英国《卫报》（*The Guardian*）编辑在刊登该小说的节选时，一位年轻的副编辑按照该报通用的报道事实的惯例，擅自把选文中的"亨利"改成了"詹姆斯"。洛奇对此大为恼火，认为这一改变打破了该作品文类构成的微妙平衡，"这个改动使得文本听起来像传记，这正是我一直尽力避免的结果"（82）；"我竭力在忠于事实与想象性共鸣之间，实现一种微妙的平衡，却被这个草率的改动破坏了"（83）。

在写作《风流才子》时，洛奇也有类似的考虑。威尔斯出生后接受洗礼时，取名"赫伯特"（Herbert），父母和亲戚称他"伯蒂"（Bertie），"H.G."是威尔斯的家人和密友对他一贯的称呼。洛奇认为在小说中通过威尔斯的意识聚焦的章节中，使用前两个名字都不恰当，因为在大多数场景中，其他人物从来不这样称呼他；同时，"H.G."这个称谓也不可用，这是一个表示尊敬的缩略词，是在威尔斯成年后别人对他的称呼，他喜欢并接受了这个称呼，不过他不会把自己想象成是"H.G."。比如小说中的这一段：

> 他事先没有拍电报，而是不请自来、未打招呼就到了维尔庄园，他手里提着旅行袋，对前来客厅查看是谁在大声嚷嚷的伊迪斯说，"嗨，欧内斯特，我过来小住几天。"她的脸上绽放出愉快的微笑。"多么美好的惊喜！"她拉着她的手，亲吻了他的脸颊。"你可能在纳闷为什么——"他开始说道，但她摆摆手，打断了他的解释。"我们总是很高兴见到你，H.G.。你愿意住多久就住多久。"（Lodge, *A Man of Parts* 167）

洛奇在回顾这部小说的创作经历时写到，"如果我这一段开头写成，'H.G.事先没有拍电报'，那么对读者来说，不可避免地在叙述者和被叙述者之间产生了间隙，即使只是下意识地。因此，在这里和其他地方，我只限于使用第三人称代词（同时，不得不使用一些精巧的装置，以避免与先前提到的相同性别的人物发生混淆）"（《写作人生》 246）。

对于戴维·洛奇而言，如何进入一位维多利亚后期人物的内心世界，如何再现其世界观，这些都是巨大挑战；事实上，亨利·詹姆斯本人对历史小说持否定态度，认为历史小说是"一种天生注定的廉价品"（a fatal cheapness），因为小说家无法设想自己回溯进入历史人物的"先前的意识、灵魂、感觉、视域、视线中"(Lodge, *Author, Author* 208)。因此,詹姆斯或许认为 21 世纪的小说家无法想象 19 世纪末的历史人物的内心世界。不过,洛奇并不这么认为。他在访谈中强调指出,维多利亚后期的英国社会与当今社会相距并不很远,而且还有翔实的文献记载,因此今天的作家当然可以重构 19 世纪人物的意识(Gallix et al. 24)。

如果说《作者,作者》中小说的绝大部分内容通过亨利·詹姆斯的单一意识视角聚焦,因为"有限视角具有最高程度的表现力和真实感"(Lodge, *Author, Author* 230),那么与此形成鲜明对照的是小说中有一部分内容采用了多视角聚焦(multiplicity of points of view)——从不同人的视角,包括台下观众、台上演员对戏剧《居伊·多姆维尔》(*Guy Domville*)首演夜的描写。洛奇采用多视角写作,首先是因为该剧上演时,詹姆斯并不在场,而是在秣市皇家剧院(the Theatre Royal Haymarket)观看奥斯卡·王尔德(Oscar Wilde)的《一个理想的丈夫》(*An Ideal Husband*),以便熬过"他一生中最漫长的一天"(230);其次,小说的叙述者分析指出,单一的叙述视角,"不足以用来描述那天夜幕降临后,那几个小时的反讽、愚蠢、迷茫以及怪异的巧合与遭遇,特别是稍后发生的事情"(230)。这种多元内聚焦叙事总共有 30 多页(231—263),展现了同一时间、不同人物的活动,旨在补充詹姆斯对演出情况的不知情,同时尽可能完备地给出首演夜的全景画面。除了上述高潮部分,《作者,作者》的开头与结尾,也就是框架故事(frame story)部分,也具有明显的小说文类特征。在框架故事中,洛奇通过变换叙事技巧、多视角以及不同排版字体(斜体),引起读者关注故事的建构、写作机制以及虚构性。

洛奇力求在《风流才子》中保持传记与小说的文类平衡。首先要保证叙事的真实性,忠于事实和时间顺序。小说中多次提到历史上真实具体的时间,在这些时间点上发生许多历史事件,都要保证真实可靠,不能随意杜撰。洛奇在书后的致谢中也提到为了写这部传记小说,他参阅了很多有关威尔斯的传记和研究资料,做足了功课后才下笔写作。其次,传记往往从传主的童年写起，特别强调将对传主的一生带来重要的影响的事件和经历，这些内容与威尔斯成年后的成就遥相呼应。再次，传记中传记作者一般会对传主的一生进行概括评价，指出其功与过，得与失。洛奇在小说结尾借情人丽贝卡之口，对威尔斯的一生做出了评价："威尔斯就像夜空中一颗耀眼的彗星，他在十九世纪末横空出世，在文学的天空中闪耀了几十年。不知何时还可能再度转世人间。"（Lodge, *A Man of Parts* 558—559）

# 结　语

戴维·洛奇充分发挥传记小说的创作与表现优势，根据已有史实进行合理推想与想象，填充历史记录的裂隙，创造出一种兼容纪实与虚构的"马赛克艺术形式"。在创作传记小说伊始，洛奇似乎已经预见其传记小说或将面临文类困境，他充分发挥作者的主观能动性，利用副标题、前言、后记等副文本与读者订立传记小说"文类契约"，明确作品的文类归属。洛奇还充分利用各种小说创作手法与技巧，再现真实人物的生平与创作，意在写实与虚构间达到一种微妙的文类平衡，试图走出传记小说的文类困境。尽管如此，作品一经出版，就脱离了作者的掌控，其解读权则交给了读者。传记小说是传记、小说、文学批评等多文类的跨界杂糅，具有明显的多层面特征，读者对其文类的判别界定主要取决于读者的关注点：如果只关注某一层面，忽视了其他层面，就会得出传记小说是传记或者小说这样非此即彼的结论。这样的结论遮蔽了传记小说跨传记与小说乃至文学批评的多文类特征，无法展现传记小说的文类本质，造成了传记小说的文类困境。

当代传记小说是传记与小说"联姻"的产物，是一个跨文类的"混血儿"，是"生命书写"（life writing）的重要分支，反映了新世纪以来英美文学虚实融汇并置的后现代创作潮流。从文类的角度而言，传记小说是非虚构小说，亦是当代广义"生命书写"的新模式，新类型，与回忆录、自传、传记、日记等并列，而非传记的下属分支（Leader 1）。以戴维·洛奇的传记小说为个案，研究英美传记小说的文类困境与出路，有助于重新审视文学虚构与历史纪实关系与内涵,探索虚实融合的方式与限度,反思传记、回忆录等"生命书写"文类的本质与疆界。从功能与价值的角度而言,传记小说可以视为传统传记的补充,作者运用多种小说表现手法,通过合理的推想虚构填补了文献记录的空白、裂隙,解决了传统传记无法表现历史人物所感、所思、所言等主观维度的难题;传记小说还可视为传记的衍生物或者重写本(palimpsest),小说表现手法的运用,大大提高了传记小说的趣味性、通俗性、可读性,不仅拥有更大的读者群体,还可以激发读者进一步阅读传记小说"源本"即传统传记的欲望。

## 致谢【Acknowledgement】

本文为云南省哲学社会科学规划项目"当代英美传记小说研究"(YB2018055)阶段性研究成果,得到云南省哲学社会科学规划办公室的经费支持资助,作者谨致谢忱。作者感谢《现代传记研究》匿名审稿专家提出的修改意见。

My acknowledgement and gratitude go to the research project "A Study of Contemporary Anglo-American Biographical Novels" sponsored by Yunnan Planning Office for Philosophy and Social Sciences. I am grateful to the anonymous reviewers of *Journal of Modern Life Writing Studies* for their suggestions and comments.

## 注释【Notes】

① 关于当代英美传记小说的定义、分类、特色、价值等内容,详见笔者拙文《传记小说:当代英语小说创作的新潮流》,《外国文学动态研究》2017年5期,第5—14页。

② 刘意青提出"学养型评传"(learning-based criticism)概念,指靠批评者自身的学养来写的以评论为主的传记。详见刘意青:《略谈学养型评传——以约翰生〈诗人传〉为例》,《现代传记研究》2017年10期,第28—47页。

③ 勒热讷提出了"自传契约"概念:"就是作者有言在先的一个声明,作者在声明中确定他的写作构想,与读者订立某些承诺。"(《自传契约》 330)我国学者杨国政进一步阐释了这个概念:"就是作者预与读者订立的一种真实性承诺或约定,或者说作者有一种法律责任,明确而郑重地承诺他所讲的是真实的,以求得读者的一种默认和理解。"(《自传契约》 11)

## 引用文献【Works Cited】

Bernbaum, Ernest. "The Views of the Great Critics on the Historical Novel." *PMLA*, Vol.41, No.2(Jun., 1926):424-441.

Bradbury, Malcolm. *The Modern British Novel 1878-2001*. London: Penguin Books, 1993.

陈榕：《为亨利·詹姆斯的心灵画像——读〈大师〉与〈作者，作者〉》，《外国文学》2007年第1期，第103—112页。
[Chen Rong. "The Hidden Facets of Henry James in *The Master* and *Author, Author*." *Foreign Literature*, 1(2007): 103—112.]
Currie, Mark. *Metafiction*. London and New York: Routledge, 2014.
Doherty, Mike. Rev. of *A Man of Parts*, by David Lodge. *National Post*. 8 July 2011.
⟨http://arts.nationalpost.com/2011/07/08/book-review-a-man-of-parts-by-david-lodge/⟩.
Duffy, Bruce. *The World as I Found It*. New York: New York Review Books, 2010.
Ehrlich, Leonard. *God's Angry Man*. New York: Simon, 1932.
Gallix, François, Vanessa Guignery and Sophie Gaberel-Payen. From Then to Now and Next: An Interview with David Lodge. *Sources* 18(printemps 2005): 9–28.
高继海：《〈作者，作者〉：在结构与解构张力下完成的詹姆斯肖像画》，《文艺报》2011年7月13日，第6版。
[Gao Jihai. "*Author, Author*: A Henry James Portrait Composed between the Tension of Structuralism and Deconstructuralism." *Paper of Arts and Literature*, July 13, 2011, Page 6.]
Graves, Robert. *Wife to Mr. Milton: The Story of Marie Powell*. New York: Noonday, 1962.
Hollinghurst, Alan. "The Middle Fears." *The Guardian*. 4 Sep. 2004,
⟨https://www.theguardian.com/books/2004/sep/04/fiction.henryjames⟩.
Hudson, Elaine C. "Writing the author: Sylvia Plath, Henry James, Virginia Woolf and the biographical novel." Ph.D thesis, University of Nottingham, 2015. ⟨http://eprints.nottingham.ac.uk/30403/1/final_thesis2015.pdf⟩.
贾奋然：《谈文类和他的界限》，《中国文学研究》2010年第1期，第21—24页。
[Jia Fenran. "The Genre and Its Boundary: A Discussion" *Research of Chinese Literature* 1 (2010): 21–24.]
Leader, Zachary. "Introduction," in *On Life-Writing*, ed. Zachary Leader. Oxford: Oxford University Press, 2015.
菲利浦·勒热纳：《自传契约》，杨国政译。北京：北京大学出版社，2013年。
[Lejeune, Philippe. *Le Pacte Autobiographique*. Trans. Yang Guozheng. Beijing: Peking University Press, 2013.]
戴维·洛奇：《小说的艺术》，卢丽安译。上海：上海译文出版社，2010年。
[Lodge, David. *The Art of Fiction*. Trans. Lu Li'an. Shanghai: Shanghai Translation Publishing House, 2010.]
——：《写作人生》，金晓宇译。郑州：河南大学出版社，2015年。
[——. *Lives in Writing*. Trans. Jin Xiaoyu. Zhengzhou: Henan University Press, 2015.]
Lodge, David. *The Practice of Writing*. London: Penguin Books, 1997.
——. *Author, Author*. London: Penguin Books, 2004.
——. *The Year of Henry James*. London: Harvill Secker, 2006.
——. *A Man of Parts*. London: Harvill Secker, 2011.
龙瑞翠：《〈风流才子〉中的欲望书写研究》，《外语学刊》2015年第6期，第169—173页。
[Long Ruicui. "Decoding the Desire Writing in *A Man of Parts*." *Foreign Language Research*

6(2015):169-173.]

Moon, Michael. "Burn Me at the Stake Always." *The New England Quarterly* Vol.78, No.4 (Dec., 2005):631-642.

穆白:《托宾与洛奇的亨利·詹姆斯》,《书城》2008年第10期,第75—80页。

[Mu Bai. "Toibin and Lodge's Henry James." *Book Town* 10(2008):75-80.]

Necula, Lidia M. "David Lodge and the Ficiton of Truth or Textualizing Consciousness Through Fiction." *Interstudia* 6(2010):159-167.

Oates, J.Carol. *Blonde*. New York: Harper Collins, 2009.

欧荣:《"双重意识":英国作家戴维·洛奇研究》。上海:复旦大学出版社,2011年。

[Ou Rong. *David Lodge's "Double Consciousness"*. Shanghai: Fudan University Press, 2011.]

——:《洛奇为"传记小说"之辩——从洛奇新作〈风流才子的多面人生〉说起》,《外国文学动态》2013年第6期,第45—46页。

[——. "Lodge's Argument of Biofiction: Review of *A Man of Parts*." *New Perspectives on World Literature* 6(2013):45-46.]

Perkin, J.Russel. "The Pilgrimages of David Lodge." *Christianity and Literature* 3(2008):419-442.

Siddiqui, Mohsin. "REVIEW: *A Man of Parts* by David Lodge." *Dawn*. 8 August 2012. 〈http://dawn.com/2012/08/18/review-a-man-of-parts-by-david-lodge/〉.

Stover, Kaite M. "Story Book Lives: Biographical Fiction." 12 December 2016. 〈https://www.ebscohost.com/novelist/novelist-special/real-lives-in-fiction〉.

杨国政:《从自传到自撰》,《世界文学》2004年第4期,第294—307页。

[Yang Guozheng. "From Autobiography to Autofiction." *World Literature* 4(2004):294-307.]

张和龙:《鹦鹉、梅杜萨之筏与画师的画——朱利安·巴恩斯的后现代小说艺术》,《外国文学》2009年第4期,第3—10页。

[Zhang Helong. "The Intergenre and Interart Aspects in the Fiction of Julian Barnes." *Foreign Literature* 4(2009):3-10.]

赵白生:《"心灵的证据"——传记事实的本质》,《中国比较文学》2002年第3期,第127—135页。

[Zhao Baisheng. "Evidence of Soul: Essence of Biographical Facts." *Comparative Literature in China* 3(2002):127-135.]

# Peritexts in David Lodge's *Author, Author,* and *A Man of Parts*: From the Perspective of Genette's Theory of Paratexts

Chen Wenyu

**Abstract**: Biography purports to be a true history of the known facts about work on evidence. Biofiction is dependent on biography for much of its source material—but complements biography. David Lodge has published sixteen works of fiction, including two works of biofiction: *Author, Author* (2004) and *A Man of Parts* (2011). *Author, Author* is narrated from an omniscient point of view and makes use of the flashback technique to mainly recall middle-aged Henry James, while *A Man of Parts* is written in the form of the quasi-interview and tackles the life, many loves, and interior consciousness of H.G.Wells. In this paper, I adopt Gerard Genette's theory of paratexts and apply it to the analysis of Lodge's biofictions which are rich in miscellaneous paratexts and aid comprehension while shortening the distance between author and reader. The paper mainly examines the peritexts. Investigating the peritexts in these two works indicates the unique function and significance of these 'thresholds of interpretation'. Ultimately, they become the medium of communication between the author, the text and the reader, and are exemplary of Lodge's creativity and hybrid narrative style. By analyzing peritexts in Lodge's two biofiction enhance the comprehension of contemporary biography in the west—they are both independent and interdependent.

**Keywords**: David Lodge, biofiction, Gerard Genette, paratext, peritext

**Chen Wenyu** is a Professor of English at Hainan Normal University, Haikou, China. She was a visiting scholar to Cambridge University, specializing in Anglo-American fiction. Her recent major publicarions include "Life Is Beautiful—A Study of Margaret Drabble's Narrative Art in *The Dark Flood Rises*," *Contemporary Foreign Literature* 1 (2018): 41–48 and a textbook *English and American Literature & English Movie* (Nanjing University Press, 2016). E-mail: vanessa_cwy@163.com.

**标题**：热内特副文本理论视角下的戴维·洛奇《作者，作者》与《风流才子》中的内文本

**内容提要**：传记是根据证据撰写已知事实的真实历史的作品，传记小说依赖于传记的大部分原始资料，作者通过想象力，补充传记。戴维·洛奇已经出版16部小说，包含2部传记小说：《作者，作者》（2004）和《风流才子》（2011）。前者从全知视角进行叙述，使用倒叙的技巧，主要回忆中年的亨利·詹姆斯，而后者是以类似采访的形式进行写作，讲述H.G.威尔斯的生活、风流韵事及其内心意识。在本文中，笔者运用杰拉德·热内特的副文本理论分析洛奇的传记小说。洛奇的这两部作品富含各种各样的副文本，有助于读者的理解，与此同时缩短作者与读者的距离。副文本分为内文本与外文本，本文主要研究内文本。研究这两部作品的内文本呈现这些"阐释门槛"的独特功能与意义。它们最终成为作者、文本和读者的沟通媒介，并且是洛奇创造力和杂糅叙事风格的典范。通过分析洛奇两部传记小说的内文本，加强了对西方当代传记的理解，传记与传记小说既相互独立又相互依存。

**关键词**：戴维·洛奇　传记小说　杰拉德·热内特　副文本　内文本

**作者简介**：陈文玉，海南师范大学外国语学院英语教授，剑桥大学访问学者，主要从事英美小说研究。近期代表性成果：论文：《生命是美丽的——论玛格丽特·德拉布尔〈黑潮升起〉的叙事艺术》（《当代外国文学》，2018年第1期，41—48页），编著（教材）《英美文学与电影教程》（南京大学出版社，2016年）。

Terry Eagleton regards David Lodge and Malcolm Bradbury as "literary theorists as well as imaginative writers" (94). Lodge's *Author, Author* and *A Man of Parts* published in 2004 and 2011 respectively are called biographical novels or biofictions or bionovels①.

According to Michael Lackey in his "Locating and Defining the Bio in Biofiction", the road to an understanding and legitimizing of biofiction has been difficult and often time-consuming. It would seem that biofiction-literature that names its protagonist after an actual biographical figure—should have been dubbed a credible aesthetic form in 1937, when George Lukacs acknowledged "the popularity of the biographical form in the present-day historical novel" (300) in his pioneering study *The History Novel*.(3)

Lodge defined a biographical novel as follows: "the novel which takes a real person and their real history as the subject matter for imaginative exploration, using the novel's techniques for representing subjectivity rather than the objective, evidence-based discourse of biography" (*The Year of Henry James* 8). Although the sources are based on the fact of a celebrity and the names of the characters are real, biofiction involves "narrative construction and documentation"(Hannah 72) and the details are created by the real author, implied author and the author's second self. These three persons are involved in the writing and "The implied author must then effectively be a reconstruction, rather than simply a construction, of the text as a whole." (Lanser 154) "[A]ll of the implied authors value benevolence and generosity; all of them deplore self-seeking brutality." (Booth 72) Therefore, Lodge and the implied author expose the horrible encounter which happened in the life of literary celebrity Henry James in *Author, Author* and Herbert George Wells's many love affairs with many women in *A Man of Parts*. Simultaneously, sympathy, understanding and praise are given to them through the narratives of paratexts besides the fictional text.

In this paper, I mainly examine the paratexts in Lodge's *Author, Author* and *A Man of Parts*. These two works are rich in miscellaneous paratexts which are characteristic of biofiction. The word "paratext" is first used by Gerard Genette in *Paratexts Thresholds of Interpretation*; the French title is *Seuils* which means "thresholds." Paratexts are like thresholds. Before the reader reads the text itself, generally speaking, he or she needs to read paratexts first, just as before you enter your room, you need to go through the threshold first.

Genette divides paratext into peritext and epitext. The formulae is paratext = peritext + epitext. Peritext contains the publisher's peritext, the name of the author, titles, the please-insert(jacket copy), dedications and inscriptions, epigraphs, preface, intertitles, notes etc. The publisher's peritext includes the cover and its appendages. Epitext has two types, the public epitext and private epitext.(Genette 5) I chiefly focus on the cover, biography of the author, reviews of the books, foreword, afterword, jacket copy, epigraph, dedication etc. in this paper. He also points out that paratext also constitutes the public paratext and the private paratext or intimate paratext.(9) "'Para' is a double antithetical prefix signifying at once proximity and distance, similarity and difference, interiority and exteriority, ... something simultaneously this side of a boundary line, threshold, or margin, and also beyond it, equivalent in status and also secondary or subsidiary, submissive, as of guest to host, slave to master. " (Miller 219) The ways and means of the paratext change continually, depending on period, culture, genre, author, work, and edition(Genette 3).

On the page next to the front cover of *Genette's Paratexts: Thresholds of Interpretation*, the definition of paratexts is given as 'those liminal devices and conventions, both within and outside the book, that form part of the complex mediation between book, author, publisher, and reader: titles, foreworks, epigraphs, and publishers' jacket copy are part of a book's private and public history." Marie Maclean terms paratext as the verbal frame and she holds that paratext "may enhance the text, it may define it, it may contrast with it , it may distance it, or it may be so disguised as to seem to form part of it."(274)

## *Author, Author*

Lodge says that "*Author, Author* was a complete change of direction in my work"(*Lives in Writing* 223) Vanessa Guignery writes that "*Author, Author* is well-known for having implemented new ways of entering a character's consciousness through free indirect style and a complex use of limited focalisation."(162) 2004 witnessed two publications of Colm Toibin's *The Master* and David's *Author, Author*. Henry James is the central character of these two biographical novels. The former was published in March while the latter in August. "Whereas Toibin's novel follows the years from the failure of *Guy Domville* to James's purchase of Lamb House, Lodge's novel takes James's early friendship with Du Maurier in the 1880s as its chronological starting point and works up to the anticlimax of James's play."(Hannah 81)

I'd like to examine the peritexts of the front cover, reviews of the novel, title pages, epigraph and dedication respectively in David's *Author, Author* which was published in Penguin Books in 2005.

### The front cover

"The printed cover—a cover made of paper or board—is a fairly recent phenomenon and seems to date from the early nineteenth century."(Genette 23) The publisher's peritext the cover, the title page, and their appendages indicate information to the public and the reader.

The front cover of *Author, Author* presents vividly again' the attack to Henry James by the audience on the opening night of *Guy Domville*. On the cover, the image author gives a curtain call and bows on the stage, and two tomatoes and two flowers are thrown up in curved shape from different directions to the image author. The former is from the upper right of the image, and the latter is from the bottom left of the image, the figure is dressed in a formal black suits plus a neck tie, and a middle aged man with whiskers bows on the stage in front of the audience. He closes his eyes with his right hand put on the left side of his chest, while the left hand slightly bends and extends. An image of the humble and embarrassed and having no choice was established. The cover vividly displays the night when James was humiliated by the audience showing a man's middle-age crisis and his failure career. It's unforgettable for James and also for the reader. The cover can only arouse readers' sympathy for James whose life and career are wretched, heaving a sigh at the uncertainty of one's life and one cannot go smoothly all his life, nor can everything satisfy one's wishes, he or she will meet various difficulties and obstacles in the process of personal development. The colour of the front cover and black cover is claret, like a stage curtain. On the top, the real author's name David Lodge is in white and the novel's name *Author, Author* is in pink and italicized. Above David Lodge's name, there is the *Daily Telegraph*'s review: "Superb, engaging. A unique achievement" which is in black. A very small logo of Penguin books is at the very bottom of the right which indicates the publishing house. The real author's name David Lodge appears sharply in bold type and fully occupies a line. In my view, the purposes of the arrangement of the colour are as follows: firstly, to attain the visual effect and catch the reader's eyes, secondly, to highlight the real author David Lodge. *The Daily Telegraph* is the first national newspaper in Britain and of fine quality. The review of *Daily Telegraph* is chosen to appear on the front cover showing that *Author, Author* is a fine book and spoken highly of by the medium though it was not awarded as many prizes as *The Master* which was in the shortlist of the Booker Prize.

From the narratives on the cover, the reader realizes that the cover presents the scene of the spectacular abuse by the dissatisfied audience and receives the information about the novel, i.e. what the novel is about. The reader additionally learns that the work has received praise from media. The humiliation of the protagonist James and the favourable remarks about the novel are mixed together, as if representing person's unsmooth life in which he or she experienced misery and happiness.

### Title-page

From my point of view, the arrangement of the title-page of the novel has its purpose just as Genette mentions that one of the pragmatic characteristics of the paratext is that "It can make known an intention, or an interpretation by the author and/or the publisher; this is the chief function of most prefaces, and also of the genre indications on some covers or title pages."(10) On the title-page, the arrangement of the title and the author's name is the reverse of the front cover. The order of the cover page is that the real author David Lodge's name is in front of the title *Author, Author*, which implies the first "Author" is Lodge; it is he who writes the novel. The second "Author" is Henry James. On the contrary, the title page's order is that the title is in front of David Lodge, and a subtitle "A Novel" is added. The change of the order implies that the first "Author" is Henry James, and the second word "author" is David Lodge. The arrangement of the order which indicates that after publication, the cover is the first attraction to the public and the reader means that the real author David Lodge is in the first place and becomes the focus while the reader reads the text, the central character Henry James turns to be the No.1, he is the first author(Bionovel is "based on factual sources") and readers read his story and attracted by his story and the real author Lodge retreats and is no longer the focus and forgotten by the reader temporarily.

## Reviews

Mullan says that"The Novel, [...], must establish its contract with its reader. It may be helped or hindered by all sorts of extraneous influences: cover design, encrustations of quotation from admiring reviewers, and the like."(9) The page next to the front cover lists a lot of favourable reviews from various newspapers and journals including *Spectator, Sunday Times, New Statesman, Mail on Sunday and Sunday Telegraph*. In my view, the reason for listing the reviews by these newspapers and journals is that the reader from the reviews knows that the novel has received good reception and favourable responses. What's more, the reviews may serve as a device of leading the eyes of the reader into expectation and delight, and into the text, thus presenting itself as the key to the world of fictional text. Furthermore, they serve as a kind of advertisement; when readers go to the bookstores and open the book to read, they will be attracted by the reviews and make a decision to buy the book.

## Epigraph

There are two epigraphs on the separated pages after the dedication, I will analyze the first one which is quotations. Lodge quotes three sentences from James' *The Middle Years*' as follows:"We work in the dark—we do what we call—we give what we have. Our doubt is our passion and our passion is our task. The rest is the madness of art." And two lines from Felix

Moscheles' *In Bohemia with Du Maurier*: "Who was to be lucky and who to be rich, Who'd get to the top of the tree ..."

From the quotation by James, the reader knows that when a person/writer's future career is not definitely known and we do not know what we do is right or wrong, we still need to work hard as much as we can and continue to devote to the society and people enthusiastically and passionately though we have doubt. Passion is temporary, and thus doubt is not long; we put the passion and enthusiasm into our task and work. What's more, a writer needs imagination. A picture of a writer who is hard working and following her or his quest and devoted to his career, society and the art of writing appears in reader's mind. The picture shows the writer's productive enthusiasm and serious attitude to life and work.

Moscheles's two lines indicate that nobody knows who has been lucky and who will be rich and who will be at the summit of their career ... Life is uncertain and full of surprises, so what you need to do is to continue and persist, in other words, to pursue and work hard no matter who you are, what background you have, and regardless of your age. One day you will succeed and make your" American dream" come true. Hard work will lead to success and lead you to the White House.

The narrative of the paratexts of thequotations aims to lead the reader to understand James's failure and plight. To some extent, these paratexts represent the author's intrusiveness. What's more, the image of Lodge's James who is "chastely dedicated to art"(Hannah 79) and struggles for fame and popularity is built up and his public dimension is presented. Simultaneously, the building-up of this image reveals the covert theme of the novel that no one will always be rich or poor, no one will always be successful or fail and it also tells of the distinction between high audiences and low audiences, competent readers and incompetent readers. Compared to low audiences and incompetent readers, high audiences and competent readers are more tolerant, rational and objective to people and problems.

## Dedication

The simple dedication italicized is as follows: *To Danny Moynihan*. Lodge's email[②] says that "Danny Moynihan is a retired actor, and my oldest friend, going back to childhood, I dedicated the novel to him because of its theatrical content." From Lodge's email, first of all, readers get the information of his relationship with the dedicatee Danny Moynihan and secondly, it satisfies readers' curiosity. In this context, Danny Moynihan is both a private dedicatee and a public dedicatee. For the former, the dedicatee Moynihan is the dedicator Lodge's oldest friend since childhood, they have long life friendship and the friendship is personal. For the latter, Moynihan is an actor who is a public figure and Lodge also writes stage plays, to some degree they are colleagues in their careers, denoting the public relationship between them. What's more, readers know the theatrical content of *Author, Author* which is related to the dedicatee, actor Moynihan.

## *A Man of Parts*

"I had enjoyed researching and writing it [*Author, Author*] so much that I was receptive to this idea for another book [*A Man of Parts*] of the same kind [biographical novel]."(Lodge, *Lives in Writing* 223) When he wrote the introduction to H.G. Wells's novel *Kipps*, he came up with the idea of writing about H.G. Wells who later on becomes the protagonist in his second biographical novel *A Man of Parts*.

*A Man of Parts* was first published in Great Britain in 2011 by Harvill Secker, published by Vintage, 2012. In 2004, Lodge published his first biofiction *Author, Author* and seven years later, he published his second biofiction *A Man of Parts*, "the biographical-novel-about-a-writer has recently acquired a new status and prominence as a subgenre of literary fiction"(Lodge, *The Year of Henry James* 10). When he wrote his first biographical novel, he was already 70 years old, and 77 when he wrote his second biographical novel; this is what he says "What a notable about the last decade or so is the number of novelists who have taken up the biographical novel at a relatively late stage of their careers, and their focus on writers as subjects."(Lodge, *The Year of Henry James* 8)

I will elaborate the narrative of the jacket copy of the 2011 Harvill Secker version and the front cover and the dedication of 2012 Vintage version. The cover varies with publishing houses and versions.

### The 2011 Harvill Secker version

Only the 2011 Harvill Secker version of *A Man of Parts* has a jacket copy which is one of the signs(paratexts) of distinction from 2012 Vintage version. The jacket copy "obviously plays the role of cover, generally" (Genette 30). The jacket copy contains front cover, front flap, back cover and back flap which is designed by the publisher. Genette says that "The most obvious function of the jacket is to attract attention"(28). In the past, the jacket copy was called the please-insert and nowadays is also called the dust copy.

## The jacket copy

The jacket copy of the 2011 Harvill Secker is the de luxe version where the spine and the corners of the right hand side on the front cover and the corners of the left hand side on the back corner are gilded.

On the front cover of the 2011 Harvill Secker version, the name of the author David Lodge is in capital letters and in large font on the top of the book; the colour is white, and the title of the book *A Man of Parts* is also in capital letters and the colour is also white on the bottom of the book under the blue setting. Between the name of the author and the title of the book, there is an image of three people, a man with a hat and a black suit is in the middle of two women who are both in long dresses and each holds an umbrella, the colour of the images is red. The reader can see the face of the man who turns his face to the reader and can not see the faces of the women, because they do not face the reader and the reader can see their back.

From the cover of the 2011 Harvill Secker version, a man between two women, the reader will guess that the man has more than one woman, not so many women. Probably, the two women in long dresses and shouldering the umbrellas are H.G.'s first and second wives whom he loved as he says in the novel: "I've only loved three women in my life: Isabel, Jane and Moura."(21) Isabel is his first wife whom he divorced, Jane is his second wife who is dead and Moura is his mistress. H.G. loves his two wives "but neither of whom satisfied him sexually."(Lodge, *Lives in Writing* 227)

## The front flap

The front flap and the back flap of the jacket copy are treated as one of editorial paratexts and Armstrong holds that "editorial paratexts are quickly adopted as a constituent part of the canonical text."(52) The front flap of the novel offers the reader a summary of the novel and orients the reader. For the reader, it is a convenient way of having some idea of the main content and who H.G. the protagonist is.

On the front flap, there are four paragraphs, of which the first reads as follows: "The mind is a time machine that travels backwards in memory and forwards in prophecy, but he has done with prophecy now ..." From the sentence, the reader knows "he" is both a prophet and a practitioner. The next three ones tell us that, firstly, Wells the protagonist is ill and he recalls his eventful life and doubts the value of it. Secondly, H.G. was a well-known writer and a keen political figure and socialist. Thirdly, he believes in free love and practices it tirelessly and has many love affairs with many women. Fourthly, in his late life he was forgotten by readers and he didn't fulfil his utopian dreams. Fifthly, a contradictory, controversial, passionate and ambitious image is acquired. The front flap introduces the main content of the novel and it's useful for the reader's understanding.

### The 2012 Vintage version

There is no jacket copy on 2012 Vintage version, it is a paperback version while the front cover is embossed. I will discuss the front cover and the back cover of this version. The cover will determine the reader's response to the work. The colour of the cover of 2012 Vintage version is orange and orange is equal to fiction. This publisher's paratext shows that the work is a novel, "genre specifications symbolized by the choice of color."(Genette 22)

### The front cover

On front cover of 2012 Vintage version the author, David Lodge's name is displayed in large letters and the letters of the name of David Lodge and the work's name *A Man of Parts* are embossed. You feel the letters when your fingers touch them and David's name is put on the top before the title, and the colour is light yellow. And the title of *A Man of Parts* is not in capital letters but large as well and under the name of the author and the colour is black. Both the name of the author and the title are ostentatiously displayed on an orange background. The comments by *the Mail on Sunday* are "Sprawling, funny, touching, a near-perfect fusion of story and scholarship" which appear in small letters and in white at the bottom of the front cover. The design shows that the publisher highlights Lodge, adopting the celebrity effect.

The two women's costumes on the front cover of Jacket copy of 2011 Harvill Secker version are in Victorian style and formal and seem conservative. On the contrary, there are three small-sized women's images in nude on the front cover of 2012 Vintage version, of which two are on the top of the cover, one is inserted in the name of David, i.e. between the capital and embossed letters "V" and "D"; the other is sitting on the capital and embossed letter "E"; the third naked woman is half lying under the capital and embossed letter "P". There are other two female images in white dress on the front cover. The one with long sleeve is sitting in the capital letter and embossed "O" and the other with short sleeve and two hands holding her right knee with the legs crossed is sitting on the small and embossed letter "n". On the right side of the "Parts", an image of a man which is the same image as appeared on the front cover of the 2011 Harvill Secker version. For lack of further evidences, but based on the materials I collected, I guess that the naked women are representatives of some of H. G.'s mistresses, the woman with long sleeve represents the writer Anthony West and the one in the short sleeved dress represents his brilliant Cambridge student Amber Reeves. Both of them bore him children, while the latter became pregnant by Wells "by her own desire"(Lodge, *Lives in Writing* 227).

Comparatively speaking, the 2011 Harvill Secker version seems more luxurious while the 2012 Vintage version is eye-catching, especially since the naked women becomes the focus of the cover. When the reader reads this book, the front cover's narrative is from external focalization "where the focalization is from an orientation outside the story(the orientation is not associable with that of any character within the text)." (Toolan 60) It arouses readers' interest to buy and read, like a promotional advertisement. To some readers, the eye-catching cover not the content of the novel helps them to make a decision to buy in the bookstore or on the internet or borrow it from the library. What's more, there are five women on the cover and more than those on 2011 Harvill Secker version which better shows the complex relationship between the man(H.G.) and the women and embodies the title "*A Man of Parts*." "Titles provide keys to reading in many different ways whether they are thematic or rhematic (merely concerned with content) as Genette puts it." (Maclean 275) The title is packed with information and implies that the man is divided into some parts to tackle with several women. What's more, the image represents H.G.'s concept of free love. Lodge writes that Wells "believed in Free Love and practised it tirelessly."(*Lives in Writing* 227) Of course, it seems some vulgar to print real naked women on the cover, and the book is pervaded by an aura of eroticism. Her family members, relatives, friends etc will feel somewhat embarrassed. This cover meets some readers' curiosity, appetite and sexual illusion and the first reaction to the cover is that there are a lot of narratives of sexual encounters.

### Dedication

The dedication of *A Man of Parts* reads "To Jim Crace Who guessed the subject of this book before I had written a word of it." "The origins of the dedication of the work go back at least to ancient Rome."(Genette 117) According to Genette, there are two types of dedicatees—private dedicatee and public dedicatee. "By private dedicatee I mean a person, known to the public or not, to whom a work is dedicated in the name of a personal relationship: friendship, kinship, or other.[...] The public dedicatee is a person who is more or less well known but with whom the author, by his dedication, indicates a relationship that is public in nature-intellectual, artistic, political, or other."(Genette 131)

From my point of view, the dedication shows the intelligence, smartness and the prediction ability of the English writer Jim Crace. Meanwhile, it indicates Lodge's honesty, frankness and modesty. As a dedicator, Lodge knows how to praise his dedicatee Crace. In addition, it reflects the sincere, private and professional friendship between Lodge and Crace. They negotiate, communicate and interact with each other and are critical of each other's careers and have the intimate relationship in life. As Genette says:"the dedication, I said, is the proclamation(sincere or not) of a relationship(of one kind or another) between the author and some person, group, or entity."(134)

# Conclusion

Guyda Armstrong mentions that the paratextual material which can accompany a text thus ranges from the factual, organizational, and ostensibly objective(e.g. the title, the author's name, the table of contents) to more discursive and more obviously subjective additions(e.g. dedications, author biographies, prefaces). Paratexts can even be non-textual, yet still highly meaningful(e.g. decorative elements such as illustrations).(40)

From the above exploration of the paratexts narrative in *Author, Author* and *A Man of Parts*, we know that in the first place, the paratext can serve as a communication device between the author and the reader and shorten the distance between them. In the second place, the functions of paratexts are great, the connotations are obvious (Genette 31) and the significance is substantial. In the third place, the narrative tension is shown, the super narrative strategies of David Lodge and the publishers are presented and Lodge's creativity and hybrid narrative style in narrative art are indicated.

## 致谢【Acknowledgement】

本文为国家社科基金一般项目"中印战争在印度的叙述传播与印度民族主义话语中的影响研究"（18BMZ107）阶段性研究成果，得到全国哲学社会科学规划办公室的经费支持，作者谨致谢忱。

My acknowledgement and gratitude go to the National Social Science Fund Project "A Study of the Narrative Spread of the Sino-Indian War in India and the Influence of Indian Nationalist Discourse".

## Notes

① In the email interview with me, David Lodge uses the word bionovel.

② On May 15, 2017, I wrote an email to David Lodge, requesting him to answer my question why he dedicated *Author, Author* to Danny Moynihan, he replied me the following day, i.e. on May 16, 2017.

## Works Cited

Armstrong, Guyda. "Paratexts and Their Functions in Seventeenth-Century English 'Decamerons'." *The Modern Language Review* 102.1(2007):40–57.
Booth, Wayne C.. *The Rhetoric of Fiction (Second Edition)*. Chicago & London: The University of Chicago Press, 1983.
Eagleton, Terry. "The Silences of David Lodge." *New Left Review* 172(1988):93–102.
Genette, Gerard. *Paratexts: Thresholds of Interpretation*. Trans. Janee Lewin. Cambridge: Cambridge University Press, 1997.
Guignery, Vanessa. "David Lodge's *Author, Author* and the Genre of the Biographical Novel." *Etudes anglaises* 60.2(2007):160–172.
Hannah, Daniel K. "The Private Life, the Public Stage: Henry James in Recent Fiction." *Journal of Modern Literature* 30.3(2007):70–94.
Lackey, Michael. "Locating and Defining the Bio in Biofiction." *a/b: Auto/Biography Studies* 31:1(2016):3–10, DOI: 10.1080/08989575.2016.1095583
Lanser, Susan S. "(Im)plying the Author." *Narrative* 9.2(2001):153–160.
Lodge, David. *Lives in Writing*. London: Vintage, 2015.
——. *The Year of Henry James*. London: Vintage, 2014.
——. *A Man of Parts*. London: Vintage, 2012.
——. *A Man of Parts* London: Harvill Secker, 2011.
——. *Author, Author*. London: Penguin, 2004.
Maclean, Marie. "Pretexts and Paratexts: The Art of the Peripheral." *New Literary History* 22.2(1991):273–279.
Miller, J.Hillis. "The Critic as Host," *Deconstruction and Criticism*. Ed. Harold Bloom et al. New York: Seabury Press, 1979.
Mullan, John. *How Novels Work*. New York: Oxford University Press, 2008.
Toolan, Michael. *Narrative: a Critical Linguistic Introduction* 2nd ed. London and New York: Routledge, 2001.

# 完美自传

毛 旭

**内容提要**：本文用电影文学的三幕剧理论，分析了莫斯·哈特的完美自传《第一幕》的结构；然后参照其镜传《炫目者：莫斯·哈特的生平和时代》，指出作者对"事实"做出哪些改动；最后力图证明这些改动是有必要的，并提出传记佳构主义。

**关键词**：完美自传　镜传　补传　佳构传记　节奏真实

**作者简介**：毛旭，北京大学世界文学研究所博士生在读，研究方向为传记文学。近期于《世界文化》（2018 年第 8 期）发表传记文章《塞缪尔·约翰生：高耸入云，大浪滔天》。

**Title**：Perfect Autobiography

**Abstract**：This essay employs the three-act theory to analyze Moss Hart's "perfect autobiography" *Act One*, and then contrasts it against its "mirror biography"—Steven Bach's *Dazzler*：*The Life And Times of Moss Hart*—to point out how Hart distorted the facts. At last, I argue that these alterations are necessary artistic methods to compose a well-made auto/biography.

**Keywords**：perfect autobiography, mirror biography, compensation biography, well-made auto/biography, law of tempo

**Mao Xu** is a Ph.D. candidate in the World Literature Research Institute of Peking University. His most recent publication is "Samuel Johnson：A Short Biography of a Great Mind" in *World Culture*, 8（2018）. E-mail：maoxu@pku.edu.cn.

第一个故事：安徒生出生于丹麦一个贫苦的家庭中。他的父亲喜欢文学，经常给他读小说，无形中培养了他对艺术的喜好。安徒生14岁的时候，带着13块钱独自去哥本哈根闯荡。他首先尝试成为舞蹈演员，但因身体太瘦而被拒绝；他试图成为一名演员，但因长相太丑而且动作笨拙而受挫；此后他想改行成为歌唱家，但因着凉把嗓子毁掉。于是他转而从事写剧，但写出的剧本满是拼写错误。议员科林了解到他的情况之后，表示愿意资助安徒生学习。17岁的安徒生在斯拉格斯痛苦地学习小学课程，校长还经常羞辱他，不许他写作。在绝望的心境下，他偷偷写出了诗歌《垂死的孩子》，并顺利发表，以此获得最初的名声。

第二个故事：莫斯·哈特出生在纽约一个贫穷的家庭中。他的外公喜欢小说，经常给他讲故事，姨妈喜欢看戏，经常带他去剧院。这让他体会到，艺术可以帮助人逃避现实生活的痛苦。为了进入戏剧界，他在17岁时为某戏剧制作商打杂，抱着开玩笑的心态冒名写了一部戏剧，引起老板的注意，但在上演后惨败，随后被老板开除。灰心的他想就此安顿下来找个"正经活儿"干，但他在外公以及姨妈的坟墓前改变了主意，下决心一定要在百老汇获得成功。他尝试当演员、小剧团导演，最后发现真正适合自己的位置是剧作家。在经历无数次的退稿之后，他的作品《一生的一次》获得剧作家乔治·考夫曼的认可，两人对该剧进行修改和改写，一波三折之后终于大获成功，哈特由此扬名，并且走出贫穷。

# 一、完美自传

即使一只鼹鼠也能看出上面两个故事的相似性，它们是根据两位作家的自传进行重构的梗概或部分梗概。没有直接证据表明莫斯·哈特在写作自传《第一幕》时参考过安徒生的《我的童话人生》——哈特的日记尚未对外开放。然而根据两个间接的证据，可以推断出哈特对安徒生的生平是熟悉的：第一，他在1952年的好莱坞电影《安徒生传》中担纲编剧；第二，《综艺》杂志的记者塞西莉亚·艾格在一篇报道中记录，她曾听到哈特自言自语："亲

爱的莫斯，你就是当代的安徒生。"(qtd. in Bach 298)

哈特不是安徒生，他比安徒生更聪明，至少在写自传这方面如此。本应擅长以"从此过上幸福快乐的生活"的安徒生在写自传时却犯糊涂，忘了这一颗"银弹"，在描述了自己的漫漫成名路之后，并未明智地戛然而止，而是继续写作他成名后在世界各地的游历以及和各种大人物的交往，把一部传记变成了电话簿。哈特就很精明，他只写到自己从奋斗到功成名就的那一刻，从此便"过上了幸福快乐的生活"。虽然出版商曾将《第一幕》末尾的"剧终"改为"幕间休息"，但哈特告诉媒体自己并无继续写下去的意思（Bach 368）。

安徒生和哈特的故事符合一个大模式：某人想做某事，克服重重困难，最后终于做成了。这是一个比较通用的公式：愿望＋行动＋障碍＋结局＝故事，如果将行动和障碍合为"斗争"，那么我们就得到了三部分：愿望、斗争、结局。愿望要足够强烈，同时反对力量也要足够强大：对于哈特而言，他不必为后者担心，20 世纪上半叶的百老汇是世界上竞争最惨烈的地方，那儿的座右铭是：只我成功还不够，还必须让我最好的朋友失败。很多作家进了那儿之后被生吞活剥，最后只剩下一副眼镜。清晰而强烈的愿望，加上最强的敌对力量——这就拥有了好故事的潜力。

两届奥斯卡最佳剧本得主威廉·戈德曼亦是深知此道，他在《编剧行业历险记》中的自传同样符合"愿望——斗争（至绝望）——结局（成功）"的模式：他在十多岁时收到一本欧文·肖的小说集作为礼物，从此爱上文学，决心成为作家，但他根本没有天赋：在奥柏林上大学时，他是校杂志的小说编辑，每一期他都会匿名投稿，但每一期另外两名编辑都会说："我们不能发表这样的垃圾。"（Goldman 241）他选了创意写作课，是班上唯一一个真正想成为小说家、并且认真写作业的学生，但他也是唯一成绩得 C 的学生，别人都是 B+ 和 A；他在奥柏林还修过论文写作课，老师不得不让女生们对他进行辅导；他还在西北大学上过创意写作课，仍然拿到了班上最差的分数；他自己也数不清投了多少稿子，都被出版社拒绝，而且没有收到过一句鼓励的话。他终于到达绝望的境地，要想生存下去，就不得不违心去当一名广告文员。但他决定再试最后一次："我不知哪来的勇气——一个 24 岁、处在绝望中、彻头彻尾的失败者,我回到高地公园的家中,在一间小卧室里,我坐在桌前开始打字,那是1956年6月25号。"(245)他写了部长篇小说——最后当然成功发表了。

莫斯·哈特比戈德曼高明、也比安徒生高明之处在于,《第一幕》不止在大局上有"愿望——斗争——结局"的模式,他的自传还严格契合电影三幕剧"关键七点"理论。

希德·菲尔德最早在1979年的《电影剧本写作基础》中提出三幕剧理论。他在阅读大量剧本之后发现,电影情节大致都可划分为三幕:第一幕建置(愿望的诞生),第二幕对抗(行动与障碍),第三幕结局(愿望得以实现),分别占全局的1/4,1/2,1/4;在每两幕之间都有一个关键点,菲尔德称之为"情节点",它使得上一幕顺利过渡到下一幕。这两个情节点往往是主人公做决定、进行选择的位置。哈特的自传一共有26章,1到7章为第一幕,8到20章为第二幕,21到26章为第三幕。

大卫·特洛蒂尔在《编剧圣经》中对菲尔德的理论进行了总结和细化,他在三幕剧的两个情节点的基础上增加了五个点,称之为"关键七点"(如下图):背景故事,激发事件,第一情节点,中点,第二情节点,高潮,实现/体会。

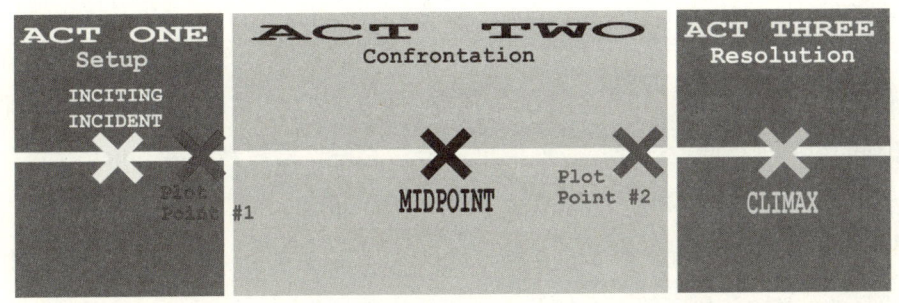

背景故事:背景故事实际上不是一个点,它的持续时间较长,相当于普洛普童话理论三十一个功能中的第零号功能:原初情境。背景故事往往是对主人公家庭背景的介绍,是有待改变的环境,其中蕴含着创伤的起源。哈特的家庭贫困以及他和父母、外公、姨妈的关系构成了背景故事,大致包括

《第一幕》的 1 到 3 章：相比父母，他更亲近不切实际的外公和姨妈，这两人冲动、富有浪漫精神，一个给他讲故事，另一个带他去剧院。随着外公去世、姨妈被父亲赶出家门，哈特的童年失去了光彩。

激发事件：激发事件是故事真正开始的地方，主人公虽无清晰的愿望，但有模糊的冲动。在《第一幕》中，激发事件出现在第 4 章开头：15 岁的哈特辍学，在一家臭气熏天的毛皮厂打工两年多，有一天终于忍受不下去，"早秋的一个清晨，我在黑暗的仓库里下定决心：出去吃午饭时，那扇铁门将最后一次在我身后关闭"（Hart 38）。这意味着他开始了行动。哈特由于运气好在演出商皮托的办公会找到打杂的工作，恶作剧地写出一出戏《亲爱的强盗》，经老板采用后惨败，然后被开除。这时他得知姨妈去世了。

第一情节点：第一情节点是主人公下决心要做成某事的位置。它过渡到第二幕。第一情节点出现在《第一幕》的第 7 章：心灰意冷的哈特想就此作别百老汇，找份船务员或者售货员的工作，然而，当他到公墓去看望外公和姨妈时："他们的音容笑貌清晰地浮现在我眼前，我突然意识到他们对我抱有多么大的希望……站在姨妈和外公的坟墓前，如果我选择甘于平庸，那么冥冥之中必受谴责。"（86）他坚定了进军百老汇的决心。

中点：中点被视作"开弓没有回头箭"的点，在这个位置上，主人公目标更加明确，并且火力全开。在《第一幕》的第 13 章，哈特开始有计划地进行写作尝试："我知道，只要能生存下去，我就必须坚持写剧本，不管未来会遇到什么别的阿克塞勒先生，都不能放弃。"（200）这时出现第一个导师（mentor）理查德·麦登，告诉他更适合写喜剧。然后帮助者（helper）乔治·考夫曼登场，和他一起合作剧本《一生的一次》。

第二情节点：第二情节点也称"危机"，它是主人公经历绝望、并且做出抉择的位置。不同于第一个情节点，此处的主人公处于最低谷，相当于英雄历险故事中主人公暂时死去的情境。主人公在此处要做出存在主义式的选择，由此过渡到第三幕。危机出现在《第一幕》第 20 章的地方：《一生的一次》在试演过程中，从第二幕的中间开始出现问题，经过几次修改后仍无起色，受到剧评家的大力攻击，乔治·考夫曼撒手不管，哈特跌落谷底。他来到海边,看着热恋中的青年男女,想到自己为了戏剧梦想从没有谈过恋爱,不禁怀疑自己是否浪费了青春。这是全书最关键的地方,因为他的一切渴望——即奋斗故事的前提——在此将要被全部推翻。但他最终重新下定决心,经历了否定之否定:"……那些小伙子和姑娘得到了他们想要的东西。如果让我变成他们,我丝毫不会感到更快乐……我现在看着他们,既不羡慕也不嫉妒。"(311)

高潮:又称作"摊牌",这是决一死战的位置。要想获得成功,主人公必须付出一切代价,冒险背水一战;看似无法扭转的局势下,前面的伏笔会神奇地起作用,或者出现一个明智的导师为其点睛。高潮出现在23章:哈特用紧急设计出的新情节说服乔治·考夫曼重新"登船",经修改、试演后发现第二幕焕发生机,但第三幕仍无起色。所有人都不知所措,此时一向沉默的制作人山姆·哈里斯在喝醉酒后打开话匣子,扮演了导师的角色,他说这部戏太"吵闹"(337),由此给了哈特灵感,他重写第三幕,但此时只剩三天时间,没人知道新版本是否能成功,而且演员还得重新背台词。在一切都不确定的情况下,哈特坚持放手一搏,最终大获成功。

实现/体会:和"背景故事"一样,实现/体会(realization)并非一个点,它属于故事的结尾部分,主人公因成功或失败,其性格和生活都实现了大的变化,或者体会到一些道理。《第一幕》中实现/体会大致包括第25章和26章,功成名就的哈特亲自确认了美国梦的可行性,"财富、阶级和名气不值一钱。纽约对人的唯一要求就是:敢于梦想"(375)。哈特带全家离开贫民区,从此过上了幸福快乐的生活。

大卫·特罗蒂尔将狄更斯的《圣诞颂歌》称为"完美故事"(Trottier 21),因为它具备"关键七点",因而矛盾积累矛盾,悬念接着悬念,故事线的走向越来越高直到结尾。同样的,我们也可将《第一幕》称为"完美自传"。《第一幕》不仅情节紧凑、读时令人屏息,而且没有多余的人物和情节,所有的角色都功能清晰,每个人物在完成他/她的功能之后便会非常"方便"(conveniently)和"识趣"地退场:摩尔人的事干完了,摩尔人该走了。阅读这样一本传记让人不禁欣羡:为什么我没有这样的外公和姨妈来培养我的文学兴趣(而且还在恰到好处的时间去世)?为什么我没能在小时候就发现自己想要什么，从而少走弯路？为什么我的人生平平淡淡，没有这样的起落和戏剧性？

完美自传不等于完美人生。相反，完美自传其实是完美犯罪、完美谎言。要想看破这些谎言，我们必然需要一面照妖镜，而这面照妖镜就是斯蒂芬·巴赫的《炫目者：莫斯·哈特的生平和时代》（以下简称《炫目者》）。

## 二、镜 传

《炫目者》充斥着大量这样的表述方式："莫斯后来声称姨妈……但事实是，她不必那样做"（Bach 12）；"莫斯后来说姨妈……但其实还有别的原因"（14）；"莫斯后来承认自己小时候不仅不快乐，而且受到精神创伤。也许是这样吧，但他其实并不像他所说的那样孤独，证据是……"（16）；"他后来回忆说当时讲的是《嘉莉妹妹》的故事，但当时的一个听众记得却是……"（17）；"他后来写道，艾什顿·斯蒂文森看了一会儿就走出去了……但其实斯蒂文森根本没去看剧"（28）。除了这种转折性的表达方式，还有其他的疑语，比如"当时的情形其实是非常模糊的"（54）；"后来，哈特仗着自己记忆力不好，否认他跟这出剧有任何联系"（59—60）；"后来，他对究竟如何修改《一生的一次》模棱两可"（60）。这些"后来"都是对《第一幕》的指涉，在《炫目者》中至少有20处这种明确反驳《第一幕》的段落，更不用说那些间接表达的指控了。

这并非特例：他传往往对自传怀有一种俄狄浦斯情结，他传作者一般都不太喜欢传主写的自传，在他传中给出差评是常有的事。比如斯蒂凡·肯弗在《格劳乔传》中称格劳乔·马克斯的自传是"一部隐藏自身的作品"（Kanfer 36），而艾莉森·普林斯将自己为安徒生写的传记取名《安徒生：扇子舞者》，这一标题几乎可以概括这一类他传作家对传主自传的怀疑态度——扇子舞是艳舞的一种，一丝不挂的舞者以两面巨大的扇子遮挡身体的前面和后面，挥动扇子以挑逗观众，但从不露出真面目。

对于自传而言，他传肩负着两个任务：一是补充传主在完成自传后的生平，可谓之"补传"，大卫·邓肯的《赫伯特·斯宾塞的生平和书信》便属此类。邓肯在前言中写道："《自传》覆盖了斯宾塞62年的岁月，它的存在增加了我作传的难度。我不得不沿着斯宾塞的路再走一遍。"（Duncan viii）他完全信赖斯宾塞的两大卷自传，在《生平和书信》中频频引述《自传》。他传肩负的另一个任务是向自传的叙述提出挑战，还原事实的真相——如果有真相的话。即使没有真相，至少也要召唤出几个持不同记忆版本的证人出席，让他们和传主上演一出《罗生门》。

不管斯蒂芬·巴赫是否在"沿着哈特的路再走一遍"，按照他们两人的走法，肯定到不了同一个目的地。在很多事件上，巴赫都提供了不同于哈特的版本，对《第一幕》几乎达到了页页修改的效果。按照《第一幕》的"关键七点"所划分出的时间段，试比较《炫目者》提供的另一套说辞：

背景故事：1.哈特在自传中声称：父亲之所以把姨妈赶出家门，是因为她把他的书扔了；巴赫则提供了另一个版本：大龄独身的姨妈试图勾引父亲；2.巴赫认为哈特的童年并不像他所说的那样孤独，而且他每年夏天都去富有的亲戚家度假。

激发事件至第一情节点：1.哈特在臭气熏天的毛皮厂只工作了很短时间，就换到了另一家公司，在那儿过得很快乐。《第一幕》却未提换工作的事，而是将他在毛皮厂的时间延长到两年半，然后就以"不能再忍受下去"为由进军百老汇；2.《可爱的强盗》是哈特和朋友爱德华·埃利斯库合写，自传未提此人；3.哈特说《可爱的强盗》受到的剧评惨淡，著名评论家阿什顿·史蒂文森以讣告的形式宣布此剧已经断送了哈特的作家生涯，但实际史蒂文森当晚根本没有看剧，而且其他评论也没那么差。此外，老板皮托并没有在戏剧受挫后立刻开除哈特，他给了哈特重试的机会，这些在自传中均未提及；4.在自传中，失望的哈特去看了爷爷和刚去世的姨妈的坟墓，从而坚定了进入百老汇的决心，实际上姨妈并未去世，反而活跃在哈特的生活中——有点太活跃，要么给他家放火，要么在他家墙上画十字架、诅咒符号和威胁的话；姨妈得以亲眼看着外甥成为戏剧界的巨人，但她精神越来越不正常：偷剧组的东西，或者在后台放火。哈特却在《第一幕》中让姨妈提前十年去世，并扮演了"发送者"（dispatcher）的角色。

第一情节点至中点：1.哈特试当演员时，并不像自传中描写得那样全凭自己的能力——他"上面有人"；2.哈特在俱乐部当娱乐指挥当了4年，而非自传中所说的6年；3.在哈特带父亲和弟弟去俱乐部打工时，母亲住在富有的亲戚家，而不是他所说的孤独地住在一个破小的公寓里；4.哈特称月光乡村俱乐部为"巴士底狱"，另一位大作家赫尔曼·沃克后来将之比作香格里拉；5.哈特说俱乐部负责人最后只给他路费，实际上俱乐部既付了工资，还为他提供了别的导演工作。

中点至第二情节点：1.自传中提到，在哈特探索写作时有个理查德·麦登扮演了导师的角色，指出哈特不应执着于正剧和悲剧，他有喜剧天赋，应该写喜剧，从此他走上正确的道路。实际上麦登从来没说过这些话，而且巴赫指出，哈特很早就自己悟出自己应该写喜剧；2.哈特在自传中夸大了自己在写作上的主动性，《一生的一次》是在朋友莱斯特·斯韦德的一再催促下写的，斯韦德还帮他找人打印，为他推销、联系经纪人——哈特并未提及这些，而是在自传中贬低了斯韦德的作用；3.自传将杰德·哈里斯"功能化"成了童话中的流氓（villain），实际上杰德并没有那么坏，在很多方面对哈特都有帮助；4.自传将哈特与乔治·考夫曼的关系几乎描写为上下级的支配关系，其实考夫曼对哈特也是敬畏有加。

第二情节点至高潮：1.在和考夫曼合作时，哈特实际同时忙别的写作和导演工作，而且他的经纪人费什拜恩小姐已经替他和山姆·哈里斯签约：不管《一生的一次》是否成功，5年之内哈里斯不能解雇哈特，因此第二情节点处的危机和绝境是哈特一厢情愿想象出来的，并非一旦失败，就必须退出戏剧界。用巴赫的话说，"他没有烧掉任何桥"（Bach 63），不管成败，哈特都有降落伞；2.高潮部分，哈特在自传中说他是在凌晨四点的秋千上构思出新的第三幕，巴赫怀疑这个说法，因为还存在另一个版本：哈特和考夫曼是坐在旋转木马上合作出了第三幕。

实现/体会：当哈特在自传中感叹美国梦的可行性，并且大谈爱国主义激情时，并未谈及当时的历史背景：全美国刚进入大萧条，成千上万的美国人一夜之间破产，已经步入他正在远离的贫穷之中。

在前 75 页中，《炫目者》提供了很多其他重要信息，小到百老汇的票价，大到哈特的同性恋倾向。如果刨去这些细节，只关注自传和他传"重影"（不是重合）的部分，我们可以将二者的不同总结为以下四点。

《第一幕》和《炫目者》的第一个不同之处是聚焦的问题。哈特使用的是"体验型聚焦"，巴赫采用的是"叙述型聚焦"。体验型聚焦者对情景的了解只局限在彼时彼刻，并不知道后来会发生什么；叙述型聚焦者不必受此限制，可以进行提前叙述，如："莫斯决定，这个剧最好还是忘记为好，他并不知道这出戏在将来对他多么有用。"（64）这就决定了《第一幕》是戏剧性的、充满悬念的，《炫目者》是非戏剧性的，旨在提供信息。

然而反讽的是，《炫目者》其实是骑驴看唱本：信息搜集得多就写得多，收集得少就写得少；而《第一幕》尽管只关注于当下时刻，它的写作却必须时时刻刻都依靠全局观。《第一幕》暗含着一种目的论式的、黑格尔式的个人史观，很像是世界精神的运作：世界精神一步步把自己实现出来，从逻辑学到自然哲学，最后发展到精神哲学的反思阶段，才突然明白自己在做什么——这就是《第一幕》拥有强烈、明确愿望的原因。哈特笔下的那种童年时立下的进入戏剧界的决心，很可能是回首往事时才恍然大悟——或者更现实一点——才虚构出来的。一个人能否在十多岁就明白自己一生想做什么，从此不必再彷徨地做选择，这是个值得商榷的问题。哈特的猫头鹰十有八九也是在黄昏起飞的。

第二点是对传主形象的塑造。莫斯·哈特在《第一幕》中将自己描写为一个资质平平的作家，尤其在乔治·考夫曼面前，他毕恭毕敬，将前辈视作神明："如果这本自传背后有什么英雄/主角的话，那么这个英雄/主角就是乔治·考夫曼。"（Hart 242）然而《炫目者》却为我们提供了一句富有揭示性的评论，乔治·考夫曼曾说，"这个年轻人有如此的天才"，让他感到恐惧（qtd. in Bach 63）。

进行自我贬低，甚至将自己描述成丑角，是现代自传作家经常使用的手法，如格劳乔·马克斯在其自传中所承认的："聪明人在写自传时，会在一连串的成功中时不时地加点失败，因为他们知道，读者们大多都是生活中的失败者。"（Groucho 111）这既是为了让读者降低戒备心，不受传主过人之处的威胁，也为这个"笨小孩"后来的发迹铺路，让他显得有所成长，使情节更加曲折：坐过山车比坐火车更有趣。

第三点不同在于哈特对困境和绝望的描述。莫斯·哈特是希德·菲尔德、大卫·特里埃尔等人的前辈，他虽然没听说过"三幕剧结构"或者"关键七点"之类的提法，但他很清楚——当时的剧作家都默认这一点——不管故事怎样发展，它一定要向着"绝望谷"进发，然后死而复生。除此之外，让英雄的奋斗显得越悲壮越好，最好把路上的花花草草一把火烧光。正是出于同样的考虑，安徒生染上了自传作家的"福斯塔夫症"：他青年时期始终处在赤贫中，在第一本自传中，他说他的租金是每月 10 个银币，在第二本自传中却成了 16 个银币。《第一幕》中类似的例子是：哈特将他在俱乐部打工的时间从 4 年增加到 6 年。这除了延长痛苦的考虑，他还在像下象棋一样"走一步看三步"，为了在第二情节点的地方增强危机感：在 24 岁上考虑职业选择，和在 26 岁上考虑职业选择，还是有区别的。

第四点则涉及自传对某些事实的省略。他的爸爸、弟弟是残疾人，姨妈有精神病，省略这些无伤大雅；《可爱的强盗》实际是与人合作的，不谈这一点也能理解；但他对朋友莱斯特·斯韦德和经纪人费什拜恩小姐所给予的帮助轻描淡写，致使两人在读完《第一幕》后，前者写信说"我被惊呆了"（qtd. in Bach xii），后者称他在自传中的一些关键情节是"纯粹的想象"（53），而且"你从成功的那一刻起，就忘了原来帮助过你的人"（78）。

## 三、佳构传记：比真相更真，比真相更像

如果忠于事实是一条法律，那么前面列举的四点中，第一点和第二点是钻法律的空子，但仍旧合法，第三点属于小的过错，第四点则是犯罪。

《第一幕》是一部不法之作。然而，就阅读体验而言，读《第一幕》像看一场好莱坞大片，套用一句流行语就是"毫无尿点"；比起《第一幕》的 400

页左右，《炫目者》讲述相同时间段（从背景故事到实现）的部分只有 75 页，读起来却像一篇学术论文，它其实更像是《第一幕》的脚注。《第一幕》完全符合大卫·特里埃尔的描述："每个转折点，不论大小，都引发读者更大的悬念"（Trottier 21），最后不禁心潮澎湃，不觉为传主叫好。巴赫记录说，当哈特为朋友朗读尚未完成的《第一幕》时，"所有人时而哈哈大笑，时而因悬念而屏息，尽管他们早已知道故事的结局"（Bach 367）。毫不奇怪：《第一幕》能在出版后占据《纽约时报》畅销书榜近一年，其中有 22 周的时间排在第一位。

哈特为了戏剧性，在自传中撒了很多谎。作家在自传中撒谎，这已是老生常谈，无甚新意。既然传记介于历史和文学中间，受制于"诗与真"的张力，那么上帝的归上帝，恺撒的归恺撒，我们只从艺术和叙事效果的角度来考虑哈特为什么要撒谎，从而证明他未必是忘恩负义。

《第一幕》诞生于新传记的大背景下，斯特雷奇以"甄选"作为新传记宣言的重点，攻击传统传记"那消化不良的材料，漫不经心的风格和乏味的语调：没有素材的甄选，缺乏语气的冷静和精心设计"（Strachey vi）。哈特未必读过斯特雷奇，但他受的剧本写作训练让他自然而然地进行人物和素材选择。

如果说电影写作的第一要务是保护主角，那么传记写作的第一要务则是保护传主。威廉·戈德曼曾指出，电影不是契诃夫戏剧，不能每个人受到同样的关注；类似的，传记最好也只有一个主角：在不违背道德的前提下，应该尽力把隽永的台词往传主嘴里塞。当约翰·艾克曼在《谈话录》中记录下歌德的话"灵魂像太阳一样，在人肉眼看来像是下沉了，但实际它永不下沉，无休无止地照耀着"时，艾克曼并未理会这个比喻的来源。试想艾克曼接着补充说："这个比喻是歌德从叔本华那儿捡来的"，将会与《谈话录》的基调多么不协调，尽管歌德在这儿确实引用了小他 39 岁的叔本华的话（Schopenhauer 280—281）。

同样的，哈特将自己与爱德华·埃利斯库合作的《可爱的强盗》归在自己名下，倒也不是个大问题：第一，埃利斯库只参与了《可爱的强盗》的草稿创作；第二，《可爱的强盗》是个失败作；第三，哈特与埃利斯库在合作时同心同德，没有矛盾，也就意味着体现不出性格：多一个人只是多一份累赘。在这种情况下，"裁员"既有利于艺术效果，也不算违背道德。反过来，安徒生自传的后半部分之所以失败，就在于出场人物太多，对应于"掉书袋"，他沉迷于"掉名字"（name-dropping），其自传后半部分出现的名人和人名像海滩上的沙子那么多，十分乏味。

当然，严格说来，保护主角/传主的说辞是站不住脚的，它甚至是不道德的，违反了传记写作的伦理原则。然而，我们可以更进一步，从叙事节奏的角度来解释"甄选"的问题。

节奏越快，叙事越不真实——此即节奏真实定律。节奏是艺术与现实分界的关键点。我们称《尤利西斯》和《追忆逝水年华》是真实的，因为它们的叙事节奏极慢——虽然也不乏无聊。一般的叙事作品节奏更快，叙述者主要通过缩短一件事的持续时间，或者直接省略某些人和事的方法来实现这一目的。应该指出，二者并无绝对的不同，毕竟将时间缩短到极致即为省略。

通俗地讲：第一种方法在电影中的例子包括一招手就出现一辆出租车，或者乘客下车时总是正好抽出零钱，或者摆摆手说"不用找了"；第二种方法在电影中的例子包括夫妻早上一醒来就接吻，虽然观众都知道他们应该先刷牙才对。但如果编剧真这样安排，恐怕会让电影的时间延长到四个小时，而且会变成一场不伦不类的搞笑剧。

前者在《第一幕》中的体现是：《亲爱的强盗》并不像自传中所说的那样干脆利落地死掉，反而是一连好几年都半死不活地抽搐着，但哈特在《第一幕》中很及时地将它结束了，因为它已经扮演完它的角色，该领盒饭了。就后者而言，哈特在自传中直接省略了一些人和事，比如跟他合作《亲爱的强盗》的埃利斯库，以及费什拜恩小姐为他成功谈下的"保命"合同等。

在结构严谨的《第一幕》中，最能同时体现这两点的就是对凯特姨妈的处理。任何人物的出现在增加情节的同时，也是一种负担；一旦该人物不再与主线有关，他/她的任何行为都会让主线故事减速或停滞下来。哈特为什么将姨妈及时地写死，并使之成为激励自己奋斗的因素，而没有照实写，像斯蒂芬·巴赫所揭示的那样：她最后发了疯，跟踪哈特的剧团，偷道具、放火，给他们引起很大的损失？这当然可能是源于家丑不可外扬的心理——只是《纽约客》在哈特刚出名时就已经将他的家丑公之于世了。然而试想一下，如果哈特果然照真实来写，那么这部传记的结构一定会因为一个精神病人的狂欢乱舞而轰然倒塌。哈特所面临的不再仅仅是戏剧界的障碍，他还不得不面对家庭琐事。这些琐事会扯哈特的后腿，也会扯他自传的后腿，不但减慢主线传记的节奏，而且更糟糕的是，让情节散落一地，让故事线跟疯掉的狗一样到处乱跑。

由此引出自斯特雷奇之后两种传记的对立：流水账传记和佳构传记。流水账传记是传统形式的传记，它貌似有结构，实则没有结构，以时间逻辑取代故事发生的逻辑——如果时间也有逻辑的话。首先追溯祖先、介绍父母，然后依次讲述童年、青年、中年、老年，这种结构的优点显而易见：流水账传记是个筐，什么都能往里装。

A.J.A.西蒙斯在传记书写方面强调架构的重要性：每个词、每句话、每个段落都要严丝合缝地为整体做贡献，这就意味着，按照时间顺序自由畅写的传记是不合格的，"从以前和现在的传记来看，人们普遍相信，书写人生故事的正确方式是从生写到死，而没有意识到这种方法是违反戏剧性原则的，我们至今仍为这种老掉牙的时间公式所折磨"（Symons 155）。卢梭的《忏悔录》、鲍斯维尔的《约翰生传》，这些经典传记虽然伟大，但都属于流水账传记：从细部上来看是精美的，从大局来看并没有一个目的地。这就是为什么很多作家在写完自传后，又过了几年，能接着断开的位置继续写下去——安徒生的三本自传就是这样产生的。

相比流水账传记，佳构传记则拥有精心设计的逻辑结构，实验传记大多属于这一类：迪姆斯·泰勒的《怪物》，A.J.A.西蒙斯的《寻找科尔沃》均属此类。《第一幕》虽然表面采用时间逻辑，但实为一部典型的佳构传记——它的结构，如我们所看到的，是非常完美的。

并不是说哈特在按照剧本模板写作，更不能因为《第一幕》符合模板，便认为它没有价值。相反，S.N.贝尔曼称之为"当代关于美国戏剧行业最好的一本书"，乔治·艾伯特则颇有深意地（非常亚里士多德地）称它"比真相还真"(qtd. in Bach 368)。《第一幕》如今已成为经典传记，入选美国传记课本《古今传记》中，它在结构上的创新使之成为探索传记新形式的一次成功实验。《第一幕》有资格在传记文学史上占有一席之地：这不仅在于它巧妙地横跨虚构和非虚构作品中间，更在于它跨越了传记和电影这两种媒介。

《第一幕》对剧本写作方法做到了灵活化用，它启发我们提出一种"传记佳构主义"：应该改变那种活到老、传到老，活到哪儿、写到哪儿的旧传记观，传记/自传不应非得从摇篮写到坟墓，而是应该选择生命中具典型性和戏剧性的时段，然后进行精雕细琢。与其像安徒生那样写一部关于 50 年人生、烂尾的流水账自传，还不如学哈特那样写一部关于人生前 25 年的佳构自传。

## 致谢【Acknowledgement】

本文的修改工作受益于《现代传记研究》匿名评审人提出的意见，作者谨致谢意。

I am indebted to the editor of *Journal of Modern Life Writing Studies* and anonymous reviewer for the suggestions and comments.

## 引用文献【Works Cited】

Bach, Steven. *Dazzler: The Life and Times of Moss Hart*. New York: Alfred A. Knopf, 2001.
Duncan, David. *The Life and Letters of Herbert Spencer*. London: Methuen & Co., 1908.
Field, Syd. *Screenplay: The Foundations of Screenwriting* (eBook Edition). New York: Bantam Dell, 2005.
Goldman, William. *Which Lie Did I Tell: More Adventures in the Screen Trade* (eBook Edition). New York: Vintage Books, 2001.
Hart, Moss. *Act One: An Autobiography* (eBook Edition). New York: St. Martin's Press, 2014.
Kanfer, Stefan. *Groucho: The Life and Times of Julius Henry Marx*. New York: Vintage Books, 2001.
Marx, Groucho. *Groucho and Me*. New York: Da Capo Press, 1995.
Schopenhauer, Arthur. *The World as Will and Representation*. Trans. E.F.J. Payne. New York: Dover Publications, 1969.
Strachey, Lytton. *Eminent Victorians*. Garden City, New York: Garden City Publishing Co., Inc, 1918.
Symons, A. J. A. "Tradition in Biography," *Tradition and Experiment in Present-day Literature*. London: Oxford University Press, 1929. 149-160.
Trottier, David. *The Screenwriter's Bible* (eBook Edition). Silman-James Press, 2014.

# 走进复杂的灵魂
## ——论苏曼殊传记的创作及其特点

慕江伟

**内容提要**：苏曼殊是清末民初文化人物中一个特殊的存在，他多情神秘的一生吸引了无数研究者为其作传，到目前为止，已有三十多部传记问世。本文着重梳理百年来苏曼殊传记的写作状况，并结合文本对传记作者的"实录"精神和艺术表现进行细致分析，在肯定苏曼殊传记写作成就的同时，也指出了苏曼殊传记创作中存在的不足之处。

**关键词**：苏曼殊　传记　实录　个性化

**作者简介**：慕江伟，南京大学中国新文学研究中心博士生，主要研究作家作品和作家传记，发表论文有《陕西当代作家传记论》，载《西安建筑科技大学学报（社会科学版）》2017年第5期。

**Title**: Into the Complex Soul: Features of Su Manshu Biography

**Abstract**: Su Manshu is a special cultural figure in the late Qing Dynasty in China and the early Republic an period. His passionate and mysterious life has attracted countless researchers to the extent that there are more than 30 biographies published so far. This paper surveys Su Manshu biography in the past 100 years and explores the "truth-seeking" spirits and the art of life writing in those biographies. While affirming the contributions of Su Manshu biographies the paper also points out their defects.

**Keywords**: Su Manshu, biography, history record, individuation

**Mu Jiangwei** is a Ph.D. student at the Center for Modern Chinese Literature of Nanjing University. His research interests are literary works and literary biographies. His recent publication is "A Study of the Literary

Biographies of Contemporary Writers in Shaanxi Proince, China", in *Journal of Xi'an University of Architecture & Technology* (Social Science Edition) 5(2017). E-mail: mujw2018@163.com.

苏曼殊（1884—1918）是清末民初新旧转型期文化人物中一个特殊的存在，他一生在出世与入世、僧侣与俗人、多情与寡欲之间徘徊，其三进三出佛门，专修情禅，在文学创作、绘画、翻译、梵文研究等方面颇有成就，被世人尊为诗僧、画僧、革命僧、情僧。苏曼殊丰富的人生经历与奇特的人格魅力，百年来吸引了无数研究者为他著书立传，旨在努力去再现这一复杂的灵魂。

## 一、苏曼殊传记的百年流变

苏曼殊去世已整整一百年（1918—2018 年），时间并未冲淡世人对这位近代"奇人"的关注，从他 1918 年在上海广慈医院辞世，关于他的传记写作就已开始，随着材料充实，不断有内容翔实的苏曼殊传记问世。

章太炎录于《章氏丛书·文录二》中的《书苏元瑛事》和柳亚子收于《曼殊上人燕子龛遗诗》中的《苏玄瑛传》是最早简略介绍苏曼殊生平的传记文，此外还有佚名的《记曼殊上人》、泪红生的《记曼殊上人》等。这些传记都寥寥几百言或千余言，言简意赅，只勾勒出传主生平轮廓而无任何细节描写，如柳亚子仅用五十七个字就概括了苏曼殊的少年时期——"苏玄瑛，字子谷，号曼殊，广东香山人。父某，商于倭，因赘焉。生玄瑛，挈之返国。玄瑛自少即丧父，母又越在海外，伶仃靡可依者，则祝发广州之雷峰寺。"（柳亚子，《苏玄瑛传》 101—102）杨鸿烈写于 1923 年的《苏曼殊传》在内容规模上较前期有了一定的扩充，通过苏曼殊的论著、诗、言情小说、翻译文学、美术、杂文等方面来呈现苏曼殊的文学成就，而较少涉及他的生活经历。1924 年梁社乾用英文写了一篇短文《苏曼殊传略》，仅简略概括了苏曼殊的生平成就。

初写于 1926 年，重订于 1928 年的《苏玄瑛新传》（柳亚子）和《苏曼殊年谱》(柳无忌)是 30 年代苏曼殊传记写作的重要收获,也把这一时段的苏曼殊传记写作推上了一个高峰。相比于《苏玄瑛传》的"荒略过甚"(柳无忌,《苏曼殊年谱》 192—219),柳亚子在《苏玄瑛新传》材料考辨上下足了功夫,他专写了一篇《苏玄瑛新传考证》,订正了许多错误。柳无忌的《苏曼殊年谱》属于平叙年谱,逐年记录苏曼殊的生活轨迹,所引材料丰富[①],并都以原文入年谱,以防失真。

在 1933 年由开华书店出版的《普及本曼殊全集》中,柳亚子又作《苏曼殊传略》和《重订苏曼殊年表》,主要是根据一些确切的材料对苏曼殊的身世问题做了更正,而且"这两篇文章,甚为重要,奠定了此后曼殊身世研究的基础"(柳无忌,《苏曼殊研究的三个阶段》 330—339)。只可惜《普及本曼殊全集》流传不广,此二文并未得到应有的关注。

1949 年,上海百新书店出版了由黄鸣岐编著的《苏曼殊评传》,这是国内第一部全面介绍苏曼殊生平和文学成就的传记。该传 100 页、共 10 万字,从"曼殊的身世"(曼殊的血统问题;曼殊的名号;曼殊与雪梅静子;曼殊的生活)、"曼殊的思想"(政治思想;宗教思想;婚姻思想)、"曼殊的著作"(曼殊的诗;曼殊的小说;曼殊的文、曼殊的画),以及"曼殊的生前与死后"等四方面评说苏曼殊不平凡的一生,属于"传评分离型"的评传。该传在结构上有创新之处,但在关键性材料的处理上黄鸣岐仍有一些失误之处,如他在"自序"中写道:"关于曼殊的血统问题,我仍不敢完全苟同柳亚子先生的见解",反而把苏曼殊考订为日本人,而这一疑惑柳亚子早在 20 世纪 30 年代初就已解决。

从 1949 年到 80 年代,国内的苏曼殊研究进入到了沉寂期,不同版本的文学史对苏曼殊进行了若干批评(柳无忌,《苏曼殊研究的三个阶段》 330—339),并渐渐被人们所遗忘。不过这一时期海外的苏曼殊研究较为活跃,首先是 1960 年英国的麦克里维(Henry Mcleavy)写出了《苏曼殊:一位中、日天才》(*Su Man-shu*:*A Sino-Japanese Genius*),此书虽然较薄,但行世较早,书中的考证和谨慎态度都很有参考价值。其次是远走美国的柳无忌在苏曼殊逝世五十周年之际写出了英文版的《苏曼殊传》,并于 1972 年在美国出版,1992 年由王晶垚翻译的中译本在三联书店出版。全书涉及苏曼殊生活、革命、出家、交友、旅行、创作等内容,且评且叙地将苏曼殊的坎坷身世、令人瞩目的诗才,以及纯真无匹的秉性做了详细的介绍,并在书末附有苏曼殊年表(共两页)和柳亚子写的《苏曼殊传略》。

新时期以来,文学研究者"并没有忽略这位在二十世纪初年曾使读者'倾倒一时'的南社诗人"(柳无忌,《苏曼殊研究的三个阶段》 330—339),苏曼殊研究再次走热,内地(祖国大陆)、台湾、香港等地出现大量风格迥异,内容丰富,从不同角度解读苏曼殊绚烂人生的传记。

国内的苏曼殊传记写作在这一时期最为活跃,收获颇丰且体例多样,包括:马以君的《苏曼殊年谱》(1985—1990)[②]、宋益乔的《情僧长恨苏曼殊》(1987)、朱文华的《苏曼殊》[③](1989)、李蔚的《苏曼殊评传》(1990)、陈星的《孤云野鹤——苏曼殊》(1995)、何士夫的《心魔·苏曼殊》(1995)、毛策的《苏曼殊传论》(1995)、王长元的《沉沦的菩提:苏曼殊全传》(1995)、邵盈午的《苏曼殊传》(1998)、刘诚与盛晓玲合著的《情僧诗僧——苏曼殊》(2004)、邵盈午的《情僧梦露——苏曼殊画传》(2006)、陈世强的《苏曼殊图像:画家·诗人·僧徒·情侣的一生》(2008)、敖光旭的《亦僧亦俗的文化奇人:苏曼殊》(2008)、邵盈午的《尘梦禅心——苏曼殊画传》(2010)和《苏曼殊新传》(2012)、彭训文的《忏尽情禅空色相:苏曼殊传》(2012)、白落梅的《爱如禅 你如佛:情僧苏曼殊的红尘游历》(2012)、孟语嫣的《欢也飘零,悲也飘零:苏曼殊的红尘游记》(2013)、徐星平的《苏曼殊传》(2014),以及涂国文的《苏曼殊情传》(2015)等。

年谱中以马以君的《苏曼殊年谱》成就最高。一方面在内容上所引材料更为丰富,另一方面主要归功于作者发现了一部《沥溪苏氏族谱》,马以君结合"苏氏族谱"在《苏曼殊年谱(一)》中用长达 12 页的篇幅详细介绍了"苏氏"三代人的基本情况,厘定了流传的种种说法,为苏曼殊年谱的写作奠定了坚实基础。

三部画传也是各有特色,邵盈午 2010 年在百花文艺出版社出版的《尘梦禅心——苏曼殊画传》是由 2006 年出版的《情僧梦露——苏曼殊画传》一书修订而来的，文字与图画的结合，用图像文本复原了这位旷世奇才那段夹带玫瑰色馨的传奇经历。陈世强的《苏曼殊图像：画家·诗人·僧徒·情侣的一生》一书，插入700多幅图片，有许多时代背景的图片和苏曼殊的精美画作，将图片负载的信息张力与文字的深厚内涵充分融合，以写真的方式，记录了苏曼殊艺术与情感的心路历程。全书"循迹纪实影视的表述理念，采以'有趣味的史实'与'寓意味的形式'，尽力拓展历史图像的视觉情境，以期与文字的追想空间颉颃不悖"（陈世强 4）。

最早在台湾出版的是唐润钿1980年在台北近代中国出版社出版的《革命诗僧——苏曼殊传》，这是台湾第一本全面介绍苏曼殊生平历程的传记，涉及苏曼殊的身世、出家、情感、革命、生病、交友、创作、性格、喜好等方面。随后，又有刘心皇的《苏曼殊大师新传》（1984）、陆爱吟的《苏曼殊的浪漫》（1985）、张国安《红尘孤旅——苏曼殊传》（1992）、林佩芬的《天女散花——民国诗僧苏曼殊传》、中国国民党中央委员会党史委员会编的《革命诗僧——苏曼殊传》、戚宜君的《苏曼殊外传》等传记作品出版。此外还有慕容羿的《曼殊评传》（1996）、朱少璋的《燕子山僧传》（1997），以及中薗英助的《诗僧苏曼殊》（原名《樱花桥》，甄西译，1999）[④]等传记问世。

## 二、忠于史实的"实录"精神

传记是一个写人的文本，这就要求传记作者要有"实录"的态度，"要忠于历史，忠于事实……要按照生活的本来面貌去写，不但人物和事件要真实，细节也应是真实的，不仅如此，就是围绕着人物活动的环境也是真实的"（郭丹 44）。细读苏曼殊传记文本，不难发现，苏曼殊传记作者的"实录"追求在三个方面表现突出：

一是存疑的精神。梁启超曾言："忠实的史学家对于过去事实，十之八九应取存疑的态度。"（梁启超 174）这一点在柳无忌的《苏曼殊传》中表现突出，作为一个从20年代就开始研究苏曼殊并取得重要成果的传记作者，柳无忌深知苏曼殊生平材料中依旧有许多事件没有确凿证据可以佐证，所以只能以疑问的形式列入书中，然后再提出自己的看法，避免了传记材料因传记作者的主观判断而失去其本真的面目。例如，柳无忌在书中质疑苏曼殊"用什么法术把他在船上遇到的那个西班牙人变成了一位定居在香港的英文教师？"为此他提出了一个假设："在这件事情上，曼殊把他和一位真实的英语教师，亦即甘淋牧师，及其女儿克莱拉·甘淋早年的关系移植到他的两个西班牙朋友的故事里了。曼殊的恩人，并不是马德里的罗弼一家，而是香港的甘淋父女，他们也许曾经在1904年帮助他到暹逻和锡兰去。"（柳无忌，《苏曼殊传》91—92）

《情僧诗僧——苏曼殊》一书在对苏曼殊中南半岛游历过程的讲述中，作者刘诚与盛晓玲也提出了多重疑问：一是苏曼殊确实涉足过的国家有哪几个？二是苏曼殊在这几个国家的行程次序如何？三是苏曼殊所说的"足迹遍亚洲"和"遂之扶南"之说是否属实？（刘诚 50—51）

当然，存疑之处并不局限于这两部传记，存疑精神，避免了传记作者肆意的想象和联想，使传者时刻保持冷静客观的态度去追问事实的品格。

二是考辨的态度。苏曼殊一生游历范围广泛，国内东南沿海一带（包括：上海、长沙、杭州、南京、苏州、广州、香港等）都有他的足迹，日本（包括：横滨、东京、长崎、水户等）、越南、暹逻（泰国）、锡兰（斯里兰卡）、印度尼西亚等国也有他游历的身影，许多事实都无旁人佐证，使得关于他的生平材料存在着诸多疑点，这就需要传记作者取材时极其严谨，有多少材料说多少话，勿贪多而失真。

苏曼殊传记作者中最早对材料进行考辨的是柳亚子，写完《苏玄瑛传》之后，柳亚子1926年起细致整理了所有历年来自己所藏有关苏曼殊的文件资料，在已印行的书刊之外，找到了一些有关苏曼殊的照片、信件、遗物，以及苏曼殊"潮音跋"手稿（柳无忌，《苏曼殊研究的三个阶段》 330—339），新材料的出现，促使柳亚子把原来《苏玄瑛传》的内容扩充了三倍，写出了《苏玄瑛新传》。为写此文，柳亚子专门写了一篇《苏玄瑛新传考证》，考证文字的篇幅比"新传"内容足足多了两倍，在文章开头他这样写道："《新传》事实，取《潮音跋》为蓝本，而副以《断鸿零雁记》。至二文有牴牾，或皆不足据者，则为博综他说，参互异同，从长取决之。"例如："跋言：'五岁别太夫人，随远亲西行支那。'记则云：'慈母爱子之心，无所不至，乃亲自抱尔潜行来游吾国，侨居三年。'余据《弁言》，河合氏确曾随苏某归粤，则记文为是。跋语云云，盖有意洗刷河合氏改适苏某事，故并其赴粤一节，亦削去之。非事实也。"（柳亚子，《苏玄瑛新传考证》 180—191）

由于柳亚子把《潮音跋》和《断鸿零雁记》作为苏曼殊的自传处理，这也造成在新的考辨基础上又产生了新的错误，比如：混淆了苏曼殊的血统，以为他的父母都是日本人，也弄错了他幼、少年时代的生活与学历[5]。

80年代以来，在考辨方面投入精力颇多的是马以君，作为一位苏曼殊研究者，马以君深知"传记把真实作为自己的生命，失去了真实，它也就失去了存在的价值"（张新科 397），于是他搜集各种关于苏曼殊生平疑点的说法，在比对中还原事实的本真，略举一例：

对于苏曼殊生母在苏家的身份问题，一直以来没有定论，马以君经过考证认为河合若在苏家是一个"助理家务"的角色：

> 河合若在苏家的身份，说法有三：一为"妾侍"，二为"下女"，三为"助理家务"。第一种说法是不能成立的。因为尽管苏琳珊在1969年11月12日自香港复罗孝明信说若子入苏家"愿作偏室"，但她在同信中又说："先父事亲至孝，谨守家法，未得双亲允许，仍未与偏室庆立"……第二种说法是不合理的。因为若子是河合仙的胞妹……何况河合仙为人"品性和蔼"呢？第三种说法则颇近情理。因为若子从乡间来到城市，依傍其姐生活，很自然要跟其姐一起料理家。（马以君 133—156）

马以君在《苏曼殊年谱》中细致入微地考证，正如柳无忌在《苏曼殊研究的三个阶段》中预测的那样，该书"将使此后苏曼殊的研究者，有所依据，不必再费时间与精力，从事搜集与考证的工作"。事实也证明，马以君的《苏曼殊年谱》已成为新时期以来苏曼殊传记写作的重要材料来源。

三是传记作者的写传目的也是衡量一部传记是否具有"实录"品格的依

据,因为传记作者的写作姿态往往流露着对传主生平材料取舍和整合的态度,进而影响传记内容整体的真实性。《孤云野鹤——苏曼殊》的作者陈星在传记开篇的"小引"中对自己写传的原因有这样一段陈述:"近来山东画报出版社'名人照相簿丛书',嘱我为苏曼殊写传并为之配图……促成我写苏曼殊传的原因,还有很重要的一条是我有一种要把我所觉得应该表现的苏曼殊表现出来的欲望。"(陈星 1)接着,陈星又对自己所写苏曼殊传记所要达到的目的做了简要的阐明:

> 我所应该表现的苏曼殊就是作为高僧的苏曼殊。以往,人们给苏曼殊加封的"头衔"实在够多了……然而,不论"情"还是"诗",不论"艺"还是"奇",甚至"革命",他终究是"僧"……以往有关苏曼殊的传记材料,虽有一些是客观综合记述苏曼殊的生平事迹,但也有许多是刻意表现苏曼殊生平中所谓'奇'的一面……令人吃惊的是,居然没有一部传记是主要写苏曼殊的佛教生涯的。正是有感于此,我才发愿为苏曼殊作传,虽自感水平有限,底气不足。(1—2)

陈星的开篇"小引",态度诚恳,为传记的写作风格定下了质朴真诚的基调,以不寻奇、不自以为的态度,以材料真实为前提,专注于苏曼殊作为僧人的一生。

## 三、不拘一格的艺术表达

经典传记除了入传材料的翔实与丰富,还在于如何去呈现一个复杂多变且又难以琢磨的生命个体,这就要求传记作者在传主材料恒定的状态下,寻找艺术的突破口。苏曼殊的生命历程只有短暂的35年,但其充满传奇的一生给人们留下了无数遐想的空间,在其去世的百年间,传记作者不断努力地去接近这一复杂的灵魂。

苏曼殊去世不久之后,他的好友就写出了一批以"奇"取胜的回忆性传记文字,突出苏曼殊"放浪形骸"的一面。马仲殊在《曼殊大师轶事》中就写了四件"奇事",包括苏曼殊的做事风格和处世之道,比如对苏曼殊绘画有这样的描述:"曼殊善绘事,每于清风明月之夜,振衣而起,匆卒间作画。既成,即揭友人之帐而授之。人则仅受之可耳;若感其盛意,见于言词,语未出口,而曼殊已将画分为两半矣。"(马仲殊 94—95)顾悼秋在《雪蝶上人轶事》一文中也记述了一段苏曼殊著书的"奇闻",将苏曼殊著书立说时投入的癫狂之态跃然纸上:"民四夏秋间,上人寓红梨湖畔(盛泽有红梨湖)郑氏家,数阅月而去。其作寓公也,不接宾客,瘁志纂述。或窃窥之,则见大书小书朱书墨书,如蝇头,如葡萄,如桃花之烂然,如水云之缥缈,堆置五七十页,然不知其成何书也。"(顾悼秋 96)

苏曼殊一生结交广泛,与刘师培、章太炎、柳亚子、刘三等人关系密切,情谊深厚。一些传记作者为从侧面刻画苏曼殊真实性情的一面,于是就在传记中插入一些苏曼殊好友的故事(这些故事都与苏曼殊有关),以求在他人的故事中凸显苏曼殊的性格。其中刘师培、何震夫妇背叛革命党、投靠朝廷的故事是诸多传记作者津津乐道的一个,因为苏曼殊与刘师培、何震夫妇私交甚密,其中何震既师从苏曼殊学画,还为其编了《曼殊画谱》,有一段时间还同居一室。通过对刘师培夫妇的"革命变节"事件的叙述,反而可以进一步凸显出苏曼殊作为革命党人的坚定意志。

刘诚与盛晓玲合著的《情僧诗僧——苏曼殊》,以及邵盈午的《苏曼殊传》和《苏曼殊新传》对刘师培与何震的变节过程都有涉及。邵盈午在传记中用大量篇幅详尽地叙述了这一故事,并用两人之间的对话还原历史现场,把两人心里对革命的阴暗面暴露无遗。随后写到当苏曼殊从友人那里得知刘师培夫妇的"叛变"行径后,发出了一声对刘师培夫妇发自内心的憎恶:"这个叛徒"……"哎,过去我一直将他们俩当作真朋友相处,谁知……,真是罪孽深重,他们绝不会有善终!"(邵盈午 139)抑扬褒贬之间,传达出了苏曼殊对友人的失望、对不耻行径的痛恶,以及自己对革命的忠诚。

苏曼殊是一位袈裟裹体的僧人、是一位多情哀婉的诗人、是一位勇往直前的革命者、是一个妙笔横生的画家,他多面分裂的人生镜像,给传记作者提供了多元的写传路径，于是出现了许多各有侧重的苏曼殊传记。

陈星认为："无可否认的事实是苏曼殊从外在形象到内心世界始终是一位僧人，他对佛教的执着和贡献及影响绝不亚于作为诗人或革命者的苏曼殊。"(2)所以他撰写的《孤云野鹤——苏曼殊》一书就专以苏曼殊的佛教生涯为主，以三次出家为纵轴线，将其丰富的经历贯穿于二十章内容中，进而讲述他从佛缘初起到佛缘不灭的超凡脱俗的一生。

陈世强的《苏曼殊图像：画家·诗人·僧徒·情侣的一生》一书重在彰显苏曼殊作为画家的一面，他把苏曼殊看作中国近现代美术开放转型的先驱，极力推崇苏曼殊领悟新颖事物所表现出的超乎寻常的"艺术敏感力"，认为苏曼殊"美术筑基中华本土，在取虚灵神韵构建本体的同时，一扫地域与门户之见，兼采并取了西方与东瀛、宗风与禅门等艺术之所长"(2)。陈世强在书中插入了苏曼殊大量的画作⑥，并对其画作做了一些深入地分析，例如，"天讨五图"一节分析了苏曼殊1907年发表在《民报》增刊《天讨》的五幅取材于历史题材却审视当下的画作，接着又试图在"画善虚写"一节解释苏曼殊绘画中的禅宗思想与意境渊源。

彭训文的《忏尽情禅空色相：苏曼殊传》一书侧重凸显苏曼殊诗词的魅力，巧妙细腻地将苏曼殊的诗词融入到了其生命之中。苏曼殊一生所写诗词数量已无从考证，留传下来的仅存百余首，而能明确具体写作时间的诗作则更少，作者尝试性地把所有诗词都还原到了其生命的各个点。"本事诗十首：苏曼殊的爱情绝唱"一章，作者把十首苏曼殊写给日本艺伎百助的诗与他们情意绵绵的爱情结合在一起，用"初遇""诉衷肠""旧恨""无情泪""归去来思"等五个层面的情感交织，表达苏曼殊潇洒的红尘游历，以及百助哀怨的痴情泪。

涂国文的《苏曼殊情传》一书痴迷于苏曼殊错综复杂的"情"，在详述苏曼殊凄美爱情的同时，还精细地描写了他的亲情、友情、诗画情、革命情，以及佛情。作者用一个"情"字，抓住了苏曼殊生命内部的本真性情，把其"情禅"作为文本的灵魂，刻画出了苏曼殊鲜明的性格。

传记写作是用材料事实作为根据，容不得任何没有根源的想象，但在实际的传记写作中，传记作者又是无法摒弃一些推敲合理的对话，这些对话让传记离开了史料的沉闷气息，让故事充满了活力，展现出了传主的个性性格以及个性心理。因此，对话也成了一些苏曼殊传记的首选，毕竟语言是对一个人生活经验、社会阅历、思想观念的最直接反映，其中，邵盈午的《苏曼殊新传》和孟语嫣的《欢也飘零，悲也飘零：苏曼殊的红尘游记》都充分发挥了对话在塑造人物性格方面的重要作用。这里选取一段苏曼殊在医院与友人程演生的对话：

曼殊……从枕头下边抽出一叠当票，有气无力地说：
"帮我当出来好吗？"
程演生接过当票一数，心里暗暗一惊，他深深叹了口气，说，"曼殊啊，我虽长年奔走于政府和国外，但这薪水……唉，我真恨我帮不了你！这点钱，也就只能表表心意了。"
"啊，我也知道朋友们都不宽裕，"说着，他把一叠当票又塞到枕下，"可眼下，这么冷……我实在受不了哇！"说罢，眼泪便顺着眼角流到雪白的枕巾上。（邵盈午 206）

短短几句对话包含了苏曼殊生命最后时刻身体之病痛与生活之拮据，也反衬出了苏曼殊无助的心理与凄惨的境遇。对话的魅力就在于此，将材料隐于对话之中，初看并无特别之处，细细品味则意蕴深长。

总体来看，传记作者百年来在苏曼殊传记写作艺术方面的探索表现不凡，没有让传主因为生平材料的稳定而出现雷同之感，反而让"一主多传"的苏曼殊传记各展其姿，各有其存在的价值。

## 结　语

苏曼殊传记的创作成就百年来有目共睹，不过传记文本存在的一些问题也不容忽视，笔者认为在三个方面依旧有进一步提升的空间：一是材料的处理与引用。评论者毛策认为，经过三个阶段对苏曼殊生平材料的收集考订，"一个真实的苏曼殊已经初具轮廓"（毛策 30—32）。事实却并非如此，新时期以来在国内出版的一批苏曼殊传记在材料引用上极其不严谨，不但所引材料陈旧，而且还未吸收最新的研究成果，导致许多史实出现严重失误。二是过度夸大与阐释。许多苏曼殊传记都过度深挖苏曼殊情感史，反而对苏曼殊身处风云时代的复杂矛盾心理，以及思想变迁的脉络等重要问题未有深入探究。三是传记作者的素养有待进一步加强。苏曼殊是一个新旧转型期的人物，他在诗词、绘画、小说、翻译等方面都有着出色表现，要想写出一部有深度的传记，需要传记作者具备全面的知识体系和相应的专业知识，这样才不至于流于表面的展现而无深度的剖析。

写传对于任何一个传记作者来说都是一次探险的过程，对苏曼殊的传记作者也不例外，如何突破百年来曼殊传记创作的既定模式，或许以下两种形式可以尝试：一是截取苏曼殊生命的一段来写。因为受于篇幅的影响，苏曼殊生命中许多有意义的细节都未得到充分展开，比如他生命的最后七年就可以作为一个单元来写，因为这七年是在民国社会的大环境下度过的，他的思想观念与生活处境与前期有了明显区别。二是写苏曼殊的交友传记。苏曼殊作为一个文化名人一生交友广泛，现存书信非常多，柳亚子编订的《苏曼殊全集》就收录了一百多封苏曼殊写给友人的信件，这些信件都是迄今为止最直接表达传主思想和彰显其性格的第一手资料，有待进一步挖掘。

百年已去，苏曼殊研究的热度却依旧未减，希望在研究者和传记作者的共同努力下有更具理论高度和思想高度的苏曼殊传记出现。

## 致谢【Acknowledgement】

本文受益于《现代传记研究》匿名评审专家提出的修改意见，专家提出的四点中肯建议对我进一步修改论文提供了切实帮助，作者谨致谢忱。

I am grateful to the editor of *Journal of Modern Life Writing Studies* and anonymous reviewers for their suggestions and comments. Their four insightful suggestions provide practical help for refining my article.

## 注释【Notes】

① 文中所引材料包括：（一）苏曼殊文章：《潮音跋》《断鸿零雁记》《燕子龛随笔》《梵文典自序》《文学因缘自序》《拜伦诗选自序》等；（二）苏曼殊书信：《与刘三书》《与柳亚子书》《与郑桐荪书》《与邵元冲书》《与邓孟硕书》《与刘半农书》等。
② 马以军的《苏曼殊年谱》从1985年至1991年分十次在《佛山师专学报（社会科学版）》和《佛山大学佛山师专学报（社会科学版）》连载。
③ 朱文华的《苏曼殊》收入由陈允吉主编的《十大文学畸人》（上海古籍出版社，1989年）一书。
④ 日文版1984年12月在日本河出书房新社出版，全书共分为十章。
⑤ 柳无忌曾说："我们误信《潮音跋》，以为实系曼殊自传，因此混淆了他的血统，以为他的父母都是日本人，也弄错了他幼、少年时代的生活与学历。但是这些谬误，终于由父亲订正了。就在《曼殊全集》尚在校印时，他已由冯自由（曼殊幼年在日本的同学）的指示，与曼殊在香山（中山）沥溪故乡的直系亲属，及早年在横滨的友人通信，得到了较为确实的有关曼殊的血统与身世的资料。'至此，曼殊身世之系统，乃得建立，而其作品，亦搜集无遗，但已不及订正（曼殊）全集中错误处。'不久，为了做好亡羊补牢的工作，父亲在《普及本曼殊全集》（开华书局，1933）发表了他新撰的'苏曼殊传略'与'重订苏曼殊年表'。"参见柳无忌《苏曼殊研究的三个阶段》（《社会科学战线》1984年第4期，第330—339页。
⑥ 书中所引画作主要来自：蔡哲夫编纂的《曼殊上人妙墨册》（李根源印行1919）；萧纫秋藏、柳亚子编的《曼殊墨迹》（上海北新书局1929）；柳亚子编的《苏曼殊全集》（1928）等。

## 引用文献【Works Cited】

陈星：《孤云野鹤——苏曼殊》。济南：山东画报出版社，1995年。
[Chen Xing. *Su Manshu：Life of a Recluse*. Jinan：Shandong Pictorial Publishing House, 1995.]
陈世强：《苏曼殊图像：画家·诗人·僧徒·情侣的一生》。北京：中国青年出版社，2008年。
[Chen Shiqiang. *The Artistic Life of Su Manshu：The Painter, Poet, Monk and His Love*. Beijing：China Youth Publishing House, 2008.]
郭丹：《先秦两汉史传文学史论》。上海：上海古籍出版社，2014年。
[Guo Dan. *A Treatise on the History of Literature in the Pre-Qin, Qin and Han Dynasties*. Shanghai：Shanghai Classics Publishing House, 2014.]
顾悼秋：《雪蝶上人轶事》，《苏曼殊全集（三）》，柳亚子编订。北京：当代中国出版社，2007年，第96页。
[Gu Daoqiu. "Su Manshu's Anecdote." *Complete Works of Su Manshu*. Vol.3. Ed. Liu Yazi. Beijing：Contemporary China Publishing House, 2007. 96.]
柳无忌：《苏曼殊研究的三个阶段》，《社会科学战线》1984年第4期，第330—339页。
[Liu Wuji. "The Three Stages in Su Manshu Studies." *Social Science Front* 4（1984）：330-339.]
——：《苏曼殊传》，王晶垚译。北京：生活·读书·新知三联书店，1992年。

——：*Su Manshu*. Trans. Wang Jingyao. Beijing：SDX Joint Publishing Company，1992.]

——：《苏曼殊年谱》,《苏曼殊全集（三）》,柳亚子编订,第192—219页。

[——. "Su Manshu's Chronicle." *Complete Works of Su Manshu*. Vol.3. Ed. Liu.192-219.]

柳亚子：《苏玄瑛传》,《苏曼殊全集（三）》,柳亚子编订,第101—102页。

[Liu Yazi. "Su Xuanying." *Complete Works of Su Manshu*. Vol.3. Ed. Liu.101-102.]

——：《苏玄瑛新传考证》,《苏曼殊全集（三）》,柳亚子编订,第180—191页。

[——. "A Textual Research on Su Xuanying's New Biography." *Complete Works of Su Manshu*. Vol.3. Ed. Liu. 180-189.]

梁启超：《中国历史研究法（外二种）》。石家庄：河北教育出版社,2007年。

[Liang Qichao. *Research Methodology：Chinese History（With Two Additional Works）*. Shijiazhuang：Hebei Education Publishing House,2007.]

刘诚,盛晓玲：《情僧诗僧——苏曼殊》。上海：学林出版社,2004年。

[Liu Cheng and Sheng Xiaoling. *A Lover and A Poet：Monk Su Manshu*. Shanghai：Xuelin Publishing House, 2004.]

马以军：《苏曼殊年谱（一）》,《佛山师专学报》1985年第2期,第133—156页。

[Ma Yijun. "Su Manshu's Chronicle." Vol.1. *Journal of Foshan Normal College* 2(1985)：133-156.]

马仲殊：《曼殊大师轶事》,《苏曼殊全集（三）》,柳亚子编订,第94—95页。

[Ma Zhongshu. "the Anecdote of Manshu Master." *Complete Works of Su Manshu*. Vol.3. Ed. Liu. 94-95.]

毛策：《史实失误的传记——评〈情僧长恨苏曼殊〉》,《中国图书评论》1990年第6期,第30—32页。

[Mao Ce. "Biography with Historical Inaccuracies." Rev. of *Su Manshu：A Monk Lover*, by Song Yiqiao. *China Book Review* 6(1990)：30-32.]

邵盈午：《苏曼殊新传》。北京：东方出版社,2012年。

[Shao Yinwu. *A New Biography of Su Manshu*. Beijing：The Oriental Publishing House, 2012.]

张新科：《中国古典传记文学的生命价值》。北京：人民出版社,2012年。

[Zhang Xinke. *The Value of Life in the Biographical Literature in Chinese Classics*. Beijing：People's Publishing House,2012.]

# 以传记记游

## ——以莫理循旅华游记《一个澳大利亚人在中国》为例

张文茹　崔亚霄

**内容提要**：乔治·莫理循凭借 1895 年出版的旅华游记《一个澳大利亚人在中国》，获得了《泰晤士报》主管的赏识，担任该报驻华记者，并逐渐成为对华问题专家，后曾担任中国政府的政治顾问，完成了从无业游民到大国顾问的华丽转身。这部游记究竟有何价值，能获得如此巨大的成功？本文将就此问题展开讨论，并提出游记成功的两个主要原因：首先，采取以传记游的创新写法，突出人物，淡化风景，这让游记更加生动有趣；其次，坚持秉笔直书，不存偏见，尊重客观真实，这让游记的真实性超越众多同类作品。

**关键词**：《泰晤士报》　中国人形象　传教士　东方学

**作者简介**：张文茹，中国石油大学（北京）外国语学院讲师。主要从事传记文学、比较文学研究，近期发表了《想象东方与走进亚洲——澳大利亚的东方游记》（《跨文化对话》，2018 年第 38 辑，第 347—356 页）等。

崔亚霄，中国石油大学（北京）外国语学院副教授。主要从事叙事学、文体学、现代文学研究，近年在 *Style*（2016 年，第 50 卷第 2 期）、*Language and Literature*（2017 年，第 26 卷第 2 期）等期刊发表文章。

**Title**: Biography As Travel Writing: A Study of George Morrison's *An Australian in China*

**Abstract**: *The Times*' chief manager was impressed by George Morrison's travel writing *An Australian in China* published in 1895, and appointed him as a correspondent to China for *The Times*. Later on, Morrison grew up to be one of the most important experts on China, and had worked as an adviser for the Chinese government. Basically the book had turned Morrison the vagrant into an adviser for a prominent country. How could this book make such a huge success? This paper attempts to answer this question from two perspectives. First, Morrison writes his travelogue as a biography, namely he focuses on people rather than the scenery. This makes his book more readable. Secondly, Morrison holds no biases, but writes about whatever he saw in an objective way. This again ensures the readability of his book.

**Keywords**: *The Times*, Chinese images, missionary, orientalism

**Zhang Wenru** is Lecturer of English Literature at China Petroleum University(Beijing). Her research concerns life writing and comparative literature. She is the author of "Imagining East and Entering Asia: Australian Eastern Travel Writing." *Dialogue Transcultural* 38(2018):347-356. E-mail: jinny_1025@126.com.

**Cui Yaxiao** is Associate Professor of English Language and Literature in School of Foreign Languages at China Petroleum University(Beijing). Her research areas include narrative studies, stylistics and modernist literature. She has published in *Style*(50.2 2016), *Language and Literature*(26.2 2017) and other journals.

# 引言  改变命运的游记

1894年，伊洛瓦底江上有一队士兵正在过河，其中一人挑着扁担，扁担两头各有一个木箱。伊洛瓦底江，江面宽阔，水流湍急，水底是淤泥卵石，深浅不一。那挑担的士兵，脚底一滑，扁担便从肩膀上滑落，两个箱子跌入水中，里面的书稿，洒落江中。旁边一个高大的金发洋人，立刻冲上来扶住即将跌倒的士兵，又慌忙去捞书稿。这位金发洋人就是即将完成中国西南三千英里探险之旅的乔治·莫理循（George Morrison，1862—1920），而那险些随着伊洛瓦底江水付之东流的书稿，正是莫理循这次中国之旅的旅行日志手稿。

事后，当他回忆起当年手稿遇险的场景时，依然感到惊心动魄，感慨当年如果手稿就此随水而逝，"损失就将是永远无法弥补的"（Morrison 259）。①莫理循此言并非夸大其实，因为他的命运，确因在这份手稿基础上撰写的旅华游记——《一个澳大利亚人在中国》（*An Australian in China*，1895）而彻底改变。正是凭借这部游记，莫理循完成了从无业游民到大国顾问的华丽转身。

《一个澳大利亚人在中国》，是19世纪末澳大利亚旅华游记中最重要的作品。它记录了莫理循1894年的中国西南之旅。旅行始于1894年2月，历时三个月。他沿长江徒步旅行三千英里，深入中国西南腹地，一路从上海到重庆，又从重庆进入缅甸。此行不但路程艰辛，山高水深，而且莫理循本人不会汉语，旅行中也并未雇用中文翻译，仅靠多名中国向导和挑夫的帮助，走完全程。

次年，莫理循的中国游记在伦敦出版，大受欢迎，好评如潮。包括《泰晤士报》（以下简称《泰报》）、《北不列颠每日邮报》等在内的多家重要报纸，都对游记大力称赞。特别是当时《泰报》的总经理莫伯利·贝尔很快就主动约见莫理循，得知莫理循走出校门后一直是无业游民，曾经游历了许多地方，并且在澳大利亚有过新闻从业经验，决定立刻聘用其担任《泰报》驻京记者。

后来的事实证明，贝尔确实颇具慧眼，莫理循在《泰报》工作得非常出色。莫理循极善获取紧要情报，故能迅速准确地报道中国最重要的信息，以至《泰报》中报道中国的头条，总是出自莫氏之手。《泰报》给了莫理循施展才华的舞台，而《泰报》则因为莫理循的报道，成了当时"报道中国消息的当之无愧的权威"（莫理循 4）。

《泰报》在世界范围内拥有巨大的读者群，这让莫理循很快就成了国际知名的中国问题专家。恰在此时，正在谋求中国最高统治权的袁世凯，看中了莫理循在国际舆论上对中国问题的巨大影响力，通过秘书蔡廷干刻意与之倾心结交。在《泰报》工作17年后，莫理循又出任了新成立的中华民国政府政治顾问。在担任袁世凯的外事顾问期间，他曾参与到许多中国近代史上的重要事件，如日俄战争、巴黎和谈、袁世凯称帝等。而当时的中华民国政府对这位外事顾问的工作也非常之满意，为了感谢这位外籍顾问，曾将王府井大街改名为"莫理循大街"（Morrison Street）。一部小小的游记却有如此大的价值，它成就了莫理循个人的人生拐点，也对中国近代史产生间接影响。

19世纪末到20世纪初，晚清国门被迫向西方打开，浩浩荡荡的西方旅华大军开进中国，几乎每个来到中国的人都要写点什么，游记也是层出不穷。为何莫理循的这部游记能够脱颖而出，获得如此巨大的成功？本文将尝试探究其成功的原因。

## 一、写法特点：以传记游

进入20世纪以来，欧洲游记书写可见一种明显的倾向，即"风景的衰落"。外部风景原本是游记中最别具特色的部分，其地位却在明显下降，而个人经历与传主自身的内在感受的地位，则在不断上升。如游记专家保罗·福赛尔指出"一本好的游记，读者不仅能读到外在的旅行，像诸如风景之类的描述，同时也可以读到内在的内心情感之旅"（Fussell 203）。而简妮思·霍则更明确地指出20世纪的旅行文学"越来越成为一种主观的形式，越来越接近回忆录而不是旅行指南"，她认为世界已经很难找到未被书写的风景，游记作者想要写出特别之处的话，重点就"不再是旅行的地方，而是旅行者的观点"（Ho 1）。范仲淹在《岳阳楼记》中说："朝晖夕阴，气象万千，此则岳阳楼之大观也，前人之述备矣。"山清水秀、奇峰异石等自然景观，虽然不能说千篇一律，但也是"前人之述备矣"，再读起来或许都有视觉疲劳了。而人物却是生动有趣，变化多端，丰富多彩，远非静止的山水可比。面对风景的衰落，取而代之的是游记开始发生"他/自传转向"，即以传写游。游记侧重写经历过的事件，则重点在描写沿途遇到的各类人物，形似人物小传集；游记侧重写旅行者的内心体验，则重点在旅行者自己，更接近自传。

本文认为莫理循游记成功的主要原因，在于他采用了以传记游的写法。莫理循的游记，正是这种简化风景，突出人物的以传记游的典型。这种写法，让莫理循游记显得生动有趣，是其广受赞誉的重要原因。从外部结构上看，整部游记似乎仍依惯例，以游踪为线索，但内里则是借讲述途中遇到的各类人物连缀成篇。

这部游记实则是一幅晚清中国西南地区人物长卷。这幅人物长卷描绘了当时活跃在晚清社会的中外各阶层人物，从晚清社会中上层官员、商人到下层的贩夫走卒、妇女婴孩，再到各类外籍在华人员，有传教士和清廷雇用的外籍海关监察官员、技术人员等。这都是一个个鲜活的人物形象，每一个人都是独特的"这一个"，而山水风景的描写，则很难有这个个都有千般善恶情仇、万般阴谋伎俩的人物画像那样吸引人。

况且，莫理循游记中描写的人物，都是过着富裕生活的大英帝国国民们闻所未闻、见所未见的人。旅行意味着离开家乡，远离日常生活，而游记则是对异域生活的记录，因此往往是不同寻常的、新奇的。而当时那么愚昧、落后、贫穷的旧中国的下层人民，对于先进发达的大英帝国来说，就像原始社会的人一样，几乎等于发现了一个新物种，这是他的游记能够吸引西方读者的重要原因。

大英帝国在 19 世纪三四十年代就完成了工业革命，物质已经极大丰富，人们早已享受了工业时代带来的富裕生活，而当时的中国，还处于极弱极贫的农业时代。伦敦的日常生活中，到处充斥着酒馆、舞厅、沙龙，人们大多是酒足饭饱，大腹便便。这种富贵慵懒的生活已让他们感到无聊，甚至厌烦了。

莫理循在游记中，聚焦中国底层群体，把极端愚昧落后的中国画面推到英国读者面前：成群结队衣不蔽体的乞丐、骨瘦如柴的大烟鬼、受酷刑折磨的囚犯、超负荷劳作的苦力，弑杀亲子的父母，这些带有强烈的视觉新奇感的中国人形象，同时满足了大英帝国读者的好奇心和优越感。

莫理循在西南地区旅行时，最常见到的一类中国人就是乞丐，游记中也较多地写到了乞丐。在云南，莫理循看见成群结队的乞丐，"他们手中拿着一个小篮子用来讨饭或者装上从垃圾中捡来可食的东西，手中挂着一根棍子用来赶走狗"。（89）在昭通他发现"他们衣不蔽体，悲惨地挤在一起染上了严重的流行性高烧，成百成百地死去"。（100）喝茶时，"那些身上挂着兽皮和几块破布，骨瘦如柴的小孩围着我们看。他们的父母身上穿着难以蔽体的破烂外衣，许多人肩膀上披着用棕榈叶制成的简陋蓑衣"。（145）

吸食鸦片的中国人也很多，也是最具观赏性的中国奇观。莫理循雇用的苦力之一，绰号"皮包骨"的就是一个鸦片烟瘾很重的烟鬼，本来此人作为苦力十分不合格，莫理循几乎每天都要花一两个小时，等他赶上来，但是莫理循并没有找一个勤快一点的苦力换掉这人，因为"他那么高高瘦瘦，又步态奇怪，给我带来许多欢乐"。(236) 而这个给莫理循带来许多欢乐的皮包骨，"就像是一具正朝坟墓走去的骨架似的，脖子伸得老长，像骆驼一样左右摇摆，眼睛张大着，眼神里透出饥饿，你甚至可以听到他皮包骨头的身体里骨骼碰撞的声音"，他"差不多没穿什么衣服；上衣扣子几乎扣不住；脚上没穿凉鞋；脖子上挂着装鸦片陶灰的小陶瓶"。(236) 可以想象，如此形象生动的人物，同样会带给英国读者"许多欢乐"，游记受欢迎就不难推断了。

莫理循一路接触最多最密切的，是底层的苦力群体，比如纤夫、脚夫等。尽管他们中有许多人已病痛缠身，骨瘦如柴，但还在从事正常人都根本无法承受的超强度劳动。沿长江流域的纤夫，常常百人一帮，赤足在石块上攀爬，"像是奴隶一样使劲拉紧纤绳"，而这些人"普遍患有肺结核和疟疾"(22)。四川一代多脚夫，快脚脚夫背80斤重的货物，每天可走山路40英里，负重脚夫路程虽相对较短，但负重远超80斤。莫理循援引其他旅行者的记录，证实曾多次看到年纪轻轻的小男孩，背负120斤重的货物。他本人也曾亲眼看到中国脚夫们背负着极重的盐包，"即使是一个身强力壮的英国人，如果背负那么重的盐包，怕是从地上站起来都很困难"(91)。这些苦力吃的是最差的食物，干着最累的工作，获得最少的回报。小男孩背负着强壮的英国人都难以承担的重量，纤夫如奴隶般赤足在岩石上攀爬，这是多么残酷的场面。这种没有人性的痛苦劳累的场面，对于悠闲富贵的英国公民来说，是一种震撼和刺激。同时，又能让他们在对比于自己的幸福后，获得一种心灵安慰。他们还能因自己对中国苦力产生怜悯之情，而获得一种道德高尚的自我肯定。这样的情感牵动，是在观看山水游记时，难以触及的。因此，人物较之风景更吸引他们，他们可以在阅读这部游记时，获得某种程度的心灵安慰和享受。游记受欢迎也就不奇怪了。

晚清监狱里虐待犯人的各种酷刑，也颇具奇观效果。一名犯通奸罪的妇女被关在囚笼里，"她不得不踮着脚站在囚笼里，头从笼子顶部的洞伸出去，直到精疲力尽或者窒息而死"(103)，她垂死挣扎了三天后死掉了。一名杀人犯被用"烧红的滚烫的钉子钉穿手腕挂在城门上",并以同样的方式轮流挂在四个城门上,"他苟延残喘了四天,曾试图头撞刑具结束生命,减少痛苦,但是由于刑具垫上软物,未能得逞"(104)。为了镇压云南地区的叛乱,清军统帅杨玉科指挥士兵,屠杀了3万多人,当地人口不过5万,"街上血流成河,深及脚踝",大屠杀之后,"清军装了24筐耳朵回到昆明"(255)。多么血腥的场面,比恐怖大片更惊人,这种爆炸性的见闻,远远比悬崖峭壁,奇峰异石更耸人听闻。当年的英国读者必定争相传闻,对于如今的我们,也仍然具有心灵的震撼。

还有更让人惊心动魄的是中国的父母,他们会因为多种原因杀死自己的孩子。一位受雇于教会的中国母亲,曾告诉传教士,她"已经前后闷死三个刚出生不到几天的女婴了。当第四个孩子出生时,她的丈夫发现还是女孩,盛怒之下,抓住婴儿的腿摔到墙上,把孩子摔死了"(102)。更多的父母,则会因为贫苦被迫将子女或卖或弃,甚至是弑婴。在中国那些"饱受饥饿的家庭中,很少有母亲坚定地说她们没有抛弃自己任何一个孩子"(130),而那些被抛弃的穷人家的婴孩,有的会"生生被狗啃食"(102)。莫理循途经当时正在闹饥荒的邵通城,发现弑婴"普遍存在",据此地传教士说,一天他发现"狗正在吃前天晚上从墙内扔出来的婴儿,那孩子还活着,小小的手臂被狗咬得嘎吱嘎吱响,肉被生生地扯下来,孩子微弱地哭咽着,然后很快便死了",而这里"每天都能看到死去的婴儿"(102)。

这些毫无人性的场面,这些极端化的人和事,都给大英帝国和西方世界的读者们带来了极大的心灵震撼。任谁读到看了这种非人间的血腥残忍的场面,都会目瞪口呆。这么震撼的奇闻奇观,再奇峻的山水风景也不会有这样的效果。同时,这些记录也给中国社会留下了珍贵的史料,对于社会历史的研究都是很有价值的。

## 二、写作立场:公正客观

当时西方人写的旅华游记,绝大多数带有明显的东方主义色彩,惯于将中国人妖魔化。萨义德在《东方学》中提出，东方主义是西方的特产，"是一种根据东方在欧洲西方经验中的位置而处理、协调东方的方式"，而"东方是欧洲最深奥、最常出现的他者形象，东方有助于西方将自己界定为与东方相对照的形象、观念、人性和经验"（2）。西方往往将东方妖魔化，突出其愚昧与残忍，背后的目的是在意识形态上论证西方殖民野心的合法性，"用以控制、重建、君临东方"（4）。这种对于东方的观念，存在于各类有关东方的知识之中，并由"科学家、传教士、学者、商人、士兵"等共同书写，它们互相交织成一张巨大的关于东方的认知谱系，不断相互回指和引证。萨义德对这类东方知识有两个最大的担忧：扭曲与不准确，即"过于教条化的概括和过于狭窄的定位带来的不准确"（11）。

莫理循游记是难得的欧洲内部对东方主义有所反思的作品，他有意识地极力避免"扭曲和不准确"，秉笔直书，公正客观的写作立场，是莫理循游记获得成功的另一大原因。莫理循游记还驳斥了很多同类作品中，对中国扭曲和不准确的说法，把中国人从妖魔还原为人。莫理循写这篇游记时，没有任何官方背景，甚至连职业都没有，他的背后没有任何人的指派，他是一个仅从他母亲手里借了40英镑的流浪青年，因此他写这部游记时，没有服务对象的要求，没有利益的要求。这成就了游记的一大亮点：客观性。

传教士作为最早来到中国的西方群体，是西方有关"中国知识"最早也最权威的生产者。其中不乏许多带有东方主义色彩的偏见。最典型的偏见之一，就是认为中国人愚昧落后、冥顽不灵。这主要是因为传教士在中国的传教工作进展非常不顺，传教士们普遍认为中国人是同犹太人一样冥顽不灵的异教徒，极其愚蠢地拒绝接受上帝的福音。

莫理循没有简单地将这种行为归结为中国人的愚蠢和野蛮。相反，他认为失败的主要原因在传教士自身。他从宣教内容和宣教方式两个方面，来更加全面深刻地反思这种现象。首先，从宣教内容上看，基督教主张博爱，提出"如果他不恨他的父亲却来皈依我，我不会收他做我的信徒的，因为我是教人与其父生疏的"，而中国社会的宗法制度就建立在祖先崇拜基础上，强调孝亲尊父，这两者在根本理念上产生尖锐矛盾，那种要求痛恨父亲而皈依宗教的做法，完全不合乎中国的国情。莫理循对此给予充分的理解，他特别强调中国是文明古国，有自己完整且历史悠久的信仰体系，对西方又缺乏了解，因此无法轻易接受对方的观念，少有人皈依基督教，是非常合情合理的：

> 中国是强大的民族，它见证了埃及、亚述、巴比伦、波斯、古希腊和罗马的兴衰，岁月如梭，它仍然存在，且是唯一的文明古国。我们太过忽略中国的历史了，忽略了其礼仪政体、风俗宗教，忽略了其很难学会的语言，也忽略了中国人的偏好、成见和倾向性的判断，都是千年历史的沉淀。传教士来到中国，阐述基督教义给中国人听，希望奇迹能够帮助他们，但其实他们说的语言对听者来说一片漆黑、难以理解。(71)

莫理循拒绝偏见，没有偏听偏信传教士的说法，他根据自己接触到的实际情况，根据人性纯真的原则，做了更为真实客观的记录，这样的记录是经得起实际推敲和历史考验的，因而才是最可贵的。

而面对不愿接受福音的中国百姓，许多传教士采取的宣教方式是恐吓。他们威胁那些拒绝接受基督信仰的中国百姓，"那些听过基督教教义却仍然冥顽不化的人，毫无疑问会下地狱。他们无药可救，他们本可以信奉却选择不信，如果他们信了，他们将永久受益，如果他们不信，他们的惩罚也是永久的"（66）。拒绝信教就要遭到威胁和诅咒。莫理循指出这种传教的方式必然引起反感："如果中国人并不喜欢这个好心的传教士的教义，而中国又有上百个传教士像他这样传教，那么可以想象，人们会认为把他派到中国来的教会该是多么令人厌恶。"（67）

宣教失败是因为传教士对中国文化信仰了解不足，传教方式不当等这些问题，而不是中国人冥顽不灵和愚昧落后。如果没有莫理循的这本游记，只有传教士的文字留存于世，偏见就很可能误导我们的历史印记。

传教士中流传的另一个偏见，是中国人不知感恩。许多传教士在与中国人接触后，给出了这样的判断，即中国人是实利主义者，甚至是骗子、强盗，他们对善意和牺牲不知感恩。比如，在霍乱横行期间，四川万县的传教士对中国百姓有求必应，冒着生命危险挽救了许多中国人的生命。但当时许多西方人认为，他们的救赎和牺牲，非但没有得到中国人的感激，反而遭到中国人的污蔑，因为中国人认为传教士的这种牺牲，实际上是在为自己死后在冥界积福。因此，很多传教士们认为："感激是人心本能，但是看起来中国人的心里并不具备这种本能。"（28）

莫理循并不是轻易认同这种说法，他又采记了如下的内容："但是有其他的传教士告诉我，中国人比任何其他国家的人都更懂得感激，也最真心真意……中国人会告诉你'哑巴把牙齿吞进肚子里，他虽不能说，但牙齿的确被他吞进去了。与此同理，我们虽然没有表达出感激之情，但这并不等于我们不心存感激。'"（29）多方采证，不偏听偏信，是莫理循游记的可贵之处。

传教士中流传的对中国人最大的一个指责是杀婴。这种现象确实存在，莫理循在云南东川发现了当地买卖儿童和杀婴的现象。但对于西方人的普遍看法，即"杀婴，特别是女婴，似乎是中国人的一种消遣，或者是一种怪癖"（129），他表示坚决反对。他对比参照了许多外国作者或传教士对中国杀婴现象的论述。这些人的观点有的一致，有的相互矛盾。最后，他多渠道地广泛收集了各种信息，经过分析、比对、判断，他认为弑婴现象被传教士夸大了，其目的是"为了让我们西方人知道，他们工作的异教徒们是生活在怎样的水深火热之中"。而杀婴只是中国人"在灾荒或者暴乱的时候，面临特殊的生存环境压力下，"被迫做出的选择（131）。而且他"认为在中国人中杀婴的犯罪问题显然比高度文明化的欧洲民族和美国人中非法堕胎的情况少得多"（132）。莫理循如果有官方的背景或者政治的偏见，都不会得出这样的看法，他这样基于人性的纯真的看法和客观公正的描述，才最有价值。

凌迟现象是西方旅行者书写最多的一项中国奇观，是中国野蛮落后的典型象征。但莫理循则认为其中夸大了，甚至歪曲了凌迟处死的行刑过程。这种刑法"以其野蛮残暴激起人们恐惧，但是它一点也不残暴，无须恐惧，因为肢解是在死之后，而不是在死之前"（233），凌迟者行刑前"一般会服用大量鸦片，刽子手站在他面前，快速地在眉毛上方割两刀，取两块皮肤遮住双眼；接着在胸口迅速割两刀；然后直刺心脏，囚犯瞬间死亡；然后刽子手再把尸体肢解，罪犯就支离破碎的归西了。对与中国人言，死后不得全尸，才是最大的惩罚"(233)。

莫理循不囿于偏见，对中国人的优点和长处，也公正无私的记录下来。他曾盛赞长江险滩上的船工，对他们在面临危险时表现出来的勇敢沉着、机敏灵巧，深感钦佩：

> 船顺着河水时隐时现，一点小错，一丝慌乱，船就会撞到岩石上粉身碎骨，河面就将浮满尸体……我心跳几乎停止，整个人都吓呆了……船上的两人奇迹般地躲开了江中的石头，如果稍有迟疑，我们就会被撞成碎片，或葬身旋涡之中。费了九牛二虎之力后，我们又划入了平稳安全的水域中了。船员们开怀大笑。我并不知道他们是怎么做到的，但是我对他们表现出来的沉着冷静、敏捷灵巧由衷敬佩。(16—17)

莫理循写出了中国船工的强壮、机智、果敢、乐观，这与西方一贯流传的中国人如"行尸走肉般瘦骨嶙峋"的形象，大相径庭。

此外，莫理循多次赞颂中国人的智慧，尤其是中国人的记忆力。他曾经特意举了昆明一位电报员的实例"告诉大家中国人的记忆力到底有多强"，"二级电报员张先生能够背出密码本里所有的1万组数字（每组4个数字）以及所对应的汉字"(169)。而对于中国人不擅长创造性思维的原因，莫理循也没有将其归结为智力缺陷，而是从中国的传统出发，认为"创造就意味着不敬神，依照惯例做一些事情，按照这样的思维发展下去，当然在智力发展方面记忆能力最强"(169)。破除对中国人的妖魔化，肯定中国人的优点和长处，莫理循这种客观公正的写作立场，让他作品的真实性远超他人，也是他游记获得肯定的重要原因。

## 结　语

面对落后的中国，莫理循采取公正客观的报道，面对苦难中的中国百姓，莫理循愿意平等对待，以兄弟相称，并抱有深切的同情。他多次提醒游记读者："我们生活在西方文明社会，具有天然优势，很难体会我们的兄弟——中国同胞们身上背负着多重的担子"（101），这些他不但在游记中做了大量的记载，还影响了他的人生走向，他完成这部游记后就再也没有真正离开过中国，并做了许许多多对中国人民有益的事情，这是后话。

## 致谢【Acknowledgement】

本文为中国石油大学（北京）引进人才科研项目"现代知识分子的意识形态困境"（2462017YJRC004）和"读者对叙事特征阅读反应的实验性研究"（2462017YJRC006）的阶段性成果，得到中国石油大学（北京）引进人才科研启动基金的经费支持，作者谨致谢忱。

本文受益于《现代传记研究》匿名评审人提出的修改意见，作者谨致谢忱。

Our acknowledgement and gratitude go to the research project "The Ideological Dilemma for Modern Intellectuals" and "An Empirical Study of Reader Responses to Narrative Features" sponsored by China University of Petroleum-Beijing.

We are grateful to the editor of *Journal of Modern Life Writing Studies* and the anonymous reviewers for their suggestions and comments.

## 注释【Note】

文中引用的莫理循游记均译自 G.E.Morrison. *An Australian in China：Being the Narrative of a Quiet Journey across China to Burma*. London：Horace Cox Windsor House，1896.以下随文注出页码。

## 引用文献【Works Cited】

Batten，Charles L. Jr. *Pleasurable Instruction：Form and Convention in Eighteen-Century Travel Literature*. Berkeley：University of California，1978.

Cooke，Simon. "Inner Journey：Travel Writing as Life Writing." *The Routledge Companion to Travel Writing*. Ed. Carl Thompson. New York：Routledge，2015. 54-71.

Fussell，Paul. *Abroad：British Literary Travelling Between the Wars*. Oxford：Oxford University Press，1980.

Ho，Janice. "The Spatial Imagination and Literary Form of Conrad's Colonial Fictions." *Journal of Modern Literature*，30.4(2007)：1-19.

Morrison，G.E. *An Australian in China：Being the Narrative of a Quiet Journey across China to Burma*. London：Horace Cox Windsor House，1896.

莫理循：《清末民初政情内幕：〈泰晤士报〉驻北京记者袁世凯政治顾问乔·厄·莫里循书

信集》（上册），骆惠敏编，刘桂梁等译. 上海：知识出版社，1986 年。
[Morrison, G.E. *The Correspondence of G.E.Morrison*. Vol 1. Trans. Liu Guiliang et al. Ed. Luo Huimin. Shanghai: Knowledge Press, 1986.]
Nixon, Rob. *London Calling：V.S. Naipaul, Postcolonial Mandarin*. Oxford: Oxford University Press, 1992.
西里尔·珀尔：《北京的莫理循》，窦坤等译. 福州：福建教育出版社，2003 年。
[Pearl, Cyril. *Morrison of Beijing*. Trans. Dou Kun et al. Fuzhou: Fujian Education Press, 2003.]
萨义德：《东方学》，王宇根译. 北京：生活·读书·新知三联书店，1999 年。
[Said, Edward. *Orientalism*. Trans. Wang Genyu. Beijing: SDX Joint Publishing Co., 1999.]
Thompson, Carl. *Travel Writing*. New York: Routledge, 2011.

# 邝丽莎家族回忆录《百年金山：我的美籍华人家族奋斗史》中的身份话语

## 褚夫敏

**内容提要**：《百年金山：我的美籍华人家族奋斗史》呈现了美籍华人的种族、政治和性别诉求，蕴含着邝丽莎对华裔身份的独特思考。邝丽莎认为只有正确认识自己的华裔身份，华人才能摆脱"空心竹子"的精神困境。她直面种族歧视，重述华人的历史贡献，为其政治身份正言。在性别身份书写中，邝丽莎表现出双重抵抗的话语特点，华裔女性不仅受到男权制的束缚，更遭受种族主义压迫。邝丽莎在该回忆录中表现出对殖民话语的解构与颠覆，但也流露出一定的东方主义想象，存在边缘书写的话语局限性。

**关键词**：邝丽莎　华裔　身份　话语

**作者简介**：褚夫敏，山东师范大学博士生，枣庄学院外国语学院副教授，加州州立大学访问学者。主要从事美国华裔文学、比较文学研究，近期发表了《回望与自塑：华裔美国作家的小说创作》(《中国社会科学报》，2017年12月4日)、"Chinese Narrative and Space Politics: Shanghai in *Shanghai Girls*"(《学术界》，2018年第1期)等。

**Title**: The Identity Discourses in Lisa See's Family Memoir *On Gold Mountain: A Family Memoir of Love, Struggle and Survival*

**Abstract**: *On Gold Mountain: A Family Memoir of Love, Struggle and Survival* reveals Chinese Americans' appeal in ethnicity, politics and gender. It indicates Lisa See's special concerns about the identity of Chinese Americans. Lisa See believes that Chinese Americans should accept their ethnic identity. Only in this way could they get out of the spiritual dilemma of "hollow bamboo". She depicts the racial discrimination suffered by Chinese Americans, reclaims their contributions in history and confirms their political identity. As for gender identity appeal, Lisa See avers that women have to demonstrate double resistance as they are not merely victims of patriarchal system, more importantly, they are the victims of racial persecution. In this family memoir, Lisa See deconstructs and subverts the colonial discourses, meanwhile revealing some Oriental imagination. So there are some limitations in her marginal writing.

**Keywords**: Lisa See, Chinese Americans, identity, discourses

**Chu Fumin**, Associate Professor of English in School of Foreign Languages at Zaozhuang University, China, is a doctoral candidate at Shandong Normal University. She was a visiting scholar at California State University, Chico, USA. Her research concerns Chinese American Literature and comparative literature. She is the author of "Retrospecting and Self-shaping: The Novel Writing of Chinese American Writers" (*Chinese Social Sciences Today* 12/4 2017) and "Chinese Narrative and Space Politics: Shanghai in *Shanghai Girls*" (*Academics* 1 2018). E-mail: 1602571578@qq.com.

邝丽莎（Lisa See，1955— ），有1/8 中国血统。虽然金发碧眼，但她一直坚持自己的华裔身份，对中国有着深厚的情感，对其华裔家族充满荣誉感。发表于1995 年的家族回忆录《百年金山：我的美籍华人家族奋斗史》(*On Gold Mountain: A Family Memoir of Love, Struggle and Survival*)（以下简称《百年金山》）是其第一部作品。之后，她又陆续发表《雪花与秘密的扇子》(2005)、《恋爱中的牡丹》(2007)、《上海女孩》(2009)、《乔伊的梦想》(2011)、《中国娃娃》(2014)、《哈名波德巷的茶姑娘》(2017)等九部作品。邝丽莎的作品在美国有着较大的影响力，根据其作品衍生的展览以及影视片均受到热评。1989 年，邝丽莎应姑妈西茜的要求开始为写回忆录搜集家族资料，历经6 年写成。翔实的史料、学院派作家细腻的笔触以及其记者生涯独有的视角和对客观真实的职业追求，使得该回忆录一出版就好评如潮，荣登畅销书榜，被《纽约时报》列为优秀读物。

家族回忆录（family memoir）也称"跨代或多代自传/传记"（Davis 2），是一种特殊的传记类别。著名传记学研究学者杨正润在其《现代传记学》中将回忆录列为"亚自传","一种非正式的自传"(417)。邝氏家族是20世纪美国西海岸最显赫的华裔家族之一。《百年金山》将家族五代人艰辛困苦、奇迹迭现的创业故事娓娓道来,配以近百幅珍贵影像,有力呈现了邝氏家族百年来的沧桑记忆。该回忆录共六部分,二十一章。第一部分(1—3章)记录了家族第一代高祖父邝当和第二代曾祖父邝泗如何来到美国,经过五年的漂泊,在充斥着种族歧视的美国社会谋生并开创事业,同时讲述了邝泗与白人蒂茜的结合。第二部分(4—7章)主要回忆了邝泗与蒂茜搬到洛杉矶后事业的蒸蒸日上和家庭岁月。第三部分至第五部分(8—19章)讲述了家族第三代,即邝泗和蒂茜的五个儿女——米尔顿、雷、本尼、埃迪和西茜的故事,他们的生活、困惑、创伤、感情以及事业。第六部分(20—21章)为作者自传部分,邝丽莎回忆了她所接触到的家族成员的人和事,以及1991年回到中国故乡时的所见所闻。在这部回忆录中,邝丽莎通过叙述代际发展的过程揭示了一系列历史文化问题,反映了美国华裔的历史和现实。该回忆录不仅具有"作为社会宣言和历史文献"(尹晓煌 57)的意义,还呈现了美籍华人的种族、政治和性别诉求,蕴含着作家对华裔身份的独特思考。

## 一、《百年金山》中的族裔身份话语

在族裔身份诉求上,邝丽莎认为,美籍华人只有正确认识自己的华裔身份,并积极寻求两种文化中的平衡,才能摆脱"空心竹子"的精神困境。在该部回忆录中,大部分家族成员的华人身份意识十分明确,他们对祖辈所属的中国有亲近之情。邝丽莎虽然只有1/8中国血统,但她在根源上认同中国,有很深的中国情结。在该回忆录中,邝丽莎声称"尽管我在体格和相貌上不像中国人,和我祖母一样,我在心里是中国人"①(See 5)。在邝丽莎4岁的时候,父亲理查德和母亲卡罗琳(白人)离婚,她跟随母亲生活,居无定所。每到放假,邝丽莎就会来到唐人街的邝氏大家庭。浓厚的家庭氛围和祖父祖母的疼爱,使她感受到了家的温暖。与母亲漂泊的生活相比,唐人街是她儿时的天堂。"一直以来,我心灵深处的家园是邝泗公司,我的祖父埃迪和祖母

斯特拉是我情感的港湾。西茜和吉尔伯特就像童话里的教父和教母。"(401)

曾祖母蒂茜和祖母斯特拉均为美国白人，但在她们内心，都已成为华人。在21年的婚姻生涯中，蒂茜让所有的节日，无论是美国的还是中国的，都充满欢乐的气氛。春节来临时，蒂茜会让孩子们在一片爆竹声中把灶王爷送到天上，他们把门神贴在公寓和店铺的大门上，把写满良好愿望的红纸贴在墙上。跟随丈夫回中国探亲时，她感到"像统舱的游子一样，她正在回到自己的祖国。除了那些特殊的美国节日，她很少想到自己是一个白人。与丈夫和孩子们一样，她是中国人"(133)。祖母斯特拉也是白人，她初次到埃迪家看到一家人爱意融融坐在一起吃饭的情景，便有一种"使她着迷、某种欲罢不能、令人陶醉的东西笼罩着她——是什么呢？有一点斯特拉是肯定的。她从来没有到过如此美好、如此神秘的地方"(172)，并决心尽一切努力永远留在那里。婚后，斯特拉收起自己带有镶边小圆孔的紧腰服装，穿着黑裤子和宽松的裙子，总是佩戴一件漂亮的中国首饰。她像中国女人一样煲汤，遵循中国的礼节给新娘送"利是"，在战时她像中国人一样佩戴证章，她一直在尽力做一个有体统的中国儿媳妇。

邝丽莎称之为"童话里的教父和教母"的西茜与吉尔伯特，二人都是在美国出生长大的华裔，但都是恪守中国传统孝道和注重家族荣誉的华裔。他们吸取中国文化中优秀的东西，也吸取美国文化中优秀的东西，把这两种文化杂糅在一起。西茜美丽、善良、有能力，对亚洲艺术和饭店业了如指掌。更重要的是，西茜恭顺，遵循孔子思想中的孝道，严守家庭习俗。因此，她不仅收获了梦想的爱情、美满的家庭，还获得了事业上的成就。整个50年代后期和60年代，西茜和吉尔伯特都非常活跃。西茜不仅是中国妇女俱乐部的主席，还经营着三家商店。吉尔伯特没有辜负母亲极高的期望，成了唐人街有名的建筑师，非常受人尊重，还当了华美银行董事会的董事。

祖父埃迪是最具"中国性"的一个，一生都在后悔没有留在中国。对埃迪来说，家庭第一。中国传统观念里的家庭，包括他的哥哥和妹妹，还有同父异母的弟弟妹妹们意味着一切。即使对父亲的背叛心存不满，他仍然尽着孝道经常去看望陪伴父亲及他的第二个家庭，为他们做些力所能及的事情。

家族传奇的创立者,曾祖父邝泗虽然实现了他的"美国梦",但他始终视美国为他乡,叶落归根的渴望伴随他一生。刚踏上金山时,邝泗也像美国富人那样装扮自己——穿西装、西式礼帽、白衬衣和领带。但在取得成功之后,邝泗就变得非常具有中国风格。他丢掉西服,换上中式长袍,脱下皮鞋,换上自己店里销售的舒适的布鞋。

与身份认同相关的还有名字问题。中国传统文化有着根深蒂固的血统观念和与之相关的姓氏制度。邝氏家族五代成员一出生都有中文名字,并能讲出自己名字的含义甚至来历。邝氏家族对中文名字的重视与保留,也表明了对中国根源的认同。对华裔族群来说,其身份认同的程度还取决于他们对中国文化的理解。在邝丽莎笔下,华人劳工们干净整洁,不喝烈性酒,有着久远的喝茶的历史,他们总是准时到达工作地点,不拖延,不懒散。邝丽莎对神奇的中医还进行了热情的描述。高祖父邝当,作为草药医生,接受过数千年来形成的中医的训练,对白人的医术不屑一顾,还亲自治愈了蒂茜的天花。演员黄柳霜在中国短暂的十个月中找到了"一种宁静,一种源于理解生命的内在的平静"(253)。于是,她的一生都在思念中国,因为在中国,她身上的某些失去平衡的东西找到了和谐。在邝丽莎笔下,中国不仅是祖宗发祥地,也是文明的发源地,有着悠久的文明和优秀的文化。美籍华人身份诉求过程不是二元对立的分裂,而是一个中西兼容、杂糅并存的过程。

## 二、《百年金山》中的政治身份话语

在政治身份诉求上,邝丽莎直面美国华人所遭受的种族歧视,重新陈述他们的历史贡献,证明华人在美国的历史合法性。华人移居美国已有一百多年的历史,为美国社会的发展做出了巨大的贡献,而他们一直受到不公正的待遇。在种族歧视的美国社会里,早期华人移民建设美国的历史被美国主流话语所遮蔽。作家以自己的话语方式对某段抹杀的历史进行重新书写,是对以往叙事话语的解构与颠覆。在《百年金山》中,邝丽莎揭示了整个华裔族群尤其是早期华工的真实历史,再现了19世纪中后期至20世纪美国主流话语中的排华事实，解构了美国主流社会霸权话语下对美国华裔历史的遮蔽，还原了美国华人所遭受的不公正待遇及创伤。

美国州际铁路修建之前，人们要冒着感染黄热病、霍乱和死亡的危险，花费六到九个月的时间才能到达西部进行西部开发与冒险活动，州际铁路把路程缩短为一个星期，更为重要的是改善了旅行条件，使人们安全、健康地到达目的地。州际铁路的修建，华工做出了重大贡献，因为铁路线上的工人中1/10是中国人，他们吃苦耐劳，在崇山峻岭中披荆斩棘，修建这一横跨美洲的铁路。"他们像鼹鼠一样住在洞里。他们开挖四十英尺厚的雪堆，继续铺设铁轨，雪崩把人们卷走，洞穴坍塌了。工程仍在继续。春天到来，冰雪融化，裸露出来的人们仍然站在那里，手里握着工具。"（9）他们用血汗甚至生命铸就了美国人的梦想，而州际铁路竣工拍照时，他们却遭到工头们的驱赶。这些华工中有许多人留下来继续开垦萨克拉门托三角洲的土地——即使今天，他们仍在开垦美国各地的农业用地。走到美国西部的任何地方，不仅能找到那些无处不在的中国餐馆，而且也能找到那些被遗忘的东西——中国墙、中国峡谷、中国港湾和中国营地。然而，这些贡献都没有得到美国主流话语的承认和关注。

邝丽莎不仅书写了华工的历史贡献，还对排华事实进行了无情地揭露。1862年，加州州长利兰·斯坦福在就职演说时对中国进行污蔑和拒斥，"拥有众多人口的亚洲把他们当中的渣滓送到了我们的海岸。我们要通过一切法律手段来阻拦一个劣等种族的人在我们中间定居"（8）。1882年，《排外法案》颁布后美国主流媒体对中国人形象的歪曲变本加厉，"美国将自己作为中心，以强烈的种族优越感和自我中心意识，丑化中国，使中国形象带上明显的漫画特征"（姜智芹，《美国的中国形象》 6）。"辫子变成了毒蛇，漂亮的眼睛被画成了拉长的畸形的眼睛，牙齿被改成了吸血鬼的獠牙。华人同胞们被描述成未开化的人和野蛮人——残暴、好色、肮脏而又不健康，他们到处传播令人憎恶的疾病。"（43）加州通过法律禁止颁发白人和黑人、黑白混血儿和黄种人的结婚证书。"如果中国人要与我们的人民融为一体，这将是与最卑劣、最邪恶的人融为一体，也是我们种族的堕落。这种融合的结果将是最卑鄙的杂交，让世界备受折磨、最令人憎恶的杂交。"（43）在一些城市，中国儿童不能与白人儿童同校；中国人不允许购置土地；有些法律甚至对雇用中国劳工的企业进行惩罚。中国人做生意一开始盈利，白人就会通过立法剥夺他们的利润——通过法律限制捕虾网具的尺寸，通过法律禁止天黑后熨烫衣服，通过法律禁止中国人去抽彩等。邝丽莎在作品中指出："这些荒谬的法律不仅作为一种经常性的、令人讨厌的迫害手段，而且还拒绝给予华人那些把欧洲移民吸引到美国海岸的最基本的权利。"（43）邝泗和蒂茜的五个孩子在美国学校读书期间一直受到排外的影响，从来没有受到过邀请和其他的美国孩子们一起玩耍。

华人尤其是早期华工，在恶劣的自然条件下，以华夏子孙特有的顽强与隐忍，书写了在美华人苦难而传奇的历史，对美国的西部大开发做出了不可磨灭的贡献，他们完全不是美国主流作家笔下对中国人的种族定型。文学作品的最高道德取决于作者能否以"不偏不倚观察者的身份揭示善之美和丑之恶"（Stang 76）邝丽莎没有像一些描写华人的作品那样，刻意描写异国风情，而是通过钩沉被掩盖和歪曲的历史，真实再现美国华人生活的真实境况，直面他们所遭受的种族歧视，重新展现他们在美国历史发展中所做的巨大贡献，证实华人在美国的历史合法性。

## 三、《百年金山》中的性别身份话语

在性别身份诉求上，邝丽莎对华裔女性的书写表现出双重抵抗的话语特点，华裔女性不仅受到男权制的束缚，更遭受种族主义压迫。关注女性、为女性发声是邝丽莎一以贯之的书写原则。回忆录作为一种文学形式，不仅仅是表意的符号，还是一种具有文化、政治和性别诉求等蕴涵的话语。20 世纪 60 年代，随着民权运动的不断发展，女权主义运动随之风起云涌，女性权益诉求日益受到关注。在种族歧视的美国社会中，华裔女性不仅感受到中国父权制和美国男权主义带来的压迫，更让她们窒息的是种族的压迫。因此，正如华裔学者周爱华（Esther Chow）所说："华裔女性更愿意团结在族群中，改善整体的生活状况，而不仅仅只是强调女性自身的问题。"（Chow 362）由于西方主流话语对中国女性和中国文化长期的偏见，他们创作的往往是中国父权制压迫下华人弱女子的悲惨命运的故事，而忽视对美国社会种族歧视的批判。邝丽莎在《百年金山》中将批判的矛头不仅指向中国封建男权制，同时指向美国的种族歧视和性别歧视。

华裔演员黄柳霜一个人支撑着全家人的开销，并供养弟弟完成学业，但她仍得不到家人的谅解。家人以她的职业为耻，视她为交际花。在第 14 章"黄柳霜的墓中呓语"中，邝丽莎以黄柳霜自叙的视角写道："作为一个像奴隶一样工作的姑娘，我是美丽的。"（252）黄柳霜十分美丽，身材丰满匀称，不仅富有魅力，还充满热情，可她在美国找不到体面的工作，只好做了演员。她想成为一个明星，却只能扮演残暴、奸诈、冷漠无情的角色，扮演被所有美国人歪曲了的中国人的形象，她在电影里总是以死告终，仿佛"哀婉动人地死去是她最会演的"（249）。1932 年，从正面表现中国人的赛珍珠普利策奖获奖作品《大地》拍摄电影时，黄柳霜兴高采烈，但制片厂只让她出演王龙的小老婆荷花，一个反面人物，电影男女主角都由没有一点儿中国血统的白人主演。黄柳霜一直单身，她找不到愿娶她的男人。白人不会娶她，因为她是中国人，本族人也不会娶她，因为她已经太美国化了。

在这部厚重的回忆录中，邝丽莎还提及了唐人街妓女，虽然着墨不多，但令人印象深刻。唐人街"除了孤独的，面色苍白的、从狭小的、装着铁栏的窗口向外看的妓女外，几乎看不到其他女人"（7）。19 世纪末，加州几乎所有的中国女人都是妓女。身为妓女的这些女人们过着完全没有自由的牢笼般的生活：饮食恶劣、整日困在"小屋子"里终日不见阳光。尽管鉴于不同的姿色与命运的安排，她们的物质生活有所差别，但在精神生活上她们都是美国城市中极其孤独的一个群体，在社会生活上她们是被边缘化的最无助最卑微的她者。那个时期，女性，即使是美国白人，在城市也是很难找到工作，更遑论遭受种族和性别双重歧视的华人女性了。邝丽莎的曾祖母——朴实勤劳的美国白人莱蒂茜走遍了整个城市，都找不到工作。她曾经以为对她来说成为一个有工作、有男友、最终有丈夫的城市姑娘并不难，但没过多久她就发现没有人想要雇用她。绝望中的她才来到唐人街，走进了邝泗的萃安公司。凭借自身的智慧、语言优势和坚持最终打动邝泗，获得了一份工作。坚强、勤劳的白人莱蒂茜在城市谋生都如此之难，可想而知，一个华人女性在城市谋生的艰难程度。早期来到美国的华人女性文化水平低，没有技术，不懂英语，在劳务市场上毫无竞争力。

## 四、邝丽莎在《百年金山》中身份书写的话语局限性

邝丽莎在该家族回忆录中表现出对殖民话语的解构与颠覆，但也流露出一定的东方主义想象，存在边缘书写的话语局限性。回忆录以及传记的书写虽不像文学作品那样随心所欲，但也不像历史著作那样客观真实。它介于文学与历史之间，具有介于真实与虚构之间的独特的"叙事间性"（陈茜 82）。对于自传作品中的"真实"与"虚构"的关系，理论家大多同意自传是"以作者自认为真实的事实写成"（徐颖果 319—330）。其实，任何回忆都会有偏差，所有生命和生活的再现都是一种选择与提炼加工的产物。每一种传记作品中都存在上述叙事间性，因为任何一位传记作者都无法做到完全客观真实地进行呈现。传记作者所呈现的只能是相对的真实。合理的虚构是传记作品必不可少的组成部分。"一切历史都是当代史，传记'纪实传真'的标准也处在不断变化之中，从'无一事无出处、无一字无来历'的要求，到允许合理运用想象，文学传记取代简略的年谱或传略形式成为主流，这是传记发展的必然结果。"（杨正润，《莎士比亚传记：传统话语的颠覆》 19）邝丽莎本人在《百年金山》中也承认，她所表达的是一种经过自己的心智、自己的经历和自己的研究"过滤了的真相"（xxi）。

邝丽莎的东方主义想象体现在其对旧中国农村贫穷落后、封建粗俗的浓墨渲染上。邝当的二老婆在很小的时候被父母卖到美国做妓女。贫困的家庭为"相当于五美元的价格"（17）就把自己的女儿卖掉。邝当二老婆回到故乡后的第二年就吞金自杀了，因为她"已经习惯了白鬼们的方式——他们的声音、他们的身体、他们的服装、他们的饭菜。她记不得乡村的生活方式——贫困、粗鲁，还有闲言碎语"（30）。邝当认为"把在萨克拉门托的文明之中生活了似乎是一生之后的二老婆带回一个落后的乡村，是一个错误"（30）。

《百年金山》一定程度上还流露出美国白人的优越性。蒂茜跟随邝泗回到故乡后,邝泗的第一任妻子杨氏被打发走开,蒂茜不仅得到了公公婆婆的高度认可,而且无论走到哪儿,"她都受到尊敬,人们回答她的问题时犹如她是女王"(77)。蒂茜的智慧、亲和力和魅力,还吸引了一批白人,尤其是理查德·怀特,他们的情谊从不要求回报。怀特衣冠楚楚,品德高尚,因喜欢蒂茜而真心实意地帮助她,一次次将中国古玩赠送给蒂茜,告诉她商机所在。在怀特的点化下,蒂茜总能心领神会,而邝泗却总是犹豫不决,表现出保守守旧的个性。

作为邝氏家族的第五代成员,其族裔身份和中美血脉使邝丽莎对中国有一定的亲和力,也更多一些了解。家族荣誉感和华裔认同感激发了她对中国的情感。但她首先是一名美国人,其对自己国家美国的热爱是由衷的。"写作回忆录和自传一样,作者总是突出自己最看重的身份。"(杨正润,《现代传记学》 428)

此外,文学作品获得广泛认可的重要标志就是成为文学经典,而美国华裔文学的经典化过程要面对来自西方文学经典和西方意识形态等方面的挑战。萨义德在《东方学》中指出,东方是欧美文化的竞争者,是西方文化中"最深奥、最常出现的他者形象之一……历史总有着各种各样的沉默与省略,总有着被强加的形塑和被容忍的扭曲"(Said 2—5)。遥远的东方国度——自古以来不仅代表着罗曼司、异国情调、美丽的风景,还代表着落后、愚昧,不为西方所理解的一面,西方国家对中国难免存在着"脱离中国历史文化语境的想象性解读、误读和误释"(姜智芹,《中国当代文学海外接受中的解读偏好》 189)。因此,西方意识形态和主流社会的阅读期待对邝丽莎的写作也起着无形的作用,二者之间存在着一种潜在的合谋。

在《百年金山》中,第四代华裔作家邝丽莎以女性的独特视角,以独立宽宏的人生姿态和对多元文化的执着追求,秉承华裔身份认同和祖籍国——中国根源认同,建构了美国社会语境下不同于主流社会的美国华人对抗性历史,探讨了华裔族群尤其是华裔女性的自我存在和身份认同问题,塑造了与美国主流话语不一样的华裔族群,"构建出中国形象的不同侧影"(姜智芹,《中国当代文学海外传播与中国形象塑造》 4)。其家族回忆录的书写虽然存在着"边缘书写"的话语局限性,不像大陆出身的华裔作家的自传体作品更能向西方读者呈现一个更加真实具体的当代中国图景，但她跨越一百二十余年的华裔家族叙事显然比第二代、第三代华裔作家汤亭亭、谭恩美等在更广、更深的层面触及到了华裔族群的历史与现实处境，既"书写了'寓言'——华裔成功打入商海的美国神话，也体现了'创伤'，还揭示了'文化混杂者'的夹缝人生真相"（宋晓英 115）。因此，邝丽莎在家族回忆录中的书写有对华裔自传、传记文学写作传统的继承，更有创新与超越，进一步丰富了华裔自传、传记文学写作谱系。

## 致谢【Acknowledgement】

本文为山东省社会科学规划项目"美国华裔文学中的中美城市形象对比研究"（18DWWJ13）、山东省高等学校人文社会科学研究基地枣庄学院文化研究与传播中心资助阶段性成果，得到山东省社会科学规划管理办公室的经费支持，并受益于《现代传记研究》编辑和匿名评审人提出的修改意见，作者谨致谢忱。

My acknowledgement and gratitude go to the research project "Comparative Study of Urban Image of China and America in Chinese American Literature" sponsored by Shandong Provincial Social Science Managing Office and the Cultural Research and Communication Center of Zaozhuang University, the Research Center for Humanities and Social Science, Shandong Province. I am also grateful to the editors of *Journal of Modern Life Writing Studies* and anonymous reviewers for their suggestions and comments.

## 注释【Note】

① 本文所引出自华裔作家 Lisa See 的 *On Gold Mountain: A Family Memoir of Love, Struggle and Survival*（London: Bloomsbury Publishing Plc, 1995），同时参照该回忆录的中译本，《百年金山：我的美籍华人家族奋斗史》，王金凯译（桂林：广西师范大学出版社，2010年），以下只随文注出页码。

## 引用文献【Works Cited】

陈茜：《历史性与文学性之间——评〈艾丽斯·门罗：书写她的历史〉》，《现代传记研究》第5期。北京：商务印书馆，2015年。第77—85页。
[Chen Xi. "Between Authenticity and Literariness: Reading Her Lives." *Journal of Modern Life Writing Studies* 5(2015): 77-85.]
Chow, Esther. "The Development of Feminist Consciousness among Asian American Women." *Asian American Women and Gender*. Ed. Franklin Ng. New York: Garland Publishing, Inc, 1999. 362-370.

Davis, Rocio G. *Relative Histories, Mediating History in Asia American Family Memoirs*. Honolulu: University of Hawaii Press, 2011.

姜智芹:《美国的中国形象》。北京:人民出版社,2010 年。

[Jiang, Zhiqin. *The Image of China in America*. Beijing: Chinese People's Publishing House, 2010.]

——:《中国当代文学海外接受中的解读偏好》,《中国比较文学》,2015 年第 3 期,第 187—194 页。

[——. "The Interpreting Preferences of Contemporary Chinese Literature Overseas." *Chinese Comparative Literature* 3(2015):187-194.]

——:《中国当代文学海外传播与中国形象塑造》,《小说评论》,2014 年第 3 期,第 4—11 页。

[——. "The Overseas Communication of Chinese Contemporary Literature and the Construction of the Image of China." *Novel Commentary* 3(2014):4-11.]

爱德华·W. 萨义德:《东方学》,王宇根译。北京:生活·读书·新知三联书店,2007 年。

[Said, Edward W. *Orientalism*. Trans. Wang Yugen. Beijing: SDX Joint Publishing Company, 2007.]

邝丽莎:《百年金山:我的美籍华人家族奋斗史》,王金凯译。桂林:广西师范大学出版社,2010 年。

[See, Lisa. *On Gold Mountain: A Family Memoir of Love, Struggle and Survival*. Trans. Wang Jinkai. Guilin: Guangxi Normal University Press, 2010.]

——. *On Gold Mountain: A Family Memoir of Love, Struggle and Survival*. London: Bloomsbury Publishing Plc, 1995.

宋晓英:《"边缘"的深度和广度——北美华人女性自传体写作谱系研究》,《现代传记研究》第 5 期。北京:商务印书馆,2015 年,第 115—125 页。

[Song, Xiaoying. "The Depth and Breadth of 'the Margin' in the Autobiography of the Northern-American Chinese Women." *Journal of Modern Life Writing Studies* 5(2015):115-125.]

Stang, Richard. *The Theory of the Novel in England 1850-1870*. Oxford: The Clarendon Press, 1959.

徐颖果:《关于自传的真实性》,《美国文学研究》(第四辑)。济南:山东人民出版社,2008 年,第 319—330 页。

[Xu, Yingguo. "The Authenticity of Autobiography." *American Literature Studies* 4 (2008):319-330.]

杨正润:《现代传记学》。南京:南京大学出版社,2009 年。

[Yang, Zhengrun. *A Modern Poetics of Biography*. Nanjing: Nanjing University Press, 2009.]

——:《莎士比亚传记:传统话语的颠覆》,《现代传记研究》第 10 期。北京:商务印书馆,2018 年,第 6—20 页。

[——. "Shakespeare Biography: Subverting the Traditional Discourse." *Journal of Modern Life Writing Studies* 10(2018):6-20.]

尹晓煌:《精编美国华裔文学史》,徐颖果译。天津:南开大学出版社,2016 年。

[Yin, Xiaohuang. *A New Chinese American Literature History*. Trans. Xu Yingguo. Tianjin: Nankai University Press, 2016.]

# 空间诗学视角下的生命叙事
## ——论房伟的《王小波传》

王布新

**内容提要**：王小波是当代文坛最富才情与争议的重要作家，为其书写传记既是作家经典化的一种体现，也是深度理解和阐释其作品文学价值的一种重要路径。房伟的《王小波传》突破以往作家传记的书写模式，在现代性的意义上引入文学地理学研究视角，从王小波人生经历中抽取出"革命北京"和"后革命北京"两个文化空间，在"家园式"自我体认与"他者化"异域空间的裂隙与张力中，还原传主的生活真实、精神困境及其对文学创作的影响。同时，房伟还在期刊、纸媒与网络等后现代性的文化空间中，考察了媒体对王小波神话的话语生产，揭示出王小波文学的经典化品质与当下性价值，在穿透性和超越性的生命叙事意义上，完成"文学家"王小波的形象重构。

**关键词**：《王小波传》 空间诗学 身份焦虑 生命叙事

**作者简介**：王布新，苏州大学博士研究生，连云港师范高等专科学校讲师，主要研究方向为中国当代文学与文化。近期代表性成果：《文学史"过渡状态"中的文艺界"拨乱反正"——以1975—1983年为论述中心》(《现代中文学刊》，2018年第3期)。

**Title**: The Life Narrative Examined from the Perspective of Space Theory: The Case of Fang Wei's *A Biography of Wang Xiaobo*

**Abstract**: Wang Xiaobo is one of the most talented and controversial writers in China. The literary biography of this writer is an important approach for literary study, which may enhance the deep understanding and interpretation of the literary value of his works. Fang Wei's *A Biography of Wang Xiaobo* breaks through the conventional writing mode of literary biography and puts Wang's life story into the sphere of literary geography in the sense of modernity. The extraction of such two cultural spaces of "Revolutionary Beijing" and "Post-Revolutionary Beijing" is designed to restore the life truth, spiritual plight and its influence on Wang Xiaobo's writing in the rift and tension between the "home-like" self-recognition and the "othering" exotic space. Meanwhile, Fang examines how, in the postmodern cultural space of magazies, print media and internet, the discourse in mythifying Wang Xiaobo was produced, revealing the current value and the classic quality of Wang's oeuvre. Fang reconstructs the image of Wang Xiaobo, "the man of letters", in the sense of his penetrating and transcendental life narrative.

**Keywords**: *A Biography of Wang Xiaobo*, space theory, identity anxiety, life narrative

**Wang Buxin**, is a PhD candidate in School of Humanities at Soochow University. He is also Lecturer at Lianyungang Normal College. His research interest is contemporary Chinese literature and Chinese culture. He is the author of "Putting Things Right in the 'Transition' of Literature: with a Focus on 1975-1983" (*Journal of Modern Chinese Studies* 3 2018). E-mail: shuixiangyouzi@163.com.

一

王小波是当代文坛最具争议与最富才情的"另类"作家之一，1952年出生于北京的革命知识分子家庭，属于比较典型的与共和国一同降生的一代。"小波"之名本身就标示着从王小波出生起，他的家庭就带着知识分子的"原罪"进入到第二次红色革命时期。他少年时代在教育部的家属大院中长大，见证了革命宏大叙事的高潮与落幕，也自然而然成为红卫兵和上山下乡的知识青年。恢复高考后，他两次参加考试，并就读于父亲工作的单位中国人民大学。在20世纪80年代初期国家逐步放开公费与自费留学时，王小波和妻子李银河又先后赴美留学。如果说此阶段的人生经历并没有什么特别的话，那么王小波1988年归国后以家属身份到北京大学社会学所工作，同时开始创作以20世纪60年代中期至70年代为背景的小说，以大胆的性爱解构宏大革命叙事的鲜明风格，则显示了他文学创作的"异质"。《黄金时代》在获得台湾《联合报》大奖后，王小波的小说开始进入媒体和大众阅读视野，他也被媒体命名为"文坛外高手"。在20世纪80年代向90年代时代转换的背景下，王小波协助妻子开展同性恋亚文化的田野调查研究，在取得开拓性成果的同时，他们组建和坚持的"丁克家庭"则凸显了他思想的"前卫"。1993年，王小波正式辞去教职成为自由撰稿人，撰写了大量富有现实批判精神的杂文，以"减熵"为目标介入社会现实，彰显了他特立独行的"个性"。然而，王小波的"异质""前卫"和"个性"并没有让他获得主流文坛的认同。最后，落寞的"家庭囚徒"在偶然的猝死事件中，成为爆裂文坛的文化冲击波。"浪漫骑士、行吟诗人、自由思想者"王小波，最后一次以"死亡"的方式或仪式，展现其人生与文学的"另类"与"悖论性"。

为这样一位生活充满了戏剧化和传奇性的作家立传，看起来既具有故事性的厚度，又拥有文学性的价值。房伟的《王小波传》（修订版）就是在大量搜集资料、多次实地探查、多方采访询问的基础上，完成的已经成为"历史主体"的作家的生平叙事与学术评价。就传记写作主体与历史主体的关系而言，作家传记的写作过程也是著者与传主之间"对话与协合"的过程（杨正润 158），以生活经历复原与思想轨迹还原的方式，彰显传主的"个性与真实"（杨正润 4）。在这样的意义上，学者武歆认为："房伟对传主倾注了太多的情感，同时在情感喷涌之下，又不失学者的理智和严谨"，《王小波传》"文本与传主自身风格达成了默契的吻合，读来不仅引人入胜、轻松愉悦，又能令人掩卷思考"（112）。突出强调房伟的学者身份是准确的，在与王小波基本没有任何现实"关联"的情况下，他进行《王小波传》写作的难度可想而知。房伟十多年来的持续研究、思考与写作成书过程，正是学者应有的理性与理想精神的支撑。在《王小波传》中，著者在依据史料、回忆、访谈等材料的基础上，还大量征引了文学理论和学术界关于王小波的学术研究成果，通过扎实而让人信服的考证、论述，较好还原了王小波鲜活可感、真实可信的人生与思想历程。然而，就文学传记书写而言，还原传主的生活真实，本就是作家传记的应有之意。因此，更值得关注的是，作为学者和作家双重身份的房伟，在传记叙事中是如何参与文本书写与王小波形象重构的？换言之，在著者与传主同为小说家的身份认同基础上，《王小波传》是从怎样的角度、以怎样的方式完成文本叙事的？

《王小波传》没有沿袭按作家生平进行线性叙事的方法，而是引入了文学地理学的研究视角，从王小波人生经历中抽取出两个核心空间："如果认真考察王小波的创作轨迹，我们会发现有两个文学地理空间浸润并支撑起了王小波的文学创作的价值观、文学观、表现形态，即'革命北京'与'后革命北京'。"（房伟，《王小波传》 15）这两种文学地理空间之间蕴含的时代转型意味与历时性的文化变迁，是房伟展开王小波传记叙事的独特视角并贯穿始终。全书共分为九章，以"诗人之死"开篇，又以"诗人之死"结尾，第一章围绕"佛山陵园"和"追悼会大厅"两个文化空间，阐述王小波"死亡"事件的"另类"与"荒诞"。第九章围绕"期刊""纸媒""网络"三维文化空间，重释和反思王小波及其神话的生成。两者之间恰当地形成了相互呼应的序幕和尾声，第一章既是叙事意义上的悬念设置与作家生命叙事的预叙，也与最后一章形成了互文性的隐喻，以凸显王小波及其文学存在的双重悲剧意蕴。福柯曾提出，现代人的精神困境就是源自空间形式的整体造型和裂变："我认为造成目前的焦虑的原因，更多的是与空间有关，而不是与时间有关。时间多半可能只是作为被分摊在空间中的诸元素间某种可能分配的游戏出现。"（53）房伟正是在这个意义上，从王小波生活和战斗过的地方，提炼出福柯所指称的诸多"另类空间"，并从文化的角度在这些空间之间的张力与裂隙中，还原了王小波的生活真实和文学创作的嬗变轨迹。

## 二

作家自我身份的建构和自我认同、对生存困境的体认和突围，往往与作家的文学创作紧密关联，而这些又往往与作家的现实经历、情感生活和人生追求密切相关。在这样的思路下展开作家传记的书写，应该能够整体把握住传主的生活和精神脉络。《王小波传》的独特性在于，房伟从王小波生活空间的变换和转化中发现了裂隙和张力,并将其与王小波的自我身份、生活困难和精神困境联系在一起,重现了外表让人羡慕但又充满挣扎与落寞的有质地的生活,与王小波文学世界中营造和追求的诗意空间形成映照。

  作家的童年和少年时期经历,往往对后期文学创作有着重要影响。房伟立足革命的宏大叙事时代背景,在"革命北京"的时空中详细考察了"坏孩子"王小波的成长历程。1949年是北京作为"政治—文化空间"发生意义转换的重要时间节点,既是"旧帝都"的终结与"红色首都"的新设立,也意味着现代民族国家"革命的终结"与"一个世俗化革命现代时空"的生成(房伟,《王小波传》 19)。著者对北京城历史和王小波父母双方家庭历史的细致钩沉,并不是与传主无关紧要的闲笔,相反,这是王小波独特个性和文学风格形成的重要时代和家族背景。更重要的是,王小波的居住地点从成方街、到铁狮子胡同一号、再到林园楼、大木仓胡同北一号的变化,勾连出了在红色革命狂欢化浪潮中,革命理想主义与历史文化气息并置的异托邦空间的生存图景。正如房伟所言,这些空间既不是革命空间的同一,也不是革命空间的对立,"在它被中性化的外表下,展现出来的却恰是'革命之外'的中国近现代史的丰富和复杂性"(30)。王小波在这见证一代人哀荣的文化空间中成长,又在空间与权力游戏的缝隙中获得超然、叛逆的文化气质。很显然,革命知识分子家庭的出身和身份问题,是王小波被卷入革命浪潮的重要原因;同时,也正是因为这样的出身,才使得王小波及其家庭并未受到严重的革命伤害[①]。这既是王小波后来反思与批判中国知识分子的精神原点,也是其所追求的智慧、性爱、有趣的生命形态——尤其是隐藏其中的精英立场和中产趣味——的思想来源。

  如果说王小波对成方街、大木仓胡同等生存空间是一种"家园式"的自我体认的话,那么,他两次插队的云南德宏州弄巴农场、山东牟平青虎山村,则是一种"他者化"的异域生活空间。弄巴农场时期的王小波正处于少年时期,在革命的理想主义热情消退之后,生活枯燥、长期饥饿、情感生活缺失等,逐渐显露出插队这种革命生活残酷无情的一面。生活环境恶劣、偷东西吃、知青之间打架等青春记忆,王小波在很多小说和杂文中都有详细描写,却从未表达过认同。在对王小波第二次插队的青虎山村进行田野考察时，房伟以山东人特有的优势，身临其境地重走了当年王小波夜里迷路的乡间小路，想象王小波高瘦、孤单又倔强的身影。尽管王小波插队落户的张家，将正房向阳的最好房间拾掇出来给他住，但这并不能弥合王小波对革命北京与山东农村之间的差异性体认，王小波在《三十而立》中这样描述："天一热臭气冲天，白花花的蛆满地爬。"（4：79）对此，房伟感叹："虽然张家对王小波比较照顾，但王小波显然对农村生活缺乏准备。"（房伟，130）作为北京的下放知青，王小波多次以"病号"的方式请假回京。撕裂的空间性认知矛盾，让王小波一度消极和低沉，但这也初步开启了他对贫穷与智性生活的思考，以及早期的中短篇小说创作尝试，《绿毛水怪》《我在荒岛上迎接黎明》等即以此为生活原型。对王小波这种"他者化"插队空间体认方式的确认，有助于深度理解王小波追寻的辩诬逻辑智慧、对知青青春无悔话语的否认和批判。

  王小波结束知青生涯回京到赴美留学，是其从"后进青年"到"大学生"再到"留学生"完成人生蜕变的求索时期，也是其建立婚姻家庭生活的重要阶段。房伟在新旧时代转换、古都衰败然而又生机勃勃的"后革命北京"的空间中，展开王小波的情感生活和求学生涯的讲述。对于此时期的王小波而言，在摆脱"家园"与"他者"空间裂隙带来的生活困境之后，又陷入了后革命时代的身份焦虑。和北京其他身份类似的干部子弟一样，王小波是第一批红卫兵和上山下乡的知识青年，又在1976年之后成为第一批回城知青、大学生和留学生，在20世纪90年代又是第一批脱离公职的自由撰稿人。从显性、抽象的生活轨迹上看，很容易简单地将其理解为一位爱情与事业双丰收的"成功人士"。但细察著者的叙事可知，事情并不是这么简单。王小波在插队时期，因拒绝写革命文章向政治话语靠拢而未能成为工农兵大学生；1978年报考中央戏剧学院失败后，第二次参加考试才勉强考取中国人民大学的商品专业；1984年在妻子已经赴美留学两年、英语口语很差的情况下勉强拿到签证，却未能获得学习自己喜欢的数学、统计学的机会，机缘巧合地师从许倬云后才勉强修得文学硕士学位；归国后虽先后进入北大和人大工作，然而都是从事教辅性的工作。由此，房伟在两种身份的还原与对比叙事中，真实深刻地揭示了王小波光鲜生活外表下的身份焦虑和精神困境，为深入理解王小波小说和杂文的思想性和文学性，提供了重要的参照维度。

需要指出的是，美国作为另一种形式的"他者化"文化空间，对王小波来说至关重要。留学经历既拓宽了他的文化视野，也为他反观后革命时代的北京和中国，提供了重要的镜像化参照。与对待云南和山东的"他者化"文化空间不同，王小波对美国所代表的文化持有批判式的认同态度。房伟在叙事中这样评述：所幸，王小波并没有走向亲西方派与民族主义者的极端，这成为他将来创作的重要价值基础（188）。

## 三

王小波 1994 年在《我为什么写作》一文中说"到现在为止，我写了八年小说"（8：58），②可知王小波自己认为正式意义上进行小说创作是从 1986 年开始的。《王小波年谱初编》也认为王小波 1986 年"开始写作以唐传奇为蓝本的仿古小说（又称唐人小说）"（黄平、夏晓潇 26）。但《王小波传》将"1988 年到 1997 年"界定为王小波真正专业意义上的文学创作时间。这既与著者对王小波文学创作生涯的独特理解有关，王小波从 1988 年起才逐渐有正式的作品与大众读者见面；也与其选择从空间诗学视角叙述王小波传记十分契合，1988 年是王小波从美国回到北京的时间。

从美国留学回到北京后，王小波以家属身份进入北大工作，并开始了一手杂文、一手小说的文学创作。房伟在 20 世纪 80 年代与 90 年代文化转换的背景下，以多于之前章节两倍的篇幅，论述了持自由主义立场的"媒体化知识分子"王小波的形象。与其他以创伤叙述与历史控诉为主的知青文学不同，王小波的文学创作赓续了 20 世纪 80 年代启蒙文学的话语传统，又联系着 20 世纪 90 年代市场经济浪潮下的时代文化。"这一时期王小波的目光依然没有离开北京。无论是历史悠久辉煌的'帝都北京'，还是神圣浪漫却又混乱荒诞的'革命北京'，似乎都还存在"，"而祛除了话语魔力的北京，在市场经济大潮的冲击下，却日渐显现出第三世界后发现代国家的'后革命氛围'。"（房伟，《王小波传》 204）一方面，王小波的大部分小说都是"革命"叙事，以虚构和想象"革命北京"的方式，反思和批判集权思维的荒诞和对人性的压抑，追寻个体的精神自由和生命的欲望化张扬。《黄金时代》《我的阴阳两界》等小说，可以看作从北京出发走向历史时空的异域空间之旅，在这里，革命的神圣与疯狂遭遇性爱与性爱展示的彻底颠覆。《白银时代》《黑铁时代》《2015》等面向非现实时空的小说，则描绘了灰暗压抑而混乱的空间景观，"充满了福柯式的监狱意象"，死亡意识填满了主人公"王二"多重维度的生存空间。另一方面，王小波还应一些纸媒的邀请写了大量直面现实的批判性杂文，在《中国知识分子与中古遗风》《知识分子的不幸》《花刺子模信使问题》《道德堕落与知识分子》《理想国与哲人王》《一只特立独行的猪》《域外杂谈》等名篇中，王小波秉持精英知识分子的自由立场，对现实环境、社会文化、革命历史、国计民生等诸多问题展开尖锐批评，其中对专制的警惕、对信仰的怀疑以及重构智性主义价值观的阐述，具有重要的大众启蒙意义和文学价值。从房伟的叙述中可以看出，王小波的许多时事批评都是以美国文化为隐含参照的。但著者认为王小波又是始终清醒的，"说王小波拿美国人鄙薄中国文化，是没有道理的。对民族文化的批判，并不等同于丧失民族自尊心"（房伟，《王小波传》 205）。

从著者对王小波小说与杂文进行互文、互证式的评述中可以看出，王小波对历时性的"革命北京"与"后革命北京"、对共时性的"自我/中国"与"他者/美国"的思考与批判，意识形态维度始终是其论述与嘲讽的中心视域。这使得他既延续了新时期以来的启蒙主义精神谱系，又与20世纪90年代更为复杂的文化、消费语境保持疏离。王小波"对'信念'的所有否定性假设，都有一个体制的压制状态做背景，如果失去了这个前提，王小波立论的合法性就会发生动摇"（房伟，《王小波传》 248—249）。就其批判的指向而言，这个前提至今并没有失效，体制的压制在近二十年来并没有因为经济的快速发展而放松，反而以更加严密、隐蔽的规训形式变本加厉。这正是王小波杂文与小说文学价值的超越性的一面。问题在于，如果以重返20世纪90年代的历史现场的方式重新观照王小波，会发现王小波的批判既在时间上滞后于伤痕、反思等20世纪80年代的启蒙思潮，又在社会性方面落后于20世纪90年代复杂多元的消费主义社会现实。在这样的意义上，有学者提出，"小波对现实的批判似有'慢一拍'的遗憾"（秦晖 131）。需要澄清的是，文学与时代的联系程度并不一定是构成评判文学价值的必然维度，但在房伟看来，王小波延续20世纪80年代启蒙主义的路径，以个性的张扬强力介入公共话语空间，与20世纪90年代人文精神的失落，以及文学拒绝宏大叙事而转向私密化的个人空间，形成了差异性的张力。也许，更值得思考的不是王小波是否与他的时代形成了区隔的问题，而是今天的文学与文化如何回答和应对王小波提出的问题。

房伟在展开传主文学生涯叙事的时候，王小波对自身的身份认同与焦虑仍是重要的关注点。著者通过查阅大量史料、多方求证当事人的方式，以相当的篇幅进行了"伪书"《唐人秘传故事》《黄金时代》获奖经过及奖金数和自由撰稿人期间的稿费收入等实证性的考证，其重要指向之一，就是王小波辞职做"自由撰稿人"是否能建构其"对抗主流文坛"的形象问题。王小波生前没有体制内的身份、职务和头衔，对革命历史和社会现实的批判确实也不遗余力，又长期研究同性恋等弱势社会群体，表面上确实构成了"文坛"的局外人身份处境，"听说有一个文学圈，我不知道它在哪里"③这句话也广为流传。但客观上的"文坛外高手"并不能推论出王小波刻意、主动对抗文坛的事实。《王小波传》从其自费出版《唐人秘传故事》开始，到与导演张元并不愉快的合作，到曾经申请进入北京市作协而不成，再到《花城》等杂志对王小波的推介努力，等等，形成了一系列的证据链，表明王小波"从其创作进入文化圈开始，就基本上是依赖于非文学的知识分子与媒体来完成的"（房伟，《王小波传》 238）事实。与此并置的是，1991年发生在王小波身上的两件事，一是李银河评上副教授并调离北大，一是《黄金时代》获得台湾《联合报》中篇小说大奖。虽然著者对此并未做关联性的解读，但仍能体会到话语缺省背后的隐微含义。在留学经历、北大教师与家属身份之间，王小波一直处于某种从属与边缘的身份焦虑状态，文学创作既是其一直热爱的兴趣所在，也是进行现实身份困境突围的重要路径，选择辞职做自由撰稿人正是这样一种精神突围的现实尝试。

如果要说王小波与文坛是一种对抗性存在的话，那么，阅读《王小波传》

即可知道，这种对抗性并不是积极的、主动的，而是一种消极的、被动的状态。由此，也可以进一步理解王小波后期《黑铁时代》《黑铁公寓》等小说，对处于暗夜中的灰暗空间的想象与虚构，既昭示了一种精神的焦虑，《黄金时代》中那种舒展、奔放、崇高而悲壮的性爱，失去了对抗一切的力量，标识着王小波式的"后知青叙事"的终结与精神失落感的降临；也在某种程度上暗示了他的精神孤独，蕴含在现实空间和文学虚构空间之间的死亡隐喻，构成了解读其人生和文本的重要维度。

## 四

极具戏剧化色彩和反讽意味的是，与生前落寞、挣扎的现实困境相比，王小波以其自身的意外死亡，继海子之后又一次成为震动全国的文化事件。以 1997 年 4 月 11 日为时间标志，王小波开始成为"著名作家"。房伟的《王小波传》并未终止于这一时间节点，而是在《震后余波：神话的诞生与反思》中，以"后王小波时代"的期刊、纸媒和网络等多重后现代性空间为视点，梳理与呈现了这一当代文坛"神话"的生产过程和反思可能。

早在 2007 年，房伟就从接受美学的角度，在"文坛受难者神话""知识分子神话"和"中国文化神话"三重意义上，考察了媒体对王小波神话的生产以及其中的内在动因（房伟，《十年》 119—125）。王小波神话的诞生既与王小波尊重理性、崇尚自由的文学书写风格有关，又与他文学的异质性即疏离于 20 世纪八九十年代文化语境、却又在其死后的文化生产中不断被激活有关，"王小波以他的反神话写作构造了一个新的神话"（戴锦华 21）。王小波的妻子李银河无疑是这一神话"再造"的重要推手之一，从王小波离世开始，她相继策划了多次高规格的作品研讨会，"浪漫骑士、行吟诗人、自由思想者"的形象定位，近乎引导了之后很长一段时间媒体文化圈对王小波的解读与阐释；《浪漫骑士——记忆王小波》《不再沉默——人文学者论王小波》《爱你就像爱生命》《一个特立独行的人——王小波画传》等研究性专著相继出版；"重走小波路"等活动更是引起了对王小波纪念的狂潮，但也引起了较大争议。与之相呼应的是,"王小波门下走狗"等网络空间对王小波的自由精神的凭吊、戏拟与模仿,也参与和强化了"自由主义思想家"的王小波形象塑造。"在王小波身后的纷乱言说中,在有关王小波的'象征符号'在如此繁复的层面上被接受的过程中,对于'文化资本'的求索和炒作、信仰和争夺、传承和利用,极为复杂地编织在一起,构成了20世纪90年代以来'中国文学场域'对'知识精英'的一种新的'想象图景'。"(房伟,《王小波传》269)著者不无警觉地将"自由主义思想家"王小波的形象塑造,解释为一种媒体空间及其话语的自我生产,而不是王小波本身所具有的思想意义,目的就是要正本清源地还原一个具有多重贡献与阐释可能的文学家王小波。即使是要肯定王小波的思想性一面,也应该建立在其小说和杂文的文学性基础之上。

沿着这样的叙述理路,著者进一步在传统期刊与报业媒体兴起的媒介权力更替视角下,考察了王小波作品被大众广泛接受、却又遭遇主流文坛认同障碍的原因。王小波在大陆刊发小说与杂文的期刊主要有《花城》《北京文学》《辽宁青年》《四川文学》等杂志,这些"纯文学"杂志虽然稿费颇高,但与20世纪80年代相比,这些期刊以"策划"命名文学潮流的方式,已逐渐失去了原初的影响和效果。这既与20世纪80年代"共名"时代向20世纪90年代"无名"时代的语境转换有关,也与市场反应更加迅捷的报业、电视等媒体新贵崛起有关。如果说电视等媒体重在制造大众性的消费话题的话,那么,专业报纸等媒体则更具有思想和美学深度。《花城》曾在1994年至1998年期间坚持推介王小波,但王小波"意外"地没有获得文坛的认可。这说明"简单谴责文学界对王小波的排斥和疏离,粗暴而不负责任,缺乏学术性"(297)。同时,由于王小波特殊的家庭出身和独特的人生经历,以及与之相应的文学形式创新、大胆率真的性描写、强烈的反抗和批判性等文学表征,使其与新文学传统和新时期文学规范这"一大一小"传统保持了足够的距离,这既是其作品难以为文坛传统所接纳的原因,也是其身后被《南方周末》《三联生活周刊》《中国青年报》《羊城晚报》等报业媒体作为"文化英雄"所生产与利用的重要缘由。

新世纪以来,批评界对王小波作品的经典化研究,在两个对比性的维度中深入展开。一方面是学术界从文学史的角度,对王小波的作品进行了历史化的阐释和处理。其对20世纪80年代问题在90年代的持续性思考，作品中的自由想象、对抗意识和黑色幽默等特质，以及杂文直面现实、机智俏皮、幽默辛辣等文风，得到了洪子诚、陈思和、陈晓明等文学史家的关注。另一方面是王小波文学精神的超越性问题，能在何种程度上与中国人的当下生活建立联系，以及应该建立怎样的联系。继其被作为自由主义思想家、文化精英主义的代表形象之后，媒体又展开了对王小波作为"网红段子手"的想象和形象建构。此外，王小波对自由性爱、反抗陈规等精神的追寻，又继续影响着70后、80后之后的年轻一代。当然，与王小波思考的20世纪80年代相比，当下人的精神困境已不仅仅是体制压制所能解释与解决的。但"年轻一代的生活中，有好莱坞和港台电影，有网络，但同样有无处不在的青春压抑，特别是有关性的狂想。二三十岁青年人和王小波在小说主题、意象和趣味上的重合，不能不说是中国文化语境延续性的暗喻"（285）。房伟指出，对王小波的文学创作进行历史化的处理之后，其某些方面的文学异质性和超时代性，又转化成了当下文学与文化的精神资源。

最后需要提及的是，对王小波这样大量书写爱情和性爱的作家而言，真实还原其情感生活经历，也应该是作家传记应该叙述的重要内容。或许是作为传记主体的王小波尚未与历史拉开更长距离的缘故，抑或是为其家属、遗孀或当事人讳的原因，此次修订版的《王小波传》对其感情生活的叙事仍然惜墨如金，且经常运用"将以人证文颠倒为以文证人"的曲笔形式，通过王小波小说中比较典型的女性类型，来倒推与王小波可能有情感联系的生活中人的原型。同时，对于王小波离世前的感情、家庭生活，媒体和学术界也一直存有疑问，《王小波传》也未给予正面的分析和回应。但从著者对书信集《爱你就像爱生命》等学界评价的罗列、对李银河公布自己与大侠17年同性恋情等公众事件的引述等，也可以体味到隐含其中的特别意味。房伟多次提到王小波去世前居住的公寓，和其后期作品中对黑铁公寓式"知识者监狱"的空间描述，形成了"铁屋子"一般的空间隐喻。如果文学创作是一种生命的修行，那么，这本传记也可以看作作家房伟对王小波生命存在的同一性体认，并在穿透性和超越性的意义上，完成的对作家王小波人生传奇的生命叙事。

## 注释【Notes】

① 参见《王小波传》(修订版)第二章中王方名受到毛泽东接见一节。
② 该文最初发表于《香港文学》1994 年第 111 期,后收录于《王小波全集》。本文引自《王小波全集》(第 8 卷)。
③ 据查考,在已经刊发或出版的王小波相关作品中并没有见到这句话。这句话最早见于《花城》杂志王小波作品的责任编辑钟洁玲的回忆文章。参见钟洁玲:《三见王小波》,该文最早发表于《羊城晚报》2004 年 9 月 8 日,后又略作修改刊发于《花城》杂志。本文引自《花城》2010 年第 5 期,第 174 页。

## 引用文献【Works Cited】

戴锦华:《智者戏谑——阅读王小波》,《当代作家评论》1998 年第 2 期,第 21—34 页。
[Dai Jinhua. "The Wise Man's Joking: Read Wang Xiaobo." *Contemporary Writers Review* 2(1998):21-34.]

房伟:《王小波传》(修订版)。北京:生活·读书·新知三联书店,2018 年。
[Fang Wei. *A Biography of Wang Xiaobo*. Rev.ed. Beijing: SDX Joint Publishing Co., 2018.]

——:《十年:一个神话的诞生——王小波形象接受境遇考察》,《山东社会科学》2007 年第 9 期,第 119—125 页。
[——. "A Decade: The Birth of A Myth: The Context in Which How Wang Xiaobo's Image Was Acceptance." *Shandong Social Sciences* 9(2007):119-125.]

黄平、夏晓潇:《王小波年谱初编》,《文艺争鸣》2014 年第 9 期,第 20—33 页。
[Huang Ping, and Xia Xiaoxiao. "The Primary Edition of the Chronical of Wang Xiaobo." *Literary and Artistic Contending* 9(2014):26-33.]

米歇尔·福柯:《另类空间》,王喆译,《世界哲学》2006 年第 6 期,第 52—57 页。
[Foucault, Michel. "Des espaces Autres." Trans. Wang Zhe. *World Philosophy* 6(2006): 52-57.]

秦晖:《流水前波唤后波——论王小波与当代批判现实主义文学的命运》,《不再沉默——人文学者论王小波》,王毅主编。北京:光明日报出版社,1998 年,第 117—133 页。
[Qin Hui. "On Wang Xiaobo's Destiny and the Destiny of Contemporary Critical Realistic Literature." *No Longer Silent: Comments on Wang Xiaobo by Scholars of Humanities*. Ed. Wang Yi. Beijing: Guangming Daily Press, 1998. 117-133.]

王小波:《王小波全集》(1—10 卷)。南京:译林出版社,2012 年。
[Wang Xiaobo. *The Completed Works of Wang Xiaobo*. 10 Vols. Nanjing: Yilin Press, 2012.]

武歆:《"挣脱开王小波"后的房伟》,《文学自由谈》2017 年第 5 期,第 111—118 页。
[Wu Xin. "Fang Wei after 'Getting Rid of Wang Xiaobo'." *Free Forum of Literature* 5 (2015):111-118.]

杨正润:《现代传记学》。南京:南京大学出版社,2009 年。
[Yang Zhengrun. *A Modern Poetics of Biography*. Nanjing: Nanjing University Press, 2009.]

# 论民国期刊对现代传记文学的贡献

陈含英　俞　扬　俞樟华

**内容提要**：民国期刊是现代传记文学发表的主渠道之一，分期连载和图文并茂发表传记作品的形式，精心策划传记栏目、传记专号和传记选题的举措，大力发表"小人物"创作的传记的力度，以及紧跟时代步伐，及时发表具有时效性特点的传记作品和传记理论文章的做法，都对现代传记文学的发展起到了积极促进作用，其贡献值得肯定。

**关键词**：民国期刊　传记文学　贡献

**作者简介**：陈含英，浙江音乐学院公共基础部讲师，文学硕士，主要从事传记文学和外国文学翻译研究，发表过《浅论民国期刊是近现代翻译文学发表的主阵地》（《台州学院学报》，2015年第1期）等文章。

俞扬，浙江省总工会干部学校讲师，硕士，主要从事传记文学和工运思想研究，编撰《民国元年日志1912年1月—12月》（2017年）等。

俞樟华，浙江师范大学人文学院教授，中国《史记》研究会副会长，主要从事传记文学研究，著有《古代假传和类传研究》（2015年）、《古代传记理论研究》（2018年）等。

Title: On the Contribution of the Periodicals in the Republican Period to Chinese Modern Biography

Abstract: The periodicals in Republican Period China are one of the main channels for publishing Chinese modern biography. The publication features biography installments, texts colored with illustrations, the elaborate designing of biography columns, special issues for biography and selected themes for biography, the focus on biographies by minor writers, as well as biographies and biography theories that keep pace with the times. All those practices have played such a positive role in promoting the development of Chinese biography that the contributions deserve recognition.

**Keywords**: periodicals in the Republican period, Chinese biography, contribution

**Chen Hanying**, M.A., is Lecturer of English in Department of General Education, at Zhejiang Conservatory of Music. Her research interests are biography study and translation study. Her recent publication is "Periodicals during the Republican Period as the Main Front of Translated Literature" (*Journal of Taizhou College* 1 2015:46–49).

**Yu Yang**, M.A., is Lecturer of Sociology at Zhejiang Federation of Trade Unions Cadre School, His research interests are biography study and the ideology of labour movements. He has compiled *The Journal of the First Year of the Republican Period from January to December 1912*(2017).

**Yu Zhanghua**, Professor of Chinese Literature in College of Humanities at Zhejiang Normal University, is Vice President of China's Research Society of *Historical Records*. His research focuses on biography studies. He is the author of *Chinese Ancient Pseudo-biography and Group Biography Research*(Heilong Jiang People's Publishing House, 2015) and *A Study of Chinese Ancient Biography Theory*(Heilong Jiang People's Publishing House, 2018), etc.

民国时期传记文学的发展，与这个时期期刊的发展密切相关。各种类型的期刊的产生，为传记文学作者发表传记文学作品提供了平台，改变了创作先"藏之名山"，后"传之其人"的传统。现代传记文学在完成了由古代向现代的巨大转变后，取得了举世瞩目的成就，出现了许多优秀的传记文学大家，涌现出了大量的传记文学佳作。现代传记文学之所以能够取得如此巨大的成就，与民国时期各类期刊所做出的贡献密不可分。这种贡献，主要有以下几个方面。

**第一，创新传记文学发表的形式。**这主要表现在两个方面，一是长篇传记分期连载，二是图文结合。古代传记如《史记》《汉书》直到《清史稿》，这些史传都以专著的形式呈现，一本书里需要记载成百上千的传主，文字大都比较简单，一万多字就是很长的传记了；而单篇传记，在古代尚简的文论思想指导下，一般的传记作品都是几百字或几千字，像朱熹《张魏公行状》

有 43 700 多字，已经是古代传记中非常罕见的长篇传记了。但是到了现代，几万字的传记算不了什么，十几万、上百万的传记也比比皆是。这样长的传记，在期刊发表时，显然无法一次性载完，因此许多期刊就发明了分期连载的发表形式。如胡适的《吴敬梓年谱》在《努力周报》分 8 期连载，游国恩的《司马相如评传》在《文艺旬刊》分 4 期连载，谷芳的《欧战名人小传》在《小说世界》分 10 期连载，周香民的《世界名画家小传》在《小说世界》分 18 期连载，郑振铎的《中国文学者生卒考》在《小说月报》分 7 期连载，陈勺水译的《高尔基的回忆琐记》在《乐群》杂志分 6 期连载，欧阳予倩的《自我演戏以来》在《戏剧》杂志上分 7 期连载，如此等等，不一而足。用分期连载的形式发表长篇传记，成为当时期刊的一种普遍做法，这对长篇传记的发展，是有积极促进作用的。现代传记文学为什么长篇传记如此众多，这或许是原因之一。

古代传记限于写作条件，无法做到图文并茂，仅用文字描述，读者于传主的形貌无法真正把握，有时甚至会产生误解。如汉代张良曾经在博浪沙伏击千古一帝的秦始皇，一般说来，能做刺客的，总是长得人高马大，孔武有力的，睿智如司马迁，原先也"以为其人魁梧奇伟"，后来在宫中看到张良的画像以后，才发现他"状貌如妇人好女"，差点犯了"以貌取人，失之子羽"的毛病（司马迁 2049）。民国期刊在发表传记作品时，为了让读者对传主有鲜明的印象，采取了图文结合的新颖形式，获得了很好的效果。像《文季月刊》《文学》《文哨》《新文学》《小说家》《文学新报》《人世间》《译文》《中国文艺》《宇宙风乙刊》《热风》《七月》等刊物在发表中国作家鲁迅、徐志摩、朱湘、刘大白，外国作家高尔基、普希金、罗曼·罗兰、巴尔扎克、歌德、雨果、海涅、卓别林、狄更斯等人的传记时，都配有画像或照片，甚至木刻，因此文中的传主能给读者以深刻印象。在此基础上，现代传记文学还出现了画像传的新体裁。

现代传记作者受西方传记文学的影响，想努力突破古代传记的旧有模式而创造出新型的传记。一些期刊对于传记作者的某种标新立异的做法，也采取了积极支持的态度。郁达夫与胡适一样，都是现代传记文学的鼓吹者和创造者，当《人间世》杂志约他撰写一篇自传时，他不愿意亦步亦趋地照当时流行的自传的写法，而是在正式写自传之前，破天荒地先写一篇《所谓自传也者》的"序"，放在自传之前，并在《人间世》1934年第16期上先行发表。自传竟冠于一篇"自序"，这在当时自传写作中是绝无仅有的。而且作者之所以这样做的目的，并不仅仅想在形式上有所创新，而是想借此控诉国民党当局大兴文字狱的罪状，同时反击当时一位女作家苏雪林对他的批评。《人间世》把郁达夫的自传序和正文一起发表，明显是对自传新形式的一种支持和肯定，编辑也是需要学术勇气的。

**第二，策划传记选题，主动出击约稿**。民国时期的期刊，有的是同人期刊，作者比较固定。但大多刊物都是接受八方来稿的。一个刊物要搞得有声有色，只靠自然来稿肯定是不行的，必须要做好规划，善于策划。就传记文学而言，策划之一，是设置有关传记文学的栏目，有此栏目，传记作者就会有针对性地加以投稿，刊物的稿源才会源源不断，长盛不衰。如《新青年》有"马克思研究"专栏，曾发表《马克思奋斗生涯》《马克思传略》《巴枯宁传略》等传记；《小说月报》有"文学家研究"专栏，发表了《陀思妥以夫斯基传略》《泰戈尔传》《屠格涅甫传略》《包以尔传》《法郎士传》《霍甫德曼传》等传记；《清华文艺》的"批评与介绍"栏目，发表了《但丁的生平及其著作》的传记。民国时期的期刊，并不是所有的刊物都有栏目设置的，像《沉钟》《莽原》《狂飙》《语丝》《创造月刊》《人物杂志》等，都没有设置栏目。所以，有没有设置有特色的栏目，是评价一个刊物是否办出特色的标准。

策划之二，是设置人物专题研究专号。民国期刊在这方面的工作，主要集中在文学家研究专号的策划上。如与鲁迅先生有关的研究专号，仅1936年鲁迅先生逝世这一年，就有《文季月刊》的"哀悼鲁迅先生特辑"、《中流》的"哀悼鲁迅先生专号"、《青年界》的"鲁迅先生纪念"、《文学》的"鲁迅先生纪念特辑"、《逸经》的"纪念鲁迅"、《译文》的"哀悼鲁迅先生特辑"、《质文》的"追悼鲁迅先生"、《小说家》的"哀悼鲁迅先生特辑"等，以后在鲁迅先生逝世一周年、两周年、三周年等时间，都有期刊发表相应的研究专号；高尔基也是1936年逝世的，这一年与高尔基有关的研究专号，有《今代文艺》的创刊特大号"特辑：高尔基逝世纪念六篇"、《文学》的"高尔基纪念特辑"、《文学丛报》的"高尔基逝世特辑"、《光明》的"追悼高尔基特辑"、《译文》的"高尔基逝世纪念特辑"、《质文》的"纪念高尔基"等。其他像中国作家章太炎、林语堂、苏曼殊、朱湘、辜鸿铭、刘半农、闻一多、朱自清等，外国作家如易卜生、普式庚、里尔克、罗曼·罗兰、雨果、杜勃洛柳蒲夫、狄更斯、莎士比亚，等等，都有研究专号，有的还不止一两种，在这些专号发表之际，关于他们的传记也同时得到发表。

策划之三，是设置一些新颖独到的传记题目，供作者有选择地根据"命题"来作文。譬如1931年的《读书月刊》第1期策划了"我的读书经验专号"，发表了谢六逸、王礼锡、贺扬灵、赵景深、顾均正等14位作家的读书体会；1932年的《文学月报》第1期策划了"现代中国作家自传"专号，发表了洪深、茅盾、白薇等作家的自传；1935年的《文艺》杂志第1卷第1期策划了"我与戏剧特辑"，发表了宋浩然、杨琎、张惠良等6位演员回忆自己与戏剧的经历；第2卷第1期又策划了"作者自述特辑"，发表了顾仲彝、胡怀琛、王任叔、陶里、李金发等12位作家的自述；1936年该刊第1期又策划了"我创作的动机特辑"，发表了史天行、罗皑岚、苏雪林、赵清阁等13位作家的自述；这方面成绩斐然的是《青年界》杂志，该刊物于1935年第7卷第1期策划了"学校生活之一叶特辑"，发表了杨荫深、董秋芳、梁乙真、钱南扬、刘大杰等45人回忆学校生活的文章；第8卷第1期策划了"我在青年时代爱读的书特辑"，发表了罗根泽、许钦文、朱通九、王玉章等46位学者的读书经历；1936年第1期又策划了"我的职业生活特辑"和"中学生毕业后就职实况特辑"，前者发表了杨晋豪、宋春舫、黎烈文、陈子展、穆木天、钱歌川等92人回忆自己职业生活的文章，后者发表了杨心如、徐天武、梁燕等11人回忆中学毕业后的工作经历；该刊这一年的"暑假生活特辑"，发表了谭正璧、陈柱尊、老舍、臧克家、徐调孚、孙席珍等93人回忆自己暑假丰富多彩生活的文章；1937年，该刊第11卷第1期有"青年作家指导特辑"，第12卷第1期有"日记特辑"，前者发表了陈友琴、老舍、胡山源、巴金、陈伯吹、许杰等57人的创作经验，后者发表傅惜华、周作人、李长之、汪静之、郁达夫、魏金枝、艾芜等130人的日记，数量非常庞大。此外，《文艺春秋丛刊》有"生活回顾特辑"，《抗战文艺》有"轰炸特辑"，《论语半月刊》有"逃难专号"和"癖好专号"，类似的专号尚有不少，这些特辑或专号，都以自传与回忆录为主要内容，发表的都是一个人生活中的重要而记忆深刻的片断，从中可以看见作者的情感，而且也折射出时代的变化。

传记选题策划好了，也公布了，如果一味等稿上门，或许能够成功，但也有可能因稿件不足而使原先设计好的专号流产。最明智的做法，是主动出击，有针对性地约稿，这样才能保证原先的策划最后落到实处。很显然，许多刊物都是明白这个道理的。如《读书月刊》在策划了"我的读书经验专号"后，就主动约了不少作者，像章衣萍在她的《我的读书经验》一文开头就说："本刊编者顾仞千先生要我写一篇文章，题目是《我的读书经验》。这个题目是很有意义的，虽然我不会做文章，也不能不勉强把我个人的一点愚见写出来。"（85）由此可见，章衣萍的这篇回忆，是应《读书月刊》编辑顾仞千先生的约稿而撰写的，这在该专号其他作者的文章中，也有所交代，说明顾先生当时约稿的对象不止章衣萍一人。

第三，不计较传记作者名分地位，主动发表"小人物"写的传记。现代传记文学之所以说兴旺发达，一是传记作者广泛，二是传记数量庞大。古代文人有一个根深蒂固的观念，就是作传是史官的事情，非史官不宜作传。这样一来，传记写作就集中在少数人手里，这样势必限制传记创作的发展；现代社会却不同，只要你愿意，你既可以为他人作传，也可以为自己立传。而各类期刊，更是从中推波助澜，为各类作者发表传记作品。就笔者所翻检的几百种民国期刊来看，大多数期刊都发表了多少不等的传记作品，而且许多作者都是名不见经传的"小人物"。如《现代妇女》杂志先后发表了一百多篇传记作品，涉及作者80多个，在这些传记作者中，有张志渊、陈霞飞、江流、穆云、沈浮、叶子等记者，有胡子婴、刘清扬、倪斐君、谭湘凤等社会活动家，有聂绀弩、海尼、安娥等作家，有之真、易若芸等公务员，有何时清、南迦、岚英等职员，有"虹"等教师，有明沙、陈红藻、云霄等家庭妇女，有宋怀玉、闻立鹏等学生，就是没有"名噪一时"的所谓"大人物"写的传记。

普通人写普通人的传记，似乎成为当时期刊的一种风尚。张雪岩等人还在 1942 年前后用三年的时间假借齐鲁大学所印行的《田家半月刊》的方便，大量征集农民的自传。其目的，首先是为了"鼓励读者写作，促进大众写作的自信心"，其次"是引起知识阶级对民众之注意及敬信"，再次"是为民众争取历史地位"（张雪岩 10）。让农民也来撰写自传，诚如作者自言，"在中国史上恐怕这是破天荒第一遭"。这是一个很大的创举，《田家半月刊》能够大量发表农民写的自传，这对当时的自传创作有积极推动作用。

**第四，紧跟时代形势，及时发表有关传记作品和理论文章。**传记文学所写的是真实的人物。古代的传记，尽管也有为活着的人物立传的现象，但是因为受到"盖棺定论"观念的束缚，所以大多数传记主要是为死者立传的。而且除司马迁的《史记》有为他生活时代的汉武帝等当时人物立传之外，从《汉书》至《清史稿》，都是由后代作者纂修前代的史传，周期比较长，就没有什么时效性可言了。现代社会发展迅速，有时形势发展瞬息万变，令人目不暇接。传记文学要跟上时代的步伐，及时反映时代人物的生活经历和事业功勋，就必须缩短创作周期，加快发表时间。而民国时期纷纷涌现的报纸杂志，为现代传记的快速发表提供了良好的发表平台。报纸一般是日刊，每日一张，时效性非常强。如辛亥革命刚刚胜利，1912 年的《顺天时报》就立即连续发表邹稷光的《隆裕太后论》《黎副总统论》《康有为论》《载沣论》《唐绍仪论》《李煜瀛赵秉钧朱芾煌论》《章太炎论》《瑞澂论》《汪兆铭论》《梁启超论》《黄兴论》《盛宣怀论》《张彪论》《吴禄贞良弼论》等传论，介绍和评价这些辛亥革命人物的事功，时代感十分强烈。而民国时期的刊物，有的是半月刊，有的是月刊，有的是双月刊或季刊，比之于图书的出版，它的周期仍然是比较短的。所以，该时期的每一个历史阶段的重要时刻，我们都可以从不同的刊物上看到相应的人物传记，比如 1917 年俄国十月革命一声炮响，给我们送来了马克思主义，1919 年的《新青年》就发表了刘秉麟的《马克思传略》；1924 年 4 月印度诗人泰戈尔受梁启超等邀请访问中国，曾引起轰动。为了配合他的来访，《小说月报》1923 年第 14 卷第 10 号出版"泰戈尔号"，发表郑振铎的《泰戈尔传》，预先为读者介绍泰戈尔的生平和创作，制造舆论声势；次年，又在《小说月报》第 15 卷第 4 号发表诵虞的《泰戈尔略传》。1925 年孙中山先生逝世，《猛进》杂志立刻发表了徐炳昶的《我意中的孙中山先生》和林玉堂的《孙中山》传记。1931 年徐志摩因飞机失事而罹难后，《新月》杂志马上发表了周作人、郁达夫、梁实秋、韩湘眉、方令孺、储安平、何家槐、赵景深、张若谷等人纪念和评价徐志摩的文章。1931 年"九一八事变"和 1932 年 1 月 28 日晚，日本侵略者突然向上海闸北的国民党第十九路军发起攻击的事变发生后，次年《文学月报》就策划了"一·二八事变的回忆"和"九一八周年"专号，发表了沈端先、叶圣陶、洪深、田汉、茅盾、柳亚子、楼适夷、穆木天等人回忆在战乱中的经历；1937 年抗日战争全部爆发后，刊物上陆续有抗战英雄传记发表，如《宇宙风》发表黄莺倪的《悼空军英雄梁定苑》和李同愈的《焦土抗战之沈鸿烈》，《七月》发表端木蕻良的抗日英雄特写《记孙殿英》，《文艺阵地》发表茅盾的《八百壮士》，《文艺战线》发表沙汀的《贺龙将军印象记》和刘白羽的《记范筑先将军》，《抗到底》发表吉中的《冀南抗敌的丁树本司令》，《说文月刊》发表邹鲁的《邓烈士钧传》《巫烈士绍光传》《罗烈士侃亭传》《陈烈士钜海传》《李烈士一球传》和邢仲采的《张自忠拟传》，如此等等，不一而足。从中可见，传记作者的创作和各类刊物的编辑，都是能够与时代、与社会、与民族同呼吸，共命运，紧密地结合起来的。这些讴歌抗战英雄的传记的发表，可以起到鼓舞抗战士气，激励民众增强抗战胜利信心的作用。

现代传记发展迅猛，数量剧增，创作的反思和理论的指导，就被提到了议事日程之上。这个时期出现的一批传记文学理论文章，几乎全部都是由各类期刊率先发表的。如《人物杂志》发表了寒曦的《现代传记的特征》和《如何选择传记人物》，《中国建设》发表湘渔的《新史学与传记文学》，《东方杂志》发表朱东润的《论自传及〈法显行传〉》和汤钟琰的《论传记文学》，《读书通讯》发表朱东润的《论传叙文学底作法兼评南通张季直先生传记》和许寿裳的《谈传记文学》，《学校生活》发表易如的《谈传记文学》，《世界文艺季刊》发表杨振声的《传记文学的歧途》，《新时代月刊》发表刘锡基的

《传记文学之建立》,《中华教育界》发表胡哲敷的《传记与社群在中小学历史教材上的地位》,《学生杂志》发表杨华同的《论教育传记》,《国文月刊》发表朱东润的《传叙文学底前途》,《正气月刊》发表朱东润的《为什么我要提倡传叙文学》,《中央周刊》发表朱东润的《传叙文学底尝试》,《世界文学》发表苏雪林的《自传文学与胡适的〈四十自述〉》等,至于介绍外国传记文学成就的文章,如任美锷的《莫洛亚著传记文学两种》、范存忠的《一年来英美的传记文学》、戴镏龄的《近代英国传记的简洁》和《谈西洋传记》、伯奋的《关于文学家传记电影》,分别发表于《思想与时代》《文艺月刊》《文学杂志》《人物杂志》和《文艺春秋》。而翻译西方传记文学理论的文章,如黎生译的《现代的传记文学》、白桦译的《传记文学论》、王卢译的《论传记艺术》、许克之译的《传记的艺术》、今纯译的《写传记的经验》、常风译的《小说与传记》、坎侯译的《传记学的科学的研究》、周骏章译的《论传记与自传》《论传记文学》《传记的作法》《论英国传记家斯揣齐》等,则分别发表于《杂志》《黄钟》《世界文艺季刊》《新学生》《西洋文学》《文艺时代》《读书通讯》《文艺青年》《文讯》等刊物。

  这些传记文学理论文章,涉及的内容比较广泛,这里无法展开论述,概而言之,主要有:一是传记名称问题,胡适称"传记文学",朱东润称"传叙文学",孙毓棠称"新传记",目的都是为了区别于古代传记;二是传记分类问题,根据不同的分类标准,有不同的分法;三是中国的传记为什么不发达的原因问题,胡适认为有三个原因:"第一是没有崇拜伟大人物的风气;第二是多忌讳;第三是文字的障碍。"(24)四是传记真实性问题,这个问题的意见比较统一,都一致认为真实是传记的生命,只有真实的传记才是有价值的传记。五是现代新传记的写法问题,主张学习西方传记文学的优点,采取心理分析的方法,把人物性格写活。六是自传写作问题。面对自传创作的繁荣和作者的平民化,有的学者开始反思,杜若认为:"自传不是人人可写,不是人人应该写。你没有丰富的生活,你能教给读者什么?你没有独特的心得,你能够帮助读者什么?"(107)周越然也认为:"倘然写自传的目的,必在教导后人,那末,年轻无经验可言者,不必写自传;年老而言不正,行不端者,亦不必写自传。"(2)七是传记名作的评价问题。如胡适的《南通张季直先生传记序》和朱东润的《论传叙文学底作法兼评南通张季直先生传记》，就是对张孝若《南通张季直先生传记》优劣的评价。八是鼓励青年阅读传记问题。青云梯《伟人传记与青年》和钟子岩《传记与青年》，就是专门论述这个问题的代表性论文。九是传记的教学问题。胡哲敷的《传记与社群在中小学历史教材上的地位》、杨华同的《论教育传记》和陈训慈的《民族名人传记与历史教学》，都专题讨论了这个问题。十是现代传记文学目前存在的问题和前途问题。杨振声的《传记文学的歧途》和朱东润的《传叙文学底前途》是其代表。十一是西方传记文学对中国现代传记的影响问题。苏雪林说：

> 最近十年，德国卢德伟格、法国莫尔亚斯、英国施特拉齐，不约而同地努力创造了一种新传记文学，那便是用写小说的笔法来做传记。据说卢德伟格的《歌德传》，又名《一个人的传记》，莫尔亚斯的 Ariel 和 Becthouen，施特拉齐的 Eminent Vitoriuns Queen Victoria 都是富于小说戏剧性的传记。中国则二十年前梁启超的《罗兰夫人传》《意大利建国三杰传》也可以说是半小说的体裁。今日闻一多的《杜甫》虽则才写了一个开端，但我们可以看出它感染了不少西洋新传记文学的作风的影响。(357)

陈定阁也说：

> 中国始终没有一部新的传记文学产生出来。有，现在有了，《张居正大传》在这方面的意义上说，是具有新姿态新价值的。它具有中国史传的特长：资料严谨，态度慎重；但它也具有近代西方传记文学的优点，描写鞭辟入里，真正能把握住一个人的人格特质。此非中西文学都有修养的是不易做到的。(488)

可见闻一多的《杜甫传》和朱东润的《张居正大传》，他们在写作过程中，都是受到了西方传记文学的一定影响的。这一点，像朱东润先生自己也直言不讳，他在《张居正大传序》中说："二十余年以前，读到鲍斯威尔底《约翰逊（生）博士传》，我开始对于传记文学感觉很大的兴趣，但是对于文学底这个部门作切实的研讨，只是一九三九年以来的事。在那一年，我看到一般人对于传记文学的观念还是非常模糊，更谈不到对于这类文学有什么进展，于是决定替中国文学界做一番斩伐荆棘的工作。"(19)朱先生为现代传记文学所做的披荆斩棘的工作，是有开创性的。

中国古代史传琳琅满目，洋洋大观，文人文集中的墓志铭、行状等也数量众多，不可胜举。但是古代却没有出现专门研究传记的专家和专著，中国古代传记之所以不发达的原因，除了上面所引胡适讲的三个原因之外，笔者认为缺乏对传记理论的研究和建设，是其中很重要的一个原因。现代传记文学之所以兴旺发达，与重视传记文学理论研究密切相关。传记理论从传记创作中总结出来，又反过来指导传记创作实践，两者相辅相成，休戚相关。只有理论成熟的文体，才会有创作的繁荣。现代传记文学理论之所以出现比较异彩纷呈的局面，固然是传记文学研究家的辛勤努力，但是各类期刊为传记文学理论发表所提供的助力，也不容小觑，其贡献，值得大书一笔。

## 致谢【Acknowledgement】

本文为国家社科基金后期资助项目"现代传记文学编年史"（18FZW305）阶段性研究成果，得到全国哲学社会科学规划办公室的经费支持，作者谨致谢忱！

This paper is part of the project "Chronicle of Modern Biographical Literature" (18FZW305), supported by the National Social Science Foundation of China. The authors would like to express their sincere gratitude.

## 引用文献【Works Cited】

陈定阁：《评朱东润著〈张居正大传〉》，《中央周刊》1946年第8期，第488—489页。
[Chen Dingge: Rev.of Zhang Juzheng: The Definitive Biography, by Zhu Dongrun. Hub Weekly 8(1946):488-489.]

杜若：《自传年》，《一周间》1934年第3期，第107页。
[Du Ruo. "The Year of Autobiography." Within a Week 3(1934):107.]

胡适：《南通张季直先生传记序》，《吴淞月刊》1930年第4期，第24—26页。
[Hu Shi. Preface. Zhang Jizhi of Nan Tong: A Biography, by Zhang Xiaoruo. Wusong Monthly 4(1930):24-26.]

司马迁：《史记》，北京：中华书局，1982年。

[Sima Qian. *Records of the Grand Historian*. Beijing: Zhonghua Book Company, 1982.]

苏雪林：《自传文学与胡适的〈四十自述〉》，《世界文学》1934年第2期，第357—359页。

[Su Xuelin: "Autobiography and Hu Shi's *Self-Narrative at 40*." *World Literature* 2(1934): 357–359.]

张雪岩：《征辑农民自传的原因及目的》，《读书通讯》1942年第56期，第10—11页。

[Zhang Xueyan: "The Aim and Reason of Calling for Peasant Autobiography." *Reading Communication* 56(1942): 10–11.]

章衣萍：《我的读书经验》，《读书月刊》1931年第1期，第85—92页。

[Zhang Yiping. "My Reading Experience." *Reading Monthly* 1(1931): 85–92]

周越然：《何必自传》，《文友》1943年第7期，第2—3页。

[Zhou Yueran. "Why do People Write Autobiographies." *Friends of Literature* 7(1943): 2–3.]

朱东润：《张居正大传序》，《国文月刊》1944年第28期，第19—26页。

[Zhu Dongrun. "Biography of Zhang Juzheng." *Chinese Monthly* 28(1944): 19–26.]

# "五四"新文化运动与中国现代传记文学

许菁频

**内容提要**：本文通过探讨"五四"新文化运动与中国现代传记的发展之间的内在关联，力图阐明"五四"新文化运动对中国现代传记的写作从主题、内容到形式均具有深刻的影响。同时，中国现代传记的问世，促进了文学革命的全方位展开；现代传记为精英人物立传，促进了自上而下的文化启蒙；现代传记以人物传记的形式记载历史，促进了后人对新文化运动的了解。因此，现代传记文学的发展是对新文化运动的一种呼应与致敬。

**关键词**：新文化运动　传记文学　现代转型

**作者简介**：许菁频，文学博士，浙江外国语学院教授。主要从事传记文学、中国传统文化研究。代表性成果：《百年中国自传文学创作》(《重庆社会科学》，2014 年第 11 期)、《明代江南文学世家文学活动的家族化特性》(《江苏社会科学》，2017 年第 1 期)。

**Title**: The May Fourth New Culture Movement and Chinese Modern Biography

**Abstract**: This essay endeavors to illuminate the profound impact of the May Fourth New Culture Movement on Chinese modern biography in terms of themes, contents and literary forms through a discussion of the internal relations between the May Fourth New Culture Movement and the development of Chinese modern biography. The appearance of modern biography is also a driving force to the spread of literary revolution. The biographies of elites promoted the top-down cultural enlightenment and the record of history in the form of personal biographies. This has enhanced the understanding of the New Culture Movement among the ensuing generations.

Thus, in one sense, the development of modern biography is an echo of and a tribute to the New Culture Movement.

**Keywords**: The New Culture Movement, biography, modern transformation

**Xu Jingpin**, PhD in Literature, is Professor of Chinese Literature in the Department of Chinese at Zhejiang International Studies University. Her research interest includes biography and traditional Chinese culture. She is the author of "Chinese Autobiography in the Past Century: A Survey" in *Chongqing Social Science* 11(2014): 72–77 and "The Familiality in Literary Activities of Literary Families in South China from the 14th to 17th Century" in *Jiangsu Social Science* 1(2017): 180–185. E-mail: xjp@zisu.edu.cn.

高举"民主"和"科学"旗帜的"五四"新文化运动奠定了中国文化转型的现代方向,而作为新文化运动重要组成部分的"五四"文学革命则将这场文化叛逆运动演绎得更为生动鲜活。中国古典传记文学沐浴着"五四"文学革命的春风华丽地完成了现代转型,但此种转型与"五四"新文化运动之间的内在关联一直没有得到学界应有的关注。"五四"新文化运动对中国现代传记的发展具有何种作用,现代传记文学的问世与发展对新文化运动又具有怎样的意义,这是本文探讨的问题。

## 一、新文化运动对现代传记发展的影响

在"五四"新文化运动吹响"全盘西化"的号角,试图用革命的手段颠覆与肃清传统文化、古典文学的现代影响之时,传记文学踏上了一条寻求与传统决裂的发展道路,在西方与中国、个人与社会、真实与虚构之间步履艰难地前进着。受新文化运动的影响,中国现代传记的发展变化主要体现在以下几方面。

### (一)"全盘西化"影响下对西方传记文学的翻译和借鉴

在新文化运动"全盘西化"和"拿来主义"的号召下,20世纪初的中国传记文坛对西方传记有着一种发自内心的艳羡与仰慕。一批西方传记作品被翻译传入国内,例如,普鲁塔克的《希腊罗马名人传》、卢梭的《忏悔录》、

史沫德莱自传《大地的女儿》等。而现代著名翻译家傅雷在20世纪三四十年代翻译西方传记竟多达五部，在当时产生了极大的影响。

郁达夫明确表示了自己对西方传记作品的推崇，陈独秀的《实庵自传》先后提到了苏格兰启蒙运动领袖人物大卫·休谟的自传，以及美国独立运动领导者富兰克林的自传，可见陈独秀自传写作或多或少受到他们自传的影响（陈独秀，《自传》 695—704）。徐悲鸿在自传开篇曰："伏思怀素有自叙之帖，卢梭传忏悔之文，皆抒胸臆，慨生平，借其人格，遂有千古。悲鸿之愚，诚无足纪，唯昔日落拓之史，颇足用以壮今日穷途中同志者之志。"（3）无疑，卢梭的《忏悔录》对徐悲鸿自传创作影响极大。巴金则深受俄国革命家克鲁泡特金《我的自传》影响，1939年作为这部自传的翻译者，巴金写道："这是我最喜欢的一部书，也是在我的知识的发展上给了我绝大影响的一部书。"（巴金，《前记》 1）巴金不论是思想还是传记创作上都受到了克鲁泡特金的深刻影响。

## （二）个人本位主义影响下自传文学创作的勃兴

毋庸讳言，"五四"新文化运动是中国文化史上意义深远的一场启蒙运动，在"举一切伦理，道德，政治，法律，社会之所向往，国家之祈求，拥护个人之自由权利与幸福而已"（陈独秀，《文存》 28）的倡议下，"个人主义"开始真正被国人关注。正如郁达夫所说："五四运动的最大成功，第一要算'个人'的发见。从前的人是为君而存在，为道而存在，为父母而存在，现在的人才晓得为自我而存在了。"（261）通过对家族制度和封建"孝道"的批判，新文化运动宣扬个性、重视个体价值、维护个人权利。在此背景下，应该怎样书写一个真正的"人"成为文人热议的话题，自传因其作者和传主合二为一的独特品格而使其抒情达志最为真实生动，也因此备受文人追捧，由此迎来20世纪30年代文人自传创作高峰期的到来。

20世纪20年代，郁达夫、郭沫若等人已开始了自传创作，1922年5月上海泰东图书局出版了田汉与夫人易漱瑜在日本度蜜月时所写的日记《蔷薇之路》，这是新文学史上的第一本日记专集。"进入三十年代，写作自传渐成风气。"（萧关鸿 5）自传数量大，且短篇与长篇兼备。《良友》画报、《国闻周报》《宇宙风》等刊物长期开辟专栏发表名人小传和自叙传。其中，仅1930年，《良友》就发表了《离了母胎到现在——球王李惠堂自述》《悲鸿自述》《六十年之回顾——著述家邝富灼述》《医学与佛法——藏书家丁福保述》《二十年社交经验谈——交际家黄警顽自述》等五部短篇自传。上海第一出版社则在1933年到1934年间推出"自传丛书"，邀请当时知名作家创作自传，出版了《从文自传》《巴金自传》《钦文自传》《庐隐自传》《资平自传》等五部长篇自传。值得称许的是，在这波自传浪潮中，作者对于创作还是表现出了谨慎的态度，陈独秀在1937年11月3日写给著名出版人陶亢德的信中提到：

> 弟对于自传，在取材、结构，及行文，都十分慎重为之，不愿草率从事，万望先生勿以速成期之，使弟得从容为之，能在史材上文学上成为稍稍有价值之著作。世人粗制滥造，往往日得数千言，弟不能亦不愿也。普通卖文糊口者，无论兴之所至与否，必须按期得若干字，其文自然不足观，望先生万万勿以此办法责弟写自传，倘必如此，弟只有搁笔不写。（转引自陶亢德 11）

正是因为作者有着这种宁可搁笔不写也绝不粗制滥造的精神，才使得30年代的自传至今令人津津乐道。

### （三）妇女解放运动影响下现代女性传记的问世

批判旧道德、提倡新道德是"五四"新文化运动的重要内容。陈独秀、胡适、田汉、李达、鲁迅、吴虞等人自1916年起纷纷撰文反对男尊女卑、呼吁妇女解放。胡适的《贞操问题》《美国的妇人》、吴虞的《女权平议》、鲁迅的《我之节烈观》、陈独秀的《我的妇女解放观》、李达的《女子解放论》是这一时期宣扬妇女解放的代表作。与此同时，一批介绍世界女性主义思潮文化的译作也陆续发表于《新青年》《妇女杂志》《东方杂志》《每周评论》等刊物。随着妇女解放运动的深入，妇女的恋爱自由、离婚自由、女性受教育的权利、女性经济独立、女性参政等具体问题也被深入探讨。

在妇女解放运动的影响下，一批塑造新女性形象的现代女性传记争相问世，其中既有他传也有自传。胡适创作于1919年的《李超传》是此类他传中最早问世的作品。胡适与传主素不相识，但李超不顾家庭的反对毅然离家求学的经历感动了胡适，胡适曾在《李超传》中自述塑造传主的意义："他的一生遭遇可以用做无量数的中国女子的写照，可以用做中国家庭制度的研究资料，可以用做研究中国女子问题的起点，可以算做中国女权史上的一个重要牺牲者。"（193）《李超传》可视为胡适用文学的形式进行妇女解放运动的产物。从某种意义上说，现代女性自传的产生是妇女解放运动取得阶段性胜利的标志。同是"五四"时期的女性作家，谢冰莹的身份更为复杂，她是中国近代史上第一个女兵，而其20年代开始陆续发表的《女兵自传》虽然"只是像卢梭的《忏悔录》一般忠实地把自己的遭遇和反映在各种不同时代，不同环境里的人物和事件叙述出来，任凭读者去欣赏，去批评"（8），但作品所塑造的具有鲜明叛逆色彩的独立女性形象，成为"现代中国新女性形象的代表，浓缩了一个时代中国女性的命运"（杨正润 243）。《女兵自传》先后被翻译成十几国文字，在世界范围内造成一定的影响。此外，白薇、张爱玲、苏青、吴克茵、刘济群、苏雪林等人在这一时期均有自传问世，不同于封建社会"闺阁"女子的传奇人生与"个人化"的倾诉是这一时期女性自传的共同特征。

## 二、中国现代传记文学对新文化运动的意义

传记文学的现代转型是在"五四"新文化运动的推动下完成的，是"五四"文学革命的有机组成部分。反之，中国现代传记的问世，促进了文学革命的全方位展开；现代传记为精英人物立传，促进了自上而下的文化启蒙；现代传记以人物传记的形式记载历史，促进了后人对新文化运动的了解。因此，现代传记文学的发展是对新文化运动的一种呼应与致敬。

### （一）现代传记文学的问世，促进文学革命的全方位展开

文学革命是新文化运动的重要组成部分，其中心内容是反对旧文学、提

倡新文学，反对文言文、提倡白话文。1915年陈独秀通过发表在《青年杂志》创刊号上的《敬告青年》一文，吹起了文艺改革的号角。1917年，胡适和陈独秀先后发表了《文学改良刍议》和《文学革命论》，正式竖起了文学革命的旗帜，鼓吹用白话创作"活文学"。胡适的白话诗、鲁迅的白话小说、郭沫若的新诗将文学革命演绎得生机勃勃。

在此影响下，文言文写作对传记文学发展所起的桎梏作用被人们加以批判，胡适在《南通张季直先生传记序》一文中直言："只有烂古文，而决没有活传记了。"（541）作为文学革命的倡导者，陈独秀、胡适均进行了现代传记的创作，在他们的带领之下，鲁迅、郭沫若、郁达夫等一批文学革命的健将纷纷加入现代传记文学创作的队伍。作品在篇幅上突破了古典传记短小精巧的传统，出现了各种篇幅的传记。有短篇，如鲁迅《忆刘半农君》《关于章太炎先生二三事》；有中篇，如胡适《李超传》；有长篇，邹韬奋的《经历》；有超长篇，如郭沫若长达百万余字的《沫若自传》。在传记体式上也进行了各种创新，有日记体传记，如章衣萍的《倚枕日记》；有书信体传记，如鲁迅和许广平的《两地书》；有"诗注体"传记，如郁达夫《自述诗》《毁家诗纪》；有现代诗歌体传记，如戴望舒的《我的记忆》，等等。在传记性质上，既有学术性传记，如朱东润《张居正大传》、吴晗的《朱元璋传》；也有故事性传记，如顾毓琇《我的父亲》；又有口述传记，如冯玉祥《我的生活》，等等。章衣萍在《倚枕日记·前言》中阐述了诸如日记这样的自传性创作对文坛所具有的意义：

> 据说现代的新兴文学，应该写"他"，写"社会"，不应该再写"我"了。但我真不明白，"我"是不是也是社会一分子。如果没有个人的分子，那里来社会的集团？我以为，旧写实主义的缺点，是把作者站在客观方面去描写，不知道作者也是社会上的一分子，一切人性的善恶悲叹，都脱不了关系的。中国应该有许多忠实的，深刻的描写自我新写实的作品，新文学前途才有发达的希望。（2—3）

确实如章衣萍所言，这种描写自我的新写实作品对新文学发展有着不可磨灭的贡献。

需要指出的是，现代传记作品是文学革命在文体拓展上取得的胜利果实，同时它也对当时的文坛产生了不小的冲击，促进文学革命更深入地展开。例如，1929年出版的戴望舒的《我的记忆》，一改以往"雨巷"的风格，是具有散文美的自由体诗歌传记，注重作品的现实性，受到了文坛广泛的肯定。《新月》创办者之一杜衡、著名诗人艾青等人纷纷表达了赞誉之词，文学评论家杜衡甚至认为该诗的创作指明了新诗发展的方向，"找到了一条浩浩荡荡的大路"(50)。值得一提的是，即使是三四十年代的传记作品依然深受文学革命的影响，是新文学运动的延续和发展。1933年鲁迅与许广平《两地书》的出版获得了郁达夫等人的一致称赞，而陈可陵在该书问世后，即刻指出这部作品作为情人之间对话对当时同类题材在写作上的指导意义："在改正这无聊而又肉麻的风气上，无疑地，是不无效果的，倘使说现在流行的风气是一种病症的时候，那两地书便是一种'对症'的药品。"(12)《两地书》平实朴素的描写对当时哗众取宠的文风起到了对症下药的效果。再如胡适的《四十自述》，作者在小说体裁与谨严的历史叙述之间徘徊，第一章《我父母的结婚》用小说式的文字来描写，作为"自传文学上的一条新路子"（胡适，《四十自述》 3)，得到了女作家苏雪林高度赞誉，认为"写得很是成功"，"那些中国旧式千篇一律的先母行述，先父行述中间无论如何寻不出这样文字，新传记文学胜于旧传记，于此可见一斑了"(357)。不论这个评价是否允当，胡适在传记方面的尝试确实值得人们肯定，也确实对以后传记创作在写作手法上产生了一定的影响。

## （二）现代传记为精英人物立传，使文化启蒙得以延续

毋庸置疑，中国现代传记的传主古今、中西兼具，以社会的精英人士为主。不论是颇具影响力的思想家、政治家，如《多余的话》中的瞿秋白、郁达夫情有独钟的卢梭，还是呼风唤雨的文坛巨匠，如林语堂笔下的杜甫、郁达夫笔下的屠格涅夫，等等，均是能启迪普通人心智的杰出人士。这些人物从以下两个方面来推进思想、道德和文化的除旧迎新。

第一，传主的个性鲜明，具备现代人格，从而感化读者。林语堂创作的《苏东坡传》，虽传主是宋代文人，但并不妨碍作家试图达到通过塑造"理想人格"来启蒙大众的目的。苏东坡的人生经历精彩纷呈，文艺成就更是惊世骇俗，林语堂在赞叹其人格的伟大、才华的卓越、个性的迷人的同时，指出：

> 倘若不嫌"民主"一词今日用得太俗滥的话，我们可以说苏东坡是一个极讲民主精神的人，因为他与各行各业都有来往，帝王、诗人、公卿、隐士、药师、酒馆主人、不识字的农妇。……他一直为百姓而抗拒朝廷，为宽免贫民的欠债而向朝廷恳求，必至成功而后已。他只求独行其是，一切付之悠悠。今天我们确实可以说，他是具有现代精神的古人。(14)

诚然，林语堂通过为苏东坡这样一个古人立传，但传达给世人的却是民主精神、现代精神，以此启蒙世人。胡适创作的最长的一部传记《丁文江的传记》有12万字，传主虽不是耳熟能详的人物，但也学贯中西，是一名地质专家，其对科学的热爱、对自由主义的追求十分契合胡适本人一贯宣扬的新思想、新文化。对于丁文江深信"真正科学的精神"是最好的"处世立身"的教育，是最高尚的人生观，胡适盛赞道："这是一个真正懂得科学精神的科学家的人生观"（胡适，《丁文江》 109)，由此可见胡适试图通过传写这个受过西方现代教育的科学家的一生来达到启蒙世人的目的。

第二，一改传统文人的婉约含蓄之美，不少传记以率真、直白，甚至呐喊式的文风震撼世人心灵。著名的乡土文学作家许钦文就曾说过："以为自传，最紧要的是表现出整个的我来，这要从我的个性和我所经历的事实来表达。"(1)瞿秋白在其自传序中也说道："现在我已经被完全解除了武装，被拉出了队伍，只剩下我自己了。心上有不能自已的冲动和需要：说一说内心的话，彻底暴露内心的真相。"(3)这种试图通过自传剖析自我、展示自我的行为是文人对新文化运动的礼赞。郭沫若《我的童年》通过对自己酗酒、打牌、闹剧院，甚至同性恋倾向的描写展示"自我"风采，坦诚的令人惊愕；1929年问世的欧阳予倩《自我演戏以来》对20世纪初戏剧界的黑暗面进行了赤裸裸地曝光，例如写唱堂会那一段："不演堂会戏这件事虽然局外人看着很平常，在当时不要说是那些有势力的不能谅解，便是同行的人也以为绝了分赏钱的路，大家反对。"（237—238）这样敢言，无疑是会得罪当时把持剧院的流氓，甚至是同行，但也同时是在唤醒众人，要除旧习改新制，具有文化启蒙的作用。

## （三）现代传记以人物传记的形式记载历史，促进了后人对新文化运动的了解

现代传记作品很大一部分聚焦于新文化运动的倡导者、参与者和响应者，在撰写人物生平的同时也记叙了这场轰轰烈烈的运动本身，换而言之，现代传记是以人物列传的形式反映新文化运动，是研究新文化运动不可或缺的史料来源。具体而言，现代传记主要在以下两方面传写了新文化运动：

一是通过倡导者、先驱者的传记，介绍了新文化运动爆发的背景。陈独秀和胡适是当仁不让的新文化运动倡导者，此外，蔡元培、钱玄同、鲁迅、李大钊、刘半农、周作人等均是新文化运动的先驱。陈独秀的《实庵自传》写于1937年被囚禁于南京监狱之时，1938年该传被印成单行本时，刊印者汪孟邹曾云："《实庵自传》的刊行，对于近代史学尤其对于青年人的意义之重大，已可不言而喻了。后之来者，从这个领导时代的人物的自叙中，定能懂得些什么并学些什么。"（转引自沈寂 215）确实，自传对于陈独秀的成长经历，特别是其思想的逐步成熟过程的介绍，有利于人们了解陈独秀倡导新文化运动的缘由。胡适《四十自述》从传主父母结婚开始记叙，内容包括童年生活、青年求学，一直写到1917年发表《文学改良刍议》参加文学革命为止，其中第六章为"逼上梁山——文学革命的开始"，是世人了解文学革命爆发过程的不可多得的第一手资料。鲁迅生平写过几篇自传文字，主要有《自叙传略》《鲁迅自传》和《自传》，均只寥寥几百字，远远不能概括其丰富多彩的一生。40年代初日本人小田岳夫《鲁迅传》问世，这是第一本单行本鲁迅传记。1948年出版了王士菁创作的40万字《鲁迅传》，将鲁迅研究推向了一个新起点，也为后人了解鲁迅一生，特别是他在"五四"时期扮演的重要

角色提供了有力依据。其余如蔡元培的《我在北京大学的经历》《我在五四运动时的回忆》《口述传略》、李大钊的《我的自传》、废名的《知堂先生》等，均是研究新文化运动爆发绝好的史料。

二是通过中坚人物的传记，反映了新文化运动的发展过程和深刻影响。作为新文化运动的中坚力量，郁达夫、沈从文、林语堂、巴金、徐志摩、丁玲、胡也频等人均有自传或他传流传下来。这些传记将传主置身于大时代背景中刻画其人生历程，在传写传主的同时更是反映了社会发展变化，反映了新文化运动的发展历程。正如沈从文在晚年谈到《从文自传》时所言："书中所记，虽只近于本世纪初一个少年走向社会第一阶段亲自经历的琐琐人事，从大处看，却又近于当时中国社会的缩影。"（沈从文，《德译》 406）沈从文也认为读者阅读这本自传可以明白"一个材质平凡的乡下青年，在社会剧烈大动荡下，如何在一个小小天地中度过了二十年噩梦般恐怖黑暗生活。由于'五四'运动余波的影响才有个转机，争取到自己处理自己命运的主动权"（沈从文，《从文自传》 285）。

中坚人物的传记通过叙述传主人生轨迹的演变历程从侧面反映出新文化运动在当时所产生的深刻影响。瞿秋白自述"一九一八年开始看了许多新杂志，思想上似乎有相当的进展，新的人生观正在形成"（5）。据巴金在自传性回忆录《信仰与活动》中记载，巴金三兄弟和香表哥、六姊一起在"五四"运动爆发后贪婪地阅读着代表新思想、新文化的文章："我们争着读它们。那里面的每个字都像火星一般地点燃了我们的热情。那些新奇的议论和热烈的文句带着一种不可抗拒的力量压倒了我们。"（巴金，《忆》 102）而庐隐则更具典型意义。庐隐是新文化运动的积极分子，"五四"著名作家，与冰心、林徽因被称为"福州三大才女"。她1924年发表于《民铎》的《中国的妇女解放问题》一文以女性的身份讨伐封建礼教，令人震撼。1934年出版的《庐隐自传》共有八部分，分别是"童年""中学时代""第一次的教员生活""大学时代""著作生活""思想的转变""社会经验""其他"等。该传生动记叙了庐隐的成长历程，特别是在新文化运动影响下思想的转变和进行文学革命的过程，从一个侧面反映了新文化运动对当时青年的深刻影响。以"其他"为例，庐隐在这部分中共谈了六个话题："从来不追悔""我的宗教""我的嗜好""我创作时的习惯""我对于教育的意见"，以及"我对于恋爱的主张"。这六个方面非常直观地展示了传主棱角分明的个性特征。例如，在谈到恋爱观时，庐隐主张"恋爱是有条件的——精神上的条件"，并具体提到三点："第一步当然是要彼此有深切的了解，仅仅了解还不够，这相爱的一对人儿当中，还须彼此发现各人的特别优点，互相崇拜这优点"，"其次要性情合得来"，"再其次呢，应当有为了爱而牺牲个人利益的精神"（113—132）。这三点无疑迥别于"郎才女貌"的传统婚姻观，是新文化运动洗礼下的产物。郑道明曾评价："庐隐是被'五四'的汹涌怒潮从封建的氛围中掀起来的觉醒的一个女性，她在当时对这个思潮很锐敏地接受了。"（25）世人也正是通过庐隐的自传了解了新文化运动对大学时期的庐隐的深刻影响，晓君在《"庐隐自传"读后感》里也明确指出："她（庐隐）进女高师那一年，正碰上'五四'运动。'五四'运动唤醒了多少青年或是老青年，学术方面也起了大波澜。在许多猛然从旧梦中甦醒的摇旗呐喊的青年之中，她也是一个。"（18—20）值得一提的是，通过传记的形式让后人了解新文化运动，这一理念自觉存在于当时的一部分文人中。张静庐在谈到他创作自传《在出版界二十年》的动机时就曾说道："当时阿英先生和几位朋友都叫我写一本自传，来记述二十年来上海新书事业的沿革和变迁，给后来留心新文化运动的史家们一些'或许有用'的史料。"（1—2）这一目的无疑是达到了。

1923年底《新青年》杂志改版为中共机关报标志着新文化运动的结束，但新文化运动对文学的影响远远没有消除。中国现代传记文学作为新文化运动的产物，其产生、发展与新文化运动息息相关，这是应该引起我们关注的。

## 引用文献【Works Cited】

巴金：《〈我的自传〉中译者前记》，《巴金译文全集》（第一卷）。北京：人民文学出版社，1997年，第1—3页。
[Ba Jin. "The Translator's Preface to *My Autobiography*. By Peter Kroptkin." *Complete Translations by Ba Jin*. Vol.1. Beijing: People's Literature Publishing House, 1997. 1-3.]
——：《忆》，上海：东方出版中心，2017年。

——. *Recollections*. Shanghai: East Publishing Center, 2017.]

陈独秀：《实庵自传》，《陈独秀南京狱中资料汇编》（下卷），奚金芳、伍玲玲编。上海：上海人民出版社，2016年，第695—704页。

[Chen Duxiu. "The Autobiography of Shi An." *Chen Duxiu Nanjing Prison Papers Collection* (Part I). Eds. Xi Jinfang and Wu Lingling. Shanghai: Shanghai People's Publishing House, 2016. 695-704.]

——：《独秀文存》。合肥：安徽人民出版社，1987年。

[——. *Works of Du Xiu*. Hefei: Anhui People's Publishing House, 1987.]

陈可陵：《读〈两地书〉后》，《出版消息》，1933年第16期，第11—13页。

[Chen Keling. "Reading *The Letters* Edited by Lu Xun." *Publishing News* 16 (1933): 11-13.]

杜衡：《序》，《戴望舒诗全编》，载梁仁编著。杭州：浙江文艺出版社，1989年，第49—56页。

[Du Heng. Preface. *The Complete Poems of Dai Wangshu*. Ed. Liang Ren. Hangzhou: Zhejiang Literature and Art Publishing House, 1989. 49-56.]

胡适：《李超传》，《胡适传记作品全集》（第四卷），耿云志、李国彤编著。上海：东方出版中心，1999年，第183—194页。

[Hu Shi. "A Biography of Li Chao." *The Complete Works of Hu Shi's Biography*. Vol.4. Eds. GengYunzhi and Li Guotong. Shanghai: East Publishing Center, 1999. 183-194.]

——：《南通张季直先生传记序》，《胡适文存》（第八卷）。合肥：黄山书社，1996年，第540—542页。

[——. "Preface to A Biography of Mr. Zhang Jizhi in Nantong." *Works of Hu Shi*. Vol.8. Hefei: Mount Huangshan Bookshop, 1996. 540-542.]

——：《四十自述》。北京：群言出版社，2015。

[——. *Forty Autobiography*. Beijing: Qun Yan Publishing House, 2015.]

——：《丁文江的传记》。北京：北京师范大学出版社，2014年。

[——, *A Biography of Ding Wenjiang*. Beijing: Beijing Normal University Press, 2014.]

黄庐隐：《庐隐自传》。上海：第一出版社，1934年。

[Huang Luyin. *The Autobiography of Lu Yin*. Shanghai: First Publishing House, 1934.]

林语堂：《苏东坡传》，张振玉译。长沙：湖南文艺出版社，2012年。

[Lin Yutang. *A Biography of Su Dongpo*. Trans. Zhang Zhenyu. Changsha: Hunan Literature and Art Publishing House, 2012.]

欧阳予倩：《自我演戏以来》，《戏剧杂志》，1929年第6期，第235—255页。

[Ouyang Yuqian. "Ever since I Started Acting." *Theatre*. 6(1929): 235-255.]

瞿秋白：《多余的话》。南昌：江西教育出版社，2009年。

[Qu Qiubai. *Superfluous Words*. Nanchang: Jiangxi Education Press, 2009.]

沈寂：《陈独秀传论》。合肥：安徽大学出版社，2007年。

[Shen Ji. *On Chen Duxiu from Biographical Perspective*. Hefei: Anhui University Press, 2007.

沈从文：《德译〈从文自传〉序》，《沈从文全集》（第十六卷）。太原：北岳文艺出版社，2002年。第406—407页。

[Shen Congwen. "Preface to German Translation of *TheAutobiography of Cong Wen*." The

Complete Works of Shen Congwen. Vol. 16. Taiyuan: Beiyue Literature and Art Publishing House, 2002. 406-407.]

——：《从文自传》。北京：北京十月文艺出版社，2013 年。第 284—286 页。
[——. The Autobiography of Cong Wen. Beijing: Beijing October Literature and Arts Publishing House, 2013. 284-286.]

苏雪林：《自传文学与胡适的四十自述》，《世界文学》，1934 年第 2 期，第 355—373 页。
[Su Xuelin. "Autobiography and Hu Shi's Self-Narrative at Forty." World Literature 2 (1934): 355-373.]

陶亢德：《关于"实庵自传"》，《古今》，1942 年第 8 期，第 10—12 页。
[Tao Kangde. "On 'The Autobiography of Shi An'." The Ancient and Modern 8 (1942): 10-12.]

萧关鸿：《序》，《中国百年传记经典》（第一卷），萧关鸿。北京：东方出版社，2002 年。第 1—18 页。
[Xiao Guanhong. Preface. Chinese Biography Classics in 100 Years. Vol. 1. Ed. Xiao. Beijing: East Publishing House, 2002.]

晓君：《"庐隐自传"读后感》，《女声》，1935 年第 10 期，第 18—20 页。
[Xiao Jun. "Reading The Autobiography of Lu Yin." The Voice of Women 10 (1935): 18-20.]

谢冰莹：《谢冰莹文集》（上册）。合肥：安徽文艺出版社，1999 年。
[Xie Bingying. Works of Xie Bingying (Part I). Hefei: Anhui Literature and Art Publishing House, 1999.]

徐悲鸿：《徐悲鸿自述》。合肥：安徽文艺出版社，2013 年。
[Xu Beihong. The Autobiography of Xu Beihong. Hefei: Anhui Literature and Art Publishing House, 2013.]

许钦文：《钦文自传》。北京：人民文学出版社，1986 年。
[Xu Qinwen. The Autobiography of Qin Wen. Beijing: People's Literature Publishing House, 1986.]

杨正润主编：《众生自画像：中国现代自传与国民性研究（1840—2000）》。上海：上海人民出版社，2009 年。
[Yang Zhengrun, ed. Self Portraits of Modern Chinese People: A Study of the National Character Based on Chinese Modern Autobiography (1840-2000). Shanghai: Shanghai People's Publishing House, 2009.]

郁达夫：《郁达夫文集》（第六卷）。广州：花城出版社；香港：三联书店香港分店，1983 年。
[Yu Dafu. Works of Yu Dafu. Vol. 6. Guangzhou: Huacheng Publishing House; Hong Kong: SDX Joint Publishing Co. (Hong Kong), 1983.]

张静庐：《在出版界二十年》。南京：江苏教育出版社，2005 年。
[Zhang Jinglu. Twenty Years in the Publishing House. Nanjing: Jiangsu Education Publishing House, 2005.]

章衣萍：《倚枕日记》。上海：北新书局，1931 年。
[Zhang Yiping. A Diary by My Sickbed. Shanghai: North New Bookstore, 1931.]

郑道明：《庐隐论》，《创作与批评》，1934 年第 1 期，第 25—52 页。
[Zheng Daoming. "Criticism of Lu Yin." Creative Writing and Criticism 1 (1934): 25-52.]

# "必需的文学"

## ——论非裔奴隶自传叙事的功用

郑春光

**内容提要**：自传作为"文学共和国中最民主的省份"，是非裔黑奴钟爱的一种文类。它基于强烈的现实需要而产生，承载着他们共同的政治和身份诉求，在争取自由的过程中发挥了重要的作用。非裔奴隶自传的创作意图明显，期待直接的效果，具有很强的功用性。一些研究虽讨论过它的一些功能，却仍有值得完善的地方：它是非裔黑人的人权宣言，非裔离散身份形成的基础，非裔黑人的收入来源。非裔黑人自传虽是一种"必需的文学"，却开创了一种文类，构成了非裔离散文学的源头活水。

**关键词**：自传　非裔离散　奴隶叙事　身份认同　种族话语

**作者简介**：郑春光，文学博士，北京大学外国语学院助理研究员，主要研究传记文学、非裔离散文学，近期发表了《家园绘制与离散书写：论帕蒂古丽的双重视角》(《民族文学研究，2017年第5期》)等。

**Title**: "Literature of Necessity": On the Utility of the African Slave Narrative

**Abstract**: As the "most democratic province of the republic of letters", autobiography is a favorite literary genre for African slaves. It is motivated by a very practical desire and bears their strong appeals to politics and identity, which plays a key role in their long walk to freedom. With a clear intention, African slave narrative expects an immediate effect and performs a prominent function. Many studies have elaborated on some aspects of its function; however, there is room for improvement: it is the declaration of human rights for African diasporas, the foundation of African diasporic identity, and their source of income. As a "literature of necessity", African slave narrative opens up a popular genre and constitutes the vital source of African diasporic literature.

**Keywords**: Autobiography, African diaspora, slave narrative, identity, racial discourse

**Dr.Zheng Chunguang** is Assistant Fellow in School of Foreign Language Studies at Peking University, China. His research concerns life writing and African Diasporic literature. He is the author of "Drawing Homeland and Writing Diaspora: On Patigul's Double Perspectives" in *Studies on Ethnic Literature*, 5(2017): 20-25. E-mail: cgzheng@pku.edu.cn.

与诗歌、小说、戏剧等文类相比，自传的创作门槛相对较低。它不需要过于繁复的写作技巧，上至帝王将相，下至贩夫走卒，几乎人人都可以从事创作。有学者认为，自传是一种最简单、最普遍的文学事业，对作者"没有任何规则或形式上的要求。在它悠久的历史传统里，没有产生或敷衍出必要的规则、模式或严格的戒律。自传作者不会面临任何束缚"（Olney 3）。因此，自传可以为每个人提供讲述自己生平故事的权利，尤为边缘人群和弱势群体所钟爱，被誉为"文学共和国中最民主的省份"（Howells 798）。对于识字不多的非裔黑奴来说，自传成为表达权利诉求的重要渠道。他们希望通过讲述自己的经历，激发人们投身于废奴事业，将广大同胞从桎梏中解救出来。非裔奴隶自传基于强烈的现实需要而产生，追求最直接的效果，虽有些急功近利，却无心插柳开创了一种独特的自传形式，成为美国文学和非裔离散文学的滥觞。西奥多·帕克认为，美国文学大多移植于欧洲，唯有非裔奴隶自传"完全是本土的、原创的……美国的一切原创故事都蕴含在其中，而不是在白人的小说里"（qtd. in Davis and Gates xxi）。在富兰克林和卢梭之前[①]，已有不少非裔黑人自传问世，如布雷顿·哈蒙（Briton Hammon）的自述（1760年）、詹姆斯·格罗尼奥索（James Gronniosaw）的自述（1770年）、约翰·马兰特（John Marrant）的自述（1785年）、奥拓巴·古格阿诺（Ottobah Cuguano）的自述（1787年）、奥拉达·艾奎阿诺（Olaudah Equiano）的自述（1789年）。有人曾感慨道，即便在世界文学史上，非裔奴隶自传也是一个特殊的存在，因为很少有文学传统起源于奴隶，"文学传统还

有比这更奇特的起源吗？"（Davis and Gates xv）

自 20 世纪 60 年代以来，非裔奴隶自传才逐渐获得学界的重视，"从文学研究的边缘进入接近中心的地位"（Sekora and Turner 4），涌现出大量研究专著。关于非裔奴隶自传的功用，学者们虽然揭示了一些方面，如作为废奴运动的宣传材料、研究蓄奴时期社会状况的文献、阐述后殖民思想的文本等，但仍有一些值得发掘的空间。

## 一、非裔黑人的人权宣言

在西方传统的种族论述中，非洲黑人一向被视为低等的人种，甚至是猿猴的近亲，其区分的标准在于有没有阅读和书写的能力。莎士比亚的戏剧《暴风雨》，将这一逻辑展示得淋漓尽致。欧洲贵族普洛斯彼罗不仅侵占了卡列班的岛屿和财产，而且构建了一套话语体系，为自己的侵略行为辩护。他将自己描绘成先进、文明的代表，而卡列班则被贬斥为动物和野蛮人，排除在人类文明之外，如"奴才""泥块""乌龟""下流胚""恶毒的奴才，魔鬼和你那万恶的老娘合生下来的"（莎士比亚 399—400 1.2.317—325）。这一话语体系建立的逻辑基础在于，卡列班不会讲西方的语言："那时你这野鬼连自己说的什么都不懂，只会像一只野东西一样咕噜咕噜。"（莎士比亚 400—401 1.2.360—362）普洛斯彼罗则以救世主的名义，傲慢地将这套话语灌输给卡列班："我教你怎样用说话来表达你的意思，但是像你这种下流胚，即使受了教化，天性中的顽劣仍是改不过来。"（莎士比亚 401 1.2.362—365）从这种意义上说，《暴风雨》是一个关于西方种族话语的寓言。

然而，这一寓言并非文学作品中的天方夜谭，而是在现实中真实的存在。1550 年和 1551 年，西班牙曾召开过两次空前绝后的大辩论，讨论世界上究竟有没有劣等种族以及先进种族有没有理由奴役他们。西班牙神学家兼法学家塞普尔韦达引证亚里士多德的理论，认为印第安人智力低下，没有文字，缺少文化，是天生的野蛮人，理应为高贵的西班牙人所奴役。拉斯·卡萨斯神父虽极力为印第安人辩护，却提出用非洲人取代印第安人做奴隶的观点。[②]

由此可见，在当时的欧洲人眼里，语言文字是区分文明与野蛮的重要标志，而非洲人则被视为最劣等的种族。不仅如此，一些神学家还用《圣经》来为此辩护，宣称非洲人是含的后裔，含因见到父亲诺亚的裸体而被诅咒，其后人永远做雅弗（亚洲人始祖）和闪（欧洲人始祖）后裔的奴隶（Moore 39—40）。最讽刺的是，号称"人人生而平等"的美国公然将这种不平等写进了首部宪法。1787年宪法规定，在计算各个州代表的数量时，黑人不能算一个完整的人，只能顶3/5个人（*U.S. Constitution* Art. I, Sec. 2）。弗雷德里克·道格拉斯在第一部自传中曾提到，在奴隶主死后，奴隶们经常被当作牲畜进行瓜分："男女老少，不论结婚与否，都跟马、羊、猪摆在一起进行分级。马和男人、牛和女人、猪和小孩处在同一级，接受同样详细的检查。"（Douglass 34）总之，西方殖民者通过把非裔黑人贬低到动物层次，排除在人类之外，而语言文字则充当了帮凶。对此，列维-施特劳斯一针见血地指出：

> 书写文字似乎是被用来做剥削人类而非启蒙人类的工具。这项剥削，可以集结数以千计的工人，强迫他们去做耗尽体力的工作，……书写主要功能是帮助进行奴役。把书写文字用作不关切身利益的工具，用作智识及美学上的快感的源泉，等等，是次要的结果，而且这些次要的功能常常被用来强化、合理化和掩饰进行奴役这项主要功能。（385）

实际上，将语言文字用作奴役的工具并非欧洲人的专利。列维-施特劳斯曾提到，亚马孙河流域的南比克瓦拉人没有文字，但是当酋长看到文字之后，便通过模仿和朗读自己的涂鸦对族人发号施令。这种关于文字的看法并非只是来自人类学家的外部观察，道格拉斯以奴隶制亲历者的身份从内部发出了同样的声音。

道格拉斯曾对一个问题百思不解："白人奴役黑人的力量究竟何在？"在奴隶主奥德家的一次经历使他茅塞顿开。当时奥德太太善意地教他识字，但是奥德先生发现之后，立刻加以禁止，因为：

> 教会奴隶阅读既不合法，也不安全。用他的话说："黑鬼会得寸进尺。黑鬼只需对主人唯命是从，别的什么都不用知道。阅读会使世上最好的奴隶变坏。"他还说："要是教会了那个黑鬼阅读，就留不住他了。这会使他再也不适合做奴隶。他马上就变得无法驾驭，不但对主人毫无用处，即便对他自己也没有好处，会给他带来祸害。他将变得永不满足，闷闷不乐。"（Douglass 28—29）

奥德先生的警告并非个人行为，而是殖民话语打造的一道防护堤，并为之加上了法律的外衣。以此看来，文字构成了奴隶制合理、合法化的基础。然而，它也有一种神奇的力量，一旦为奴隶所掌握，就会成为一种批评的武器，洞蚀奴隶制的千里之堤。卡列班在学会语言后开始意识到它的巨大破坏力，知道"怎样骂人；但愿血瘟病瘟死了你"（莎士比亚 400—401 1.2.369）；格罗尼奥索学得最快的"是谩骂和诅咒"（Gronniosaw 19）。道格拉斯一语道破："教育和奴隶制不兼容。"（Douglass 33）

因此，白人奴隶主为维持奴隶制度，必然禁止非裔黑奴拥有阅读和书写的能力。格罗尼奥索曾在自传中提到，当他在贩奴船上翻书时，立即被一个白人抢过来扔到了海里，而这成为他一生最大的侮辱（Gronniosaw 13—15）。杜波依斯（W.E.B.Du Bois）也说，实行蓄奴制的南方严格禁止奴隶识字："南方从一开始就坚决反对黑人受教育，为此不惜采用暴力、侮辱和血腥的方式。因为南方相信，受过教育的黑人非常危险。南方并非全错，因为对任何人来说，教育始终包含着危险和革命的成分，会让人产生不满和愤懑。"（20）在这种愚民政策下，非裔黑人从未被视为白人的同类；他们被剥夺了受教育的机会，无法书写自己的历史，只能与动物处于同一等级。长此以往，就连卡列班都开始承认："我真是一头比六头蠢驴合起来还蠢的蠢货！"（莎士比亚 459 5.1. 310—312）

道格拉斯宣称他的发现是"一个伟大的成就"，坚信文字是"从奴役通往自由的必由之路"（Douglass 29）。为了继续学习，他将主人家多余的面包分给饥饿的白人小孩，以换取"更有价值的知识面包"；他还利用一切机会摹仿小主人的手稿。在掌握了文字之后，道格拉斯开始懂得"废奴"和"废奴主义者"的含义，认清了自己和同胞们的悲惨处境，进而投身于废奴事业，成为一名伟大的斗士。在奴隶制度下，掌握文字是一种颠覆行为，也是奴隶实现自由的重要途径，艾丽斯·沃克小说《紫色》（*The Color Purple*）中的西丽（Celie），也是借助文字打开了自由的大门。即便在获得解放之后，非裔黑人依然抓住"'书本知识'的理想"不放，因为他们"想知道并检验白人神秘文字的巨大力量"（Du Bois 35）。

对于非裔黑人来说，用西方殖民者的语言进行创作，是对种族话语最有力的回击。罗伯特·布歇尔牧师曾在信中说：

> 黑人的愚昧……为鼓吹奴隶制的人所强调，成为定性他们是野蛮人的借口；对于知识分子来说，这意味着黑人只比猴子或猩猩高那么一点。然而我非常确定的是，为奴隶制辩护之人所写的东西，似乎无法与两个黑人作家的文学价值和能力相媲美。菲利斯·惠特利从非洲抵达波士顿之后，短短几年内就写出了工整的英文诗；另一篇很长的古典拉丁语颂歌由弗朗西斯·威廉所写……我从没听说过一只猴子会写诗，一只猩猩能写拉丁语颂歌。（qtd. in Carretta xi）

无独有偶，詹姆斯·彭宁顿也声称，像安·柏拉图（Ann Plato）那样出版图书，"是揭露以下谬论的唯一方法：即我们天生适合做奴隶，艺术与我们的奴隶身份无缘"（Pennington xviii）。在非裔黑人的生命中，掌握语言文字绝不是一件小事，而是一种具有决定性的反抗行为，它以切实的证据戳穿了西方种族话语的谬论，改变了他们的人生轨迹，"使黑人远离棉花田，走向远比人身解放更大的自由"（Gates 4）。

非裔黑人不仅掌握了西方的语言，而且以数量庞大的自传作品向世界表明，他们并非低等动物或天生的野蛮人，而是完全能够在精神和知识领域成为白人的同类。他们甚至不无骄傲地在题目中声明，自传"由他自己所写"，从而暴露西方种族话语的荒谬。自传是非裔黑人向世界发出的人权宣言，用一种高傲的姿态宣示了主体的诞生："我读，我写，故我在。"（Niemtzow 98）菲利浦·勒热讷认为，"自传是一种人权"（Lejeune 224）。当自传写作成为非裔黑人的一项基本人权，也就意味着他们最终成为自己生命和生活的主人。

## 二、非裔离散身份形成的基础

长期以来，非洲人从没有形成地域或国家的观念，而是倾向于基于部落的身份认同，如约鲁巴人、豪萨人、伊博人、沃尔夫人、阿坎人、马林克人等。欧洲殖民者出于殖民扩张的需要，将所有非洲人视为一个不分差别的整体，只需用一个极具侮辱性的名称"黑鬼"（Negro），便可一次性地加以否定。该词源于西班牙语和葡萄牙语，本是中性的形容词"黑色的"，可追溯至古希腊语词根"necro"（死者、死亡、尸体）。随着奴隶贸易的开展，欧洲殖民者将它的词性转化为名词，取代了原先对非洲人的称呼——黑摩尔人、埃塞俄比亚人、努比亚人，以割断他们的历史和文化根源，使其在肉体、精神和心灵上死亡（Moore）。被贩卖到美洲的非洲人可能隶属不同的部落，语言、宗教、习俗迥异，但长期的杂居混处和共同的受难经历使他们的界限逐渐消失，形成了一种模糊的非洲观念。

非裔观念的产生并非始于18世纪70年代，但只有在此之后涌现的非裔奴隶自传中，才开始成为一种明确的身份认同。在此之前，抵达美洲的非洲人虽然不计其数，但留下的文字却屈指可数。一方面，黑非洲大多没有书写文字的历史传统，而抵达新大陆之后的非裔黑奴，又被西方殖民者排斥在文字的王国之外；另一方面，即便通文识字的人，在奴隶制的恶劣生存处境下，也很难留下只言片语，更遑论出版。不论是1760年诞生的第一部非裔黑人自传③，还是1761年发表的第一篇诗歌，两位作者布里顿·哈蒙和朱庇特·哈蒙都在题目中将自己界定为"黑鬼"。在18世纪70年代之后，非裔黑人出现自传创作的热潮，普遍摒弃"黑鬼"的说法，非裔身份认同逐渐形成并确立下来。在最早的几篇奴隶自传中，作者在题目中直接表明自己的非裔身份：1770年格罗尼奥索宣称自己是"一名非洲王子"；1787年古格阿诺称自己是

"一个非洲土著"；1789 年艾奎阿诺称自己为"非洲人"；1798 年温彻尔·史密斯（Venture Smith）称自己是"一个非洲土著"；1810 年杰弗雷·布雷斯（Jeffrey Brace）称自己是"非洲盲人奴隶"；1815 年约翰·吉安（John Jea）称自己是"非洲牧师"。2015 年的发现再次证实了这一观点，即"非裔美国人"（African American）一词最早出现于 1782 年两篇具有自传色彩的布道辞中（Schuessler C1）。这些非裔奴隶自传与最早成立的一些组织——1787 年的自由非洲人协会、1794 年的布莱恩街道非洲人浸信会、1816 年非洲卫理公会主教派教会，为非裔身份的形成奠定了基础。

  为了反抗西方殖民者的种族压迫，非裔黑人在自传中采用了相似的逻辑，将所有被压迫者看作一个毫无差别的整体。长期的杂居混处，相似的受难经历，共同的奋斗目标，使这些来自同一块大陆的人凝聚起来，借助自传发出了强有力的呐喊。艾奎阿诺在自传中开篇明义，希望通过展现"我的黑人同胞所遭受的苦难……加速结束残忍和不公正的奴隶贸易"，期望英国国会议员"能对我不幸的同胞产生同情"（Equiano 5—7）。道格拉斯在自传中一再提及，他四处演讲和著作的目的是为了"同胞的事业"（Douglass 100），希望能"拯救我千千万万受苦受难的同胞"（Douglass 107）。玛丽·普林斯撰写自传的目的是，为了让英格兰人帮忙"打碎我们的枷锁，让我们获得自由"（Prince 64）。这些奴隶自传的作者通过"我的黑人同胞""我不幸的同胞""同胞的事业""我们"等说法，不动声色地将所有被压迫者联合起来，形成了一种集体的身份，避免了各自为战的情形，有助于一致对外实现共同的目标。

  非裔奴隶自传的作者往往把自己作为集体的一员，在讲述个人生平的同时记录同胞的经历，使沉默的大多数发声，为整个群体立传，极大地促进了非裔身份的确立。艾奎阿诺以亲历者的视角，再现了非洲同胞在中间航程的悲惨命运：他们被戴上脚镣和手铐，塞进闷热、潮湿的甲板下面，"妇女的尖叫和垂死的呻吟，使整个场景异常恐怖"（Equiano 56）；在抵达美洲后，他们遭受了更大的苦难：无数的黑人女性和女童被白人玷污；一名黑奴因与白人妓女有联系被割了耳朵；一个黑奴因反抗残忍的监工被烧死；桑吉因逃跑未遂被烧死，另一个则被砍断了腿（Equiano 102—107）。道格拉斯根据自己的所见所闻，写下了许多同胞的生平。比如赫斯特阿姨不顾主人的嫉妒与情人幽会，被打得血流如注（Douglass 5—6）；道格拉斯的表姐因连续劳作出差错，被打断了鼻梁和胸骨，很快死去；一名贫困老奴因在主人属地之外垂钓被射杀（Douglass 21—22）；戴姆比因无法忍受鞭打跳入小溪而被监工枪杀；被称为"小挨刀的"玛丽浑身是伤，还要与猪抢食（Douglass 30—31）；为主人生了 12 个儿女的老外婆，被遗弃在森林中孤老；一个跛足女奴被抽打了四五个小时（Douglass 42—48）。普林斯在自传中坦承，她在讲述个人不幸时，"不能不提我的那些奴隶同胞，我只要想到自己的忧伤，就会记起他们"（Prince 65）。这些人也因此不致淹没于历史的尘埃：怀有身孕的海蒂阿姨因没拴好牛，被 I 船长鞭打得血流如注，生了一名死婴，在身体恢复后又被鞭打致死；本由于饥饿偷了一点米，被吊起来鞭打，为自己辩解时，还被小主人在脚上刺了一刀；年迈的丹尼尔经常被主人打得血肉模糊，在伤口上撒盐。

  总而言之，非裔奴隶自传关注的并非个体，而是群体。它所记录的一个个生平故事，实则是整个群体的缩影，从中可以看到"我们每一个人的命运"（Prince 64）。从这种意义上说，非裔奴隶自传是非裔黑人群体的民族志，成为他们界定身份的重要依据。艾奎阿诺最早在自传中表现出一种非裔离散的"双重意识"，身份认同在非洲和英国之间游移。一方面，他生于非洲，称自己是非洲人，使用现在时、第一人称复数描绘他的故乡和人民；另一方面，他以西方英雄古斯塔夫斯·瓦萨的名字在英国获得自由，从事一切社会活动，并极力协调非洲和英国的关系，主张以一种双赢的方式取消奴隶贸易：届时非洲人获得自由，人口"每 15 年增长两倍"，能够满足英国快速增长的制造业需求；这块"周长 1 万英里"的"非洲市场"，可以广泛种植棉花和靛蓝，是英国未曾涉足、亟待开发的地方（Equiano 235）。他在题目中将非洲名字奥拉达·艾奎阿诺与欧洲名字古斯塔夫斯·瓦萨并置，成为建构非裔英国身份的先驱。普林斯在第一部出版的非裔女性自传中，宣称自己是"一个西印度奴隶"，将安提瓜视为故乡，即便在取消奴隶制的英国生活，也始终渴望回到故乡（Prince 82—83），这为加勒比身份的形成开了先河。道格拉斯在自传中将自己界定为"一名美国奴隶"，成为非裔美国人的"第一位代表""所有被压迫者的英雄典范"（McDowell 56），为非裔美国身份的确定起了奠基性的作用。普林斯和道格拉斯在自传中认可西印度和美国，却很少提及非裔身份，因为当时美洲掀起了将自由黑人遣返非洲的运动，许多在美国和加勒比出生的非裔人极力抵制，为此呼吁摒弃非裔身份，他们的身份认同反映了社会意识形态的变化和民族国家意识的增强。一言以蔽之，非裔奴隶自传为非裔离散身份的形成奠定了基础。

## 三、非裔黑人的收入来源

或许很多人认为，非裔奴隶自传大多是文盲、半文盲的作品，是局限于特定群体的小众读物，可事实并非如此，它是一个流通数量极为庞大的大众文类。根据相关学者的统计，从美洲出现第一批非洲奴隶到20世纪70年代最后一名奴隶去世，共有 6 006 名奴隶参与到各种形式的奴隶叙事中来（Starling xx—xxi）。在1760年至1863年间，单独出版的奴隶叙事作品大约有 100 篇；在1830年至1863年间，有400多篇简短的奴隶叙事在废奴刊物上刊登；1863年约有50篇奴隶叙事出现；1864年到19世纪末，约有80部自传出版；1936年至1938年，公共事业振兴署总共收集了 2 194 篇有关奴隶的访谈，并于1972年出版（Sekora 101）。按照威廉·安德鲁斯（William Andrews）的目录列表，在1760年至1865年之间，从一页长的短文到长达数卷的奴隶叙事大约有 112 篇；其中65篇以书籍或小册子的形式出现，此后到经济大萧条初期有50部作品以印刷品的形式出现（333—347）。在1776年至1947年间，美国和英国共出现了200多部成书的黑人自传；长度在八页至两卷本之间的印刷品大约有 150 部（Taylor xv-xxxviii）。这些数字虽然抽象，甚至互有差异，却足以表明，非裔黑人对自传情有独钟，"差不多每一名奴隶制的受害者都能获得出版"（Nichols xiv）。

非裔奴隶叙事并非完全是乏善可陈的宣传材料，而是具备成为畅销书的品质。作品中的黑人主人公往往被视为反抗压迫的个人英雄，其奋斗的经历曲折、生动，令人叹为观止，演绎着黑人版的美国梦。在英语文学中，虽然有很多作品表现个人与逆境的抗争经历，但是"它们远不及奴隶叙事让人印象深刻：他孤身一人，在遥远的地方身陷重围，通过自学和写作一步步推进并最终实现了逃脱的梦想，继而成长为一名为同胞事业奋斗的领袖"。这些逃跑的黑奴"是我们年代的英雄。浪漫传奇中不可能出现如此惊心动魄的经历。在古典时期，没有任何历险英雄能与其声誉相提并论"（Davis and Gates 30—31）。

　　实际上，非裔奴隶自传在当时非常风靡，甚至一版再版，供不应求。格罗尼奥所的自述在 1772 年至 1800 年间共发行 12 个版本；艾奎阿诺的自述在 1789 年至 1794 年间出现了 13 个版本，被翻译成了荷兰语、德语、俄语等多种语言，到 1837 年多达 22 个版本；《纳特·特纳的自白》销售多达四五万册；查尔斯·保尔（Charles Ball）的自述在 25 年间发行了十几个版本；摩西·罗伯尔（Moses Roper）的自述在 1837 年至 1844 年间有 11 个版本，售出 3 万多册；道格拉斯 1845 年的自传在问世后的五年间，美国出现了 7 个版本，英国有 9 个版本，1855 年的自传两天内售出 5 000 册，1881 年的自传有 12 个版本。威廉·威尔斯·布朗的自述在 1847 年至 1849 年间的美国有 4 个版本，售出 1 万册，英格兰售出 11 万册；约西亚·亨森（Josiah Henson）的自述在三年内售出 6 000 册，到 19 世纪末销售总量达到 10 万册，被翻译成威尔士语、法语、瑞典语、荷兰语和德语；所罗门·诺萨普（Solomon Northup）的《为奴十二年》在 1853 年至 1854 年间售出 2.7 万册，詹姆斯·马尔斯（James Mars）1864 年的自述到 1876 年共有 13 个版本。也许这些数字不够直观，如果与同时期美国经典作家的作品做一下对比，会更能凸显出奴隶叙事的畅销度。霍桑的《红字》在 13 年里卖出 1.3—1.4 万册，梭罗的《瓦尔登湖》、麦尔维尔的《白鲸》、惠特曼的《草叶集》均只卖出不到 2 000 册，而梭罗的《康科德和梅里麦克河上的一周》只印了 1 000 册，出版社将卖剩下的 706 册退还给了他（Taylor xx-xxi）。

　　因此，非裔奴隶自传可以为作者带来可观的经济效益。当时有不少作者用卖书的稿费来养活自己和资助家人，他们甚至在作品中毫不避讳地提到这一点。摩西·格兰迪（Moses Grandy）说："出售本书所获得的一切利润……将完全用来改善我的孩子和亲人们的恶劣环境，他们依然生活在奴隶制度之下。"

威廉·格里姆斯（William Grimes）在自述结尾时说："我希望有人能出于慈善的目的购买我的书；但我并不是一个乞丐。如今我一贫如洗；我不知道未来会在哪里生活，也不知道靠什么谋生。"之前提到的几位畅销作者更是如此。格罗尼奥索在自述的宣传文字中表明，该书的全部收益将用于资助作者及其贫困的家庭，雪莉（W.Shirley）在所写的序言中再次提到这一点；詹姆斯·马尔斯提到："我已经76岁了，由于年龄老迈和长期的辛苦劳作，我的肢体非常僵硬，不过只要我还能挨家挨户地走动，我就想依靠销售我的小册子来谋生。"（qtd. in Williams 89）其实，很多非裔奴隶叙事的书名中带有"由他本人所写"的字样，除了之前提到的目的之外，还有一个重要的作用就是，用来向读者保证作者信息的可靠性，并让他们意识到，作者的确能从该书的销售中获得经济利益。

如果从现代自传批评的视角来看，这些非裔奴隶自传或许非常幼稚，人物扁平单一，叙事简单粗糙，情节千篇一律。然而在当时的情景下，过分细致的描绘，繁复的写作技巧，丰富多样的人性塑造，反而是一种颓废，必然会分化革命的事业。实际上，这些非裔奴隶自传的作者通过将一种性格发挥到极致，使个人与命运的抗争更加突出，透出一种革命的浪漫。他们不仅因此获得了一种集体的力量，推动了现实的变革和历史的进程，极大地改变了自己和同胞的命运；而且这些人物形象随着作品的流传，逐渐成为他们民族精神的脊梁，构成了文化传统中的刚性力量，支撑着他们的身份认同和民族想象。借用桑德斯·雷丁（Saunders Redding）的说法，非裔奴隶自传是一种"必需的文学"（3），顺应时代的需要而产生，在非裔黑人的历史进程和现实生活中发挥了举足轻重的作用。虽然它的创作意图明确，具有很强的功利性，却并不妨碍它成为非裔离散作家创作的源头活水。它不仅哺育了钦努阿·阿契贝、沃尔·索因卡、理查德·赖特、佐拉·赫斯顿、托尼·莫里森、德里克·沃尔科特等世界知名作家；而且在当代文坛依然散发着活力，不少作家以这种形式创作了一系列"新奴隶叙事"（Rushdy 3）。加勒比、英国、美国乃至一切非裔离散文学，都可追溯到这一创作传统中来。本文的讨论只是勾勒其中的一个侧面，这一巨大的宝藏仍值得不断地去发掘和探索。

## 致谢【Acknowledgement】

本文为中国博士后科学基金面上资助项目（2018M631229）阶段性成果，得到中国博士后科学基金会的资助，作者谨致谢忱。

My acknowledgement and gratitude go to the research project（IC：2018M631229）granted by the China Postdoctoral Science Foundation.

## 注释【Notes】

① 富兰克林的部分自传最初于 1791 年以法语版问世，1868 年才出现第一个全本，被誉为现代西方自传源头的卢梭的《忏悔录》，上、下两卷分别出版于 1782 年和 1789 年。
② 后来拉斯·卡萨斯神父为此非常后悔，开始致力于废奴事业。参见索萨：《丰饶的苦难——拉丁美洲的笔记》（昆明：云南人民出版社，1998 年，第 66—69 页）。
③ 关于何为第一篇奴隶叙事尚存在一些争议。有一些学者怀疑，哈蒙很可能不是奴隶，而是自由人，原因有三：首先，哈蒙称自己是仆人（servant），而非奴隶，虽然是在主人（master）的允许下环游，但该词也有雇主之意；其次，奴隶几乎不可能获得海上旅行的许可；第三，他在国外船上工作时收到过工资。如果哈蒙不是奴隶，那么他的自述就不是第一篇奴隶叙事。

## 引用文献【Works Cited】

Andrews, William. *To Tell a Free Story*: *The First Century of Afro-American Autobiography, 1760-1865*. Urbana and Chicago: University of Illinois Press, 1986.

Carretta, Vincent. Introduction. *The Interesting Narrative and Other Writings*. By Olaudah Equiano. Ed. Carretta. New York: Penguin Books, 2003. ix-xxx.

Davis, Charles T., and Henry Louis Gates, Jr., eds., *The Slave's Narrative*. Oxford and New York: Oxford University Press, 1985.

Douglass, Frederick. *Narrative of Frederick Douglass, an American Slave, Written by Himself*. Boston: The Anti-Slavery Office, 1845.

Du Bois, W.E.B. *The Souls of Black Folk*. New York: Dover, 1994.

Equiano, Olaudah. *The Interesting Narrative and Other Writings*. Ed. Vincent Carretta. New York: Penguin Books, 2003.

Gates, Henry Louis, Jr. "Literary Theory and the Black Tradition." *Figures in Black*: *Words, Signs, and the "Racial" Self*. Ed. Henry Louis Gates, Jr. Ithaca: Cornell University Press, 1987: 3-58.

Gronniosaw, James Albert Ukawsaw. *A Narrative of the Most Remarkable Particulars in the Life of James Ukawsaw Gronniosaw, an African Prince, as Related by Himself*. Gloucester: Printed by W. GYE, 1972.

Howells, William Dean. "Editor's Easy Chair." *Harper's Monthly Magazine* 119 (1909): 798-781.

Lejeune, Philippe. *On Autobiography*. Trans. Katherine Leary. Ed. Paul John Eakin.

Minneapolis, MN: University of Minnesota Press, 1989.

克洛德·列维-施特劳斯:《忧郁的热带》,王志明译。北京:生活·读书·新知三联书店,2005 年。

[Lévi-Strauss, Claude. *Tristes Tropiques*. Tran. Wang Zhiming. Beijing: SDX Joint Publishing Co., 2005.]

McDowell, Deborah E. "Making Frederick Douglass and the Afro-American Narrative Tradition." *African American Autobiography: A Collection of Critical Essays*. Ed. William L.Andrews. Englewood Cliffs, NJ: Prentice Hall, 1993:36-58.

Moore, Richard B. *The Name "Negro": Its Origin and Evil Use*. Eds. W.Burghardt Turner and Joyce Moore Turner. Baltimore, MD: Black Classic Press, 1992.

Nichols, Charles Harold. *Many Thousand Gone: The Ex-Slaves' Account of Their Bondage and Freedom*. Bloomington, IN: Indiana University Press, 1963.

Niemtzow, Annette. "The Problematic of Self in Autobiography: The Example of the Slave Narrative." *The Art of Slave Narrative: Original Essays in Criticism and Theory*. Eds. John Sekora and Darwin T.Turner. Macomb: Western Illinois University Press, 1982: 96-109.

Olney, James, ed. *Autobiography: Essays Theoretical and Critical*. Princeton, NJ: Princeton University Press, 1980.

Pennington, James W.C. "To the Reader." *Including Biographies Miscellaneous Pieces, in Prose and Poetry*. By Ann Plato. New York and Oxford: Oxford University Press, 1988:xiii.

Prince, Mary. *The History of Mary Prince, a West Indian Slave, Related by Herself*, ed. and intr. Moira Ferguson. Ann Arbor: The University of Michigan Press, 1993.

Redding, J.Saunders. *To Make a Poet Black*. Ithaca: Cornell University Press, 1988.

Rushdy, Ashraf H.A.*Neo-Slave Narratives: Studies in the Social Logic of a Literary Form*. New York: Oxford University Press, 1999.

Schuessler, Jennifer. "Tracing the Label African-American to Colonial Times," *The New York Times*, April 21, 2015.

Sekora, John. "Is the Slave Narrative a Species of Autobiography?" *Studies in Autobiography*. Ed. James Olney. New York and Oxford: Oxford University Press, 1988:99-111.

威廉·莎士比亚:《暴风雨》,《莎士比亚全集》,朱生豪译。北京:人民文学出版社,2010 年。第 383—460 页。

[Shakespeare, William. *Tempest*. Trans. Zhu Shenghao. *The Complete Works of William Shakespeare*. Vol.4. Beijing: People's Literature Publishing House, 2010. 383-460.]

Starling, Marion W.*The Slave Narrative: Its Place in American History*. Washington, D.C.: Howard University Press, 1988.

Taylor, Yuval. Introduction. *I Was Born a Slave: An Anthology of Classic Slave Narratives: 1849-1866*. Ed. Yuval Taylor. Chicago: Chicago Review Press, 1999:xv-xxxviii.

*U.S. Constitution*. Web, 23 Apr. 2018. https://www.gpo.gov/fdsys/pkg/CDOC-110hdoc50/pdf/CDOC-110hdoc50.pdf.

Williams, Kenny J.*They Also Spoke: An Essay on Negro Literature in America, 1787-1930*. Nashville: Townsend, 1970.

# "先贤传记"与方志的关系探究
## ——兼论方志的学科归属

李 贺

**内容提要**：我国古代有一批"先贤传记"，多成书于汉魏六朝期间。作为郡书之一种的"先贤传记"与后世方志有许多关联和相似地方，以至于近现代以来的方志学家大都把这些"先贤传记"直接当作方志看待。然方志的发展经历了一个漫长的历史过程，在这个过程中方志的内容、体例是不断变化的，古人对方志的认识也不尽相同。基于"先贤传记"的成书年代和方志的发展演变，不能笼统地将二者等量齐观。参考不同发展阶段的方志与"先贤传记"的异同，把"先贤传记"当作方志中人物志或者说人物志中"先贤"一门的发端之一尚可接受，但不能在"先贤传记"与方志之间简单地画上等号。

**关键词**：先贤传记　方志　郡书　历史地理学

**作者简介**：李贺，四川大学文学与新闻学院、中国俗文化研究所博士生。主要研究方向为中国古典文学文献、传记文献，近期发表了《〈鲁国先贤传〉考辨》(《古籍整理研究学刊》，2018年第5期)。

**Title**: The Relationship between the Sage Biography and the Local Chronicles: On the Academic Discipline of Local Chronicles

**Abstract**: In ancient China, there were a number of "sage biographies", which were mostly written in the Han, Wei and Six Dynasties. The "sage biography", a kind of *junshu* in Chinese, is closely related to and resembles the later generations' chronicles, so that most of modern chroniclers directly deem the "sage biographies" as literal chronicles. Local chronicles have witnessed a long history. In this process, chronicles change constantly in the style and format changing, and people's understandings of their local chronicles vary, too. Considering the development of the sage biography and the local chronicles, one cannot generally equates the two forms with each other. With regard to the similarities and differences between the chronicles of different stages of development and the "sage biography", it is acceptable to attribute the "sage biography" to the records of the people in the chronicles or to the "sages" in the chronicles of the figures, but the "sage biography" is by no means the equivalent of the chronicles.

**Keywords**: The sage biography, local chronicles, *junshu*, historical geography

**Li He** is a PhD. candidate in Chinese Literature at Sichuan University, China. His research concerns classical literary documents and biography documents. He is the author of "The Textual Study of *The Biography of the Sages of Kingdom Lu*." (*Journal of Collecting and Researching of Antique Books*, 5 2018). E-mail: 1021533722@qq.com.

我国古代尤其是汉魏六朝期间，出现了一批"先贤传记"，如《海内先贤传》《徐州先贤传》《青州先贤传》《广州先贤传》《武昌先贤传》《汝南先贤传》等几十种。这些"先贤传记"与方志有着千丝万缕的联系，后代方志如《（嘉定）镇江志》《（宝庆）会稽续志》《（雍正）江西通志》《（光绪）湖南通志》等直接引用了不少"先贤传记"的内容，且宋元以后的方志记载的人物中多有"先贤"一门。更有甚者，近现代学者张国淦的《中国古代方志考》、刘纬毅的《汉唐方志辑佚》、骆伟和骆廷的《岭南古代方志辑佚》等古代方志辑考的著作，直接将作为郡书之一种的"先贤传记"辑录其中，他们认为这些地方人物传记就是方志。黄苇主编的《中国地方志词典》"著名方志"中就有《广州先贤传》《鲁国先贤传》等先贤传记，且认为"先贤传"就是"方志用语"，并对其解释：

秦汉郡书之一，早期人物志。专门记载一郡、一邑一乡之先贤德行、义举，用以叙旧劝善，流传久远。与耆旧传相类，先贤，谓古之贤人。《礼·祭义》云："祀先贤于西学。"先贤传出现于秦汉时，编先贤传之目的，据刘知几称，为"矜其乡贤，美其邦族"。其体例基本上以人物为纲，以事实为纬，在载述中书美不书恶，多有褒扬之词。著名先贤传有东汉《鲁国先贤传》《兖州山阳先贤赞》、三国《吴先贤传》、晋《会稽先贤像赞》《鲁国先贤传》、刘宋《徐州先贤传》等,如刘义庆《徐州先贤传赞》一卷,就记有徐盛等人物多人,后世方志人物多有先贤一目,可视作秦汉以来先贤传的继承和发展,明清时仍有先贤传遗作,如徐世昌《大清畿辅先哲传》即是。(407—408)

考《鲁国先贤传》的撰者白褒大致生活在魏末晋初,暂未发现东汉有同名书,故上文第一个《鲁国先贤传》或为衍文。《徐州先贤传》与《徐州先贤传赞》实为一书,撰者刘义庆,原书有十卷,今残存三则佚文,涉及的人物除徐盛外,仅有"楚老者"、勾践、范蠡三人。除此之外,上文对"先贤传"的解释还算中肯,但前提是编者也把这些先贤传记直接看作了方志。黄苇在其《方志学》一书中又讲道:"总之,秦汉杂述内之郡书应属方志一类,并在记载人物方面,成为后世方志的一个重要发端所在。"(110)地方先贤传记为郡书之一种,《汉语大词典》解释"郡书":"古代史志的一种,记载乡邦耆旧事迹的方志。"(罗竹风,10:630)当代方志学者几乎都认为,包括地方先贤传记等杂传在内的郡书就是方志之一种。除上述几人外,还如史念海、曹小琴合著的《方志刍议》:"《隋志》所列诸书中,有圈称的《陈留耆旧传》,周斐的《汝南先贤传》,陈寿的《益部耆旧传》,虞预的《会稽典录》。刘知几却说这几部书为'所谓郡书'。所谓郡书,当然是指方志了。"(5)今之众多方志著述要么认为郡书就是方志,要么认为郡书是方志的一个重要发端和来源,兹不一一列举。方志的出现和发展经历了一个漫长的过程,在这个过程中它的内涵和外延都不是固定的。所以关于方志的诸多学说理论,虽或有失严谨,但也有其合理成分所在,不能够完全推翻。关于作为郡书之一种的"先贤传记"与方志是否能直接画上等号的问题,本文认为还有待于商榷。

## 一、方志的起源和发展概述

谈到方志的渊源,诸家都绕不开《周礼》,或称《周官》。"方志"一词今最早见于《地官司徒》:"诵训掌道方志,以诏观事。"(109)《春官宗伯》又云:"外史掌书外令,掌四方之志。"郑玄注:"志记也,谓若鲁之《春秋》,晋之《乘》,楚之《梼杌》。"(182)《周礼》所言"方志"和"志"当是指史事或者说史书,这也是后世把方志当作史书之一种的重要根据之一。先秦典籍如《禹贡》《山海经》,甚至《诗经》《尔雅》等都曾被看作方志的源流之一,多着眼于它们在体例和内容上对后世方志的影响。

方志又称地方志,产生于秦汉郡县制实施以后,如赵培基《(康熙)重修平乡县志叙》云:"古者列国各有史,秦汉而下郡邑例得为志,以志时事。"(崔建英 14)高锡爵《重修临洮府志序》又云:"自秦汉而下,置封建为郡县,而郡县则例有志。"(38)此观点多为古今学者所接受。秦汉至隋唐出现了大量的地记、图经、图志,包括被认为后世方志雏形的《畿服经》和《华阳国志》,它们在内容和体例上与后世成熟方志相近。经北宋而至南宋,方志体例基本定型。清代学者郭嵩焘在《光绪湘阴县图志·例言》中云:"地志体例,经始于北宋,至南宋而始备。"(3)张国淦先生亦云:"方志之书,至赵宋而体例始备。举凡舆图、疆域、山川、名胜、建置、职官、赋税、物产、乡里、风俗、人物、方伎、金石、艺文、灾异无不汇于一编。隋唐以前,则多分别单行,各自为书。其门类亦不过地图、山川、风土、人物、物产数种而已。"(2)此"赵宋"当主要指南宋,方志定型或者说完备于南宋之说已成为学界公论。南宋方志的完备不仅表现在某某图经向某某志的转变,如《严州图经》改为《新定志》,《九域图》改为《元丰九域志》;还表现在这些方志的大量纂修,州、郡、县以及都邑志等皆有,且包含了一批历史上公认的名志,如《临安三志》《宝庆四明志》《建康志》《新安志》等。元明清方志在南宋的基础上继续发展完善,并在清代形成鼎盛局面。方志纂修有了更加明确的体例和规定,我们今日看到的成熟方志多产生于这个阶段,兹不一一举例赘述了。

## 二、方志的学科归属再议

在讨论"先贤传记"和方志的关系之前,首先要弄清楚二者各自的学科归属。"先贤传记"就是人物传记的一种，诸史志目录皆归于史部杂传或传记类，此无任何异议。而方志就显得有些复杂了，方志的内容包罗万象，类似于大百科全书，实难将其划归于某一具体学科。既然要探究古代先贤传记与方志的关系，那么本文就从古人对方志的认识和看法来界定方志在不同时代的学科归属。

真正意义上的方志（并不是指内容和体例成熟的方志）产生于秦汉之后，我们且看古人对"方志"的理解。如左思《三都赋序》："余既思摹《二京》而赋《三都》，其山川城邑，则稽之地图，鸟兽草木则验之方志。"（72）又《吴都赋》云："方志所辨，中州所羡。"张铣注："方志谓四方物土所记录者。"（85）左思所言之"方志"主要是指记录一地物产之书，以草木鸟兽为主。范晔在《后汉书·西域传》末尾论曰："西域风土之载，前古未闻也。……至于佛道神化，兴身自毒。而二汉方志，莫有称焉。"（2931）由文中内容来看，范晔提到的"方志"当是指记载风俗、节气、物产、河川的书籍。郦道元《水经注·汝水》又云："余以永平中蒙除鲁阳太守，会上台下列《山川图》，以方志参差，遂令寻其源流。"（497）又《渠水》注云："因其方誌所叙，就记缠络焉。"（553）"方誌"与"方志"通，郦道元提到的方志盖皆是指地理图籍。《隋书经籍志》史部地理类小序载：

> 武帝时，计书既上太史，郡国地志，固亦在焉。而史迁所记，但述河渠而已。其后刘向略言地域，丞相张禹使属朱贡条记风俗，班固因之作《地理志》。其州国郡县山川夷险时俗之异，经星之分，风气所生，区域之广，户口之数，各有攸叙，与古《禹贡》《周官》所记相埒。是后载笔之士，管窥末学，不能及远，但记州郡之名而已。晋世，挚虞依《禹贡》《周官》，作《畿服经》，其州郡及县分野封略事业，国邑山陵水泉，乡亭城道里土田，民物风俗，先贤旧好，靡不具悉，凡一百七十卷，今亡。（987—988）

颜师古在《汉书·地理志》中注曰："中古以来，说地理者多矣，或解释经典，或撰述方志，竟为新异，妄有穿凿，安处互会，颇失其真。"（1543）由此可见，秦汉至隋唐期间，人们认为的"方志"都是指"地理书"，暂未见有将包括"先贤传记"在内的郡书当作方志的情况。古代地理书都隶属于四部分类法中的史部，我们这里讲学科归属，是将地理和历史当作不同的两个学科来看待。

《隋志》所提到的《畿服经》已颇具后世成熟方志的体例，与同时期地理书相比多了"先贤旧好"的人物记载。余嘉锡先生讲道："东汉以后，学者承风，各有撰述，于是传先贤耆旧者，谓之郡国书；叙风俗地域者，谓之地理书……盖郡国书可不记地理，而地理书往往兼及人物。"（396—397）其实，"地理书往往兼及人物"的现象在隋唐以后比较普遍，而在汉魏六朝还是相对比较少的。被今之学者同样认为是方志发端的《越绝书》和《华阳国志》也同样兼记地理和人物，本文认为它们本质上应当属于史书的范畴。无论如何，隋唐以前像《畿服经》《越绝书》《华阳国志》这样兼记地理和人物的"早期方志"是比较少的；且在兼及人物的地理书中，人物记载一般只占很少篇幅，不是它们论述的重点。在汉魏六朝，郡书和地理书往往并行不悖，如白褒同时撰有《鲁国先贤传》和《鲁记》二书；贺循撰有《会稽先贤传像赞》，疑是贺循的贺氏撰有《会稽记》。如果将《鲁国先贤传》和《鲁记》、《会稽先贤传像赞》和《会稽记》各自合为一书，那就是比较完备的鲁国和会稽的地方志了。

隋唐以后至明清，虽然方志的内容、体例较之前有所不同，但多数学者对方志属性的认识并没有发生变化。在方志经北宋至南宋完备的过程中，乐史的《太平寰宇记》是一部承前启后的标志性著作，《四库全书总目》评价："故其书采摭繁富，惟取该博，于列朝人物，一一并登。至于题咏古迹，若张祐《金山诗》之类，亦皆并录。后来方志必列人物艺文者，其体皆始于史。盖地理之书，记载至是书而始详，体例亦自是而大变。"（595—596）《太平寰宇记》以记载古今地理为主，只不过加入了人物和艺文。《四库全书总目》史部地理类序又云："《太平寰宇记》增以人物，又偶及艺文，于是为州县志书之滥觞。"（594）南宋王象之的《舆地纪胜》也是一部地理书，也是加入了人物、异闻传说和诗章文翰等内容。隋唐以后，地理书才大量开始"往往兼及人物"，金毓黻先生曾云："方志为一方之史，世人已无异议，而图经亦详建置沿革人物古迹，以备史之一体，且为宋以后郡县志所本，故述方志，不能置图经而不数。"（174）宋代成熟的方志确实就是从以图经为主的地理书中脱胎而来。如王存等人修纂的《元丰九域志》就是在《九域图》的基础上删定而成；范成大的《吴郡志》在北宋《吴郡图经续记》的基础上扩充而成。又如宋敏求"有感于唐代韦述的《两京记》疏略不备，于是演之为《河南志》与《长安志》"（王晓岩，《方志演变概论》 95）。还如两宋期间严州地区多次修纂《（严州）图经》，南宋淳熙年间陈公亮和刘文富再次修纂的《严州图经》又被称作《新定志》，景定年间郑瑶和方仁荣又修纂了《新定续志》。著名地理学家陈正祥先生曾分类统计过宋代有稽可考的方志，其中"以志为名者383种，以图经为名者 176 种；此外尚有记 82 种，图志 22 种，合计约达 800 种"（32）。陈正祥先生统计的"以志为名者"多在南宋。其实在唐宋期间，图经、图志和方志之间基本可以画上等号，并不是说它们的内容、体例一定相同，而是在当时人们的认识中，图经、图志就是方志。如张国淦先生所言："图经之名，昉于后汉，至唐宋遂为地方志之通称。"（2）故方志也是属于地理书的范畴，只不过加入了更多的人文内容。

两宋至明清，大多数学者对方志的认识也没有发生本质的变化，诸目录书籍还是将方志归入地理类中，如《四库全书总目》就将方志归于地理类中的"都会郡县之属"。较有争议者是戴震和章学诚对方志的不同看法，二人观点今见于章学诚《记与戴东原论修志》一文中。戴震云："夫志以考地理，但悉心于地理沿革，则志事已竟。侈言文献，岂所谓急务哉？"章学诚回应："方志如古国史，本非地理专门，如云但重沿革，而文献非其所急，则但作沿革考一篇足以。……然则如余所见，考古固宜详慎；不得已而势不两全，无宁重文献而轻沿革耳。"（1012）二人所言确有一定道理，但都不甚准确。戴震是从古代方志重地理的方面来谈论的，但从两宋开始方志已经不仅仅只是"悉心于地理沿革"了，人物、艺文等作为重要的内容加入了其中。清代持与戴震类似观点的学者不在少数，他们或许认为人物、艺文等只是方志作为地理书的附属记录而已吧。

章学诚认为六经皆史，方志也是史学一种。当然我们不能就此认为章学诚把方志归为与地理学科不同的历史学科，毕竟学科概念是西学引入后才普遍使用的。所以章学诚所讲的史学，我们不能用现在的学科概念把它限定在某一具体学科。随着历史的发展，一地之山川地貌、民俗物产、建置沿革等方面已相对固定，后世方志很难再推陈出新。在章学诚那个年代，他认为方志应该偏重历史文献，在一定程度上来说是对的。在《文史通义·外篇·方志立三书议》中，章学诚论述了他对撰写地方志的主张，认为方志中"做纪传正史之体而作志"，"做律令典例之体而作掌故"，"做《文选》《文苑》之体而作文征"，都是很重要的。章学诚认为方志应该是一地之文献集成，不能把它简单地当作地理图经，这和今日对方志的理解是类似的。其实两宋以后方志的编纂已有这种趋势，尤其是"元明以后，体例相沿，列传侔乎家牒，艺文溢乎总集，末大于本，而舆图反若附录"（永瑢 594）。但两宋以前的方志却是偏重地理沿革的，两宋之后至章学诚时，方志体例虽然发生很大变化，但人们对方志的认识却没有发生根本的变化。

　　本文认为，两宋以前方志体例未备，如若为其定性，依据当时人们的认识和今日的学科概念，将方志归入地理学科的范畴最为妥当。两宋为方志的转型完备期，在此之后的方志体例、内容臻于完善成熟，可归于今之兴起的"历史地理学"的范畴。其实，《汉语大词典》对方志的解释还比较合理，其解释有二：一是"亦作'方誌'。记录四方风俗、物产、舆地以及故事传说等的簿册"。二是"详细记载一地的地理、沿革、风俗、教育、物产、人物、名胜、古迹以及诗文、著作等的史志"（罗竹风，6：1557）。第一种解释当是对应宋代以前内容、体例未完备的方志，第二种解释就是宋代以后成熟的方志。以今日视角来看后世成熟的方志，很难将其归入某一具体学科，它是综合学科的产物，是一地之"百科全书"。

## 三、"先贤传记"与方志的异同

　　后人将众多"先贤传记"看作方志的一种，是有一定的渊源和依据的。

最明显的一点就是两宋以后的成熟方志选录的人物多有"先贤"一类，对人物的记载与"先贤传记"中的人物传记相似。倘若把某一方志中对"先贤"记载的部分择出来单独汇编，即可看作某地之"先贤传记"。方志中的人物传记又多会分文学、节义、孝悌、列女等门类，而有些"先贤传记"也会将人物分为文苑、忠节、孝义、列女等，当然诸书分类不尽相同，只是说方志与"先贤传记"的人物分类有相似的地方。"先贤传记"和方志都有地域范围限制，全国范围内的"先贤传记"有《海内先贤传》《海内先贤行状》《吴国先贤传》等，州郡县及封国范围内的"先贤传记"如《荆州先贤传》《零陵先贤传》《海西先贤传》《鲁国先贤传》等；对于方志，全国范围内的一般称为"一统志"，涉及几个省的称为"省志"，地方性的有"府志""郡志""州志""县志"，甚至后来县以下的乡（镇）、里等也开始修志。不同的是"先贤传记"以地域范围的郡书为主，全国范围的"先贤传记"较少；此外，暂未见县级以下地域范围的先贤传记。

"先贤传记"和方志出现的大致时间节点都是秦汉郡县制实施以后，在这一点上二者比较相近。汉魏六朝是方志发展的雏形期，方志性质偏向地理；而汉魏六朝却是"先贤传记"的高峰期，除明清有一些先贤传记外，其余基本都成书于这个时期。作为地理书的方志和作为杂传的先贤传记大致呈平行发展的状态，很少有融合。隋唐至宋元，除南宋《会稽先贤祠传赞》和《钱塘先贤传赞》两种外，暂不见有其他"先贤传记"存在；而在此期间，方志完成了由以图经为主的地理书向完备之体的转变，且成熟的方志开始大量涌现。明清方志发展到高峰，今日所见之成熟方志多产生于此间；"先贤传记"于明清虽也产生了十余部，但较之汉魏六朝却逊色良多。故从方志和"先贤传记"各自发展的过程来看，二者并没有什么明显的关系，仅仅是出现的时间大致相同。

方志与"先贤传记"在编纂目的上有相同的地方。"先贤传记"的主要编纂目的很明显是矜乡贤、显郡望、厉风俗等，而方志的编纂也会着眼于此。康熙时黎城（今属山西长治市）知县程大夏修《黎城县志》时曾云："志则志其佳景、奇迹、名人、胜事，以彰一邑之盛。"（57）程大夏所言编纂方志的目的与"先贤传记"之矜乡贤、显郡望当异曲同工。古代方志中的人物多是正面人物，如孝子、列女、节士等，记载他们的美德懿行在一定程度上也是为了行教化、厉风俗。如宋人李𡒊在《重刊〈华阳国志〉叙》中所云："此尤足以宏宣风教，使善恶知所惩劝。"（1）又如《淳化县志》把"数十年来之忠孝、节义、幽人、列女广收博采，详加考核"，鄂海在《淳化县志·旧序》中云："凡志之所载，在乎考核详明，所以励人心、厚风俗也。"（15—16）尤其在宋元以后，方志确实成为统治阶级教化民众、维护统治的一种工具。

"先贤传记"和方志出于矜扬先贤、郡望的目的，都会选录一些"小人物"。"小人物"非真的"小"，只是相对于闻名全国、见于正史的"大人物"而言。作为郡书的先贤传记自不用多说，方志当有过之而无不及。邹身城先生曾云："宋以后，各地方志，多列'人物'，凡不登于正史的当地闻人，都能见于方志，并载明家世。"（47）如《天工开物》作者宋应星，《明史》未予以立传，然其事迹却见于诸多方志；又如清初讲史小说《樵史通俗演义》的作者"江左樵子"，其人不详，正史和诸目录书无考，然《（光绪）青浦县志》却明确记载了其作者为陆应旸，并为陆氏作传。至于名不见经传的孝子、列女，方志中记载的更是众多，此不一一举例。

方志和"先贤传记"确实是同中有异、异中有同，然而"同"是一般性的，"异"却是本质性的。我们比较的是古代的方志和"先贤传记"，从传统目录学来看，公认的方志书籍都是在地理类，而"先贤传记"则都在杂传或传记类，二者在文献分类和各自的发展演变过程中很少有交集。"先贤传记"无疑是专门记叙人物的杂传，无涉地理沿革、民俗风物等方面。后期的方志虽多"往往兼及人物"，甚至会设"先贤"一门，对"先贤"记叙和"先贤传记"也无多大区别，甚至还会抄录本地区"先贤传记"中的人物记载。然而，方志中的人物记载毕竟只是作为一小部分存在而已，故除章学诚等少部分人外，古代大多数学者还是像戴震一样认为方志是"悉心于地理沿革"的一类书。综上，方志和"先贤传记"虽有着千丝万缕的联系，但在本质上并非一类。

## 四、余 论

"先贤传记"和方志之间确实有某种关联和相似地方,这也是诸多学者直接将先贤传记看作方志的原因。最早直接提到"先贤传记"与方志之间关系的还是清代学者,如郭嵩焘《湘阴县图志例言》所云:"宋以前地志与人物皆各为书,或曰先贤传,或曰耆旧记。其记科举又别为登科记。其后方志之书因援其例,备录而详述之。"(3)胡虔在《柿叶轩笔记》中云:"府县志体例,本于史部地理类,而附以传记。专评地理,若《太康地记》、朱育《会稽土地记》之类是也……人物有传,若《兖州先贤》《襄阳耆旧》之类是也。"(268—269)又如洪亮吉所修《淳化县志》中有"先贤"一门,其在叙录中声称仿自魏明帝的《海内先贤传》。梁启超更是拉近了"先贤传记"与方志的关系,其在《清代学者整理旧学之总成绩·方志学》中言:"官修之外,有私家著述,性质略与方志同者。此类作品,体制较为自由,故良著往往间出。其种别可略析如下……专记人物者,此即《隋志》中《某某耆旧传》《某某先贤传》之类,实占方志中重要部分。"(301)近现代以来将"先贤传记"当作方志之一体者,盖最早源于此。同时,梁启超也讲过《隋志》中"分地记载之著作"分为图经之属、政记之属、人物传之属、风土记之属、古迹之属,谱牒之属、文征之属七类,"自宋以后,荟萃以上各体成为方志"(290—291)。宋以后成熟的方志确实如其所讲,但作为"人物传之属"的《汝南先贤传》《荆州先贤传》等郡书是否直接当作方志,还有待于商榷。

本文认为直接将"先贤传记"当作方志并不妥当,二者之间不能简单地画上等号。被后人当作方志的"先贤传记"基本成书于汉魏六朝,而在汉魏六朝甚至隋唐北宋,人们认为的方志就是以图经、地记、图志等为主的地理书。被古人奉为方志名家的贾耽就是地理学家,他曾绘制、撰述《关中陇右及山南九州图》《海内华夷图》《关中陇右及山南九州别录》《黄河吐蕃录》《古今郡国县道四夷述》等"方志"图籍,权德舆在《魏国公赠太傅贾公墓志铭》中云:"撰《海内华夷图》及论次地理之书,凡五十有五篇。贡在中禁,传于域内，言方志者，以公名家。"（5137）从古至今，暂未见有将编撰"先贤传记"的作者称作方志学家的。两宋之前未成熟的方志不包括作为郡书的人物传记；两宋之后内容、体例完备的方志皆会记载人物，甚至会有"先贤"一门，但人物记载只是作为方志的一小部分而已，并且也不限于"先贤"，甚至会有反面人物。若将方志中关于先贤人物的记载择出来单独成书，或可看作一地之"先贤传记"。但成熟的方志是综合学科的产物，我们不能将整体和部分并列看待。本文并不否认汉魏六朝的"先贤传记"对后世方志的影响，甚至可以将"先贤传记"看作方志中"人物志"的发端或者说源流之一，正史和其他杂传中的人物传记也是其源流，但是我们不能把它们简单地等量齐观。

## 致谢【Acknowledgement】

本文受益于《现代传记研究》匿名评审人提出的修改意见，作者谨致谢忱！

I am grateful to the editor of *Journal of Modern Life Writing Studies* and anonymous reviewers for their suggestions and comments.

## 引用文献【Works Cited】

班固：《汉书》。北京：中华书局，1962 年。
[Ban Gu. *History of Han Dynasty*. Beijing: Zhonghua Book Company, 1962.]
常璩：《华阳国志》。北京：中华书局，1985 年。
[Chang Qu. *Hua Yang National Chronicles*. Beijing: Zhonghua Book Company, 1985.]
陈正祥：《中国文化地理》。北京：生活・读书・新知三联书店，1983 年。
[Chen Zhengxiang. *Chinese Cultural Geography*. Beijing: SDX Joint Publishing Company, 1983.]
崔建英编：《日本见藏稀见中国地方志书录》。北京：书目文献出版社，1986 年。
[Cui Jianying, ed. *Rare Records of Local Chronicles of China In Japan*. Beijing: Documental Catalogue Press, 1962.]
董诰编：《全唐文》。北京：中华书局影印，1983 年。
[Dong Hao, ed. *Complete Prose Works of the Tang Dynasty*. Beijing: Zhonghua Book Company, 1983.]
鄂海：《序》，《淳化县志》，洪亮吉编。台湾：成文出版社，1976 年。第 15—16 页。
[E Hai. Preface. *Chunhua County Annals*. By Hong Liangji. Taiwan: Chengwen Press, 1976. 15-16.]
范晔：《后汉书》。北京：中华书局，1965 年。

[Fan Ye. *History of the Later Han Dynasty*. Beijing：Zhonghua Book Company, 1965.]

高锡爵：《重修临洮府志序》，《古今图书集成》（第 590 册），陈梦雷编。北京：中华书局，1934 年。

[Gao Xijue. "Preface to a New Gazetteer of Lintao Prefecture." *The Complete Collection of Pictures and Books of Old and New Times*. Ed. Chen Menglei，Beijing：Zhonghua Book Company, 1934.]

郭嵩焘：《光绪湘阴县图志》。南京：江苏古籍出版社，2002 年。

[Guo Songtao. *Xiangyin County Records in the Guangxu Age of the Qing Dynasty*. Nanjing：Jiangsu Ancient Books Publishing House, 2002.]

黄苇：《中国方志学词典》。合肥：黄山书社，1986 年。

[Huang Wei. *A Dictionary of Chinese Chronology*. Hefei：Huangshan Publishing House, 1986.]

——：《方志学》。上海：复旦大学出版社，1993 年。

[——. *Local Recorder Studies*. Shanghai：Fudan University Press, 1993.]

金毓黻：《中国史学史》。石家庄：河北教育出版社，2000 年。

[Jin Yufu. *History of Chinese Historiography*. Shijiazhuang：Hebei Education Press, 2000.]

郦道元：《水经注》。北京：中华书局，2007 年。

[Li Daoyuan. *Waterways with Annotations*. Beijing：Zhonghua Book Company, 2007.]

梁启超：《中国近三百年学术史》。长沙：湖南文艺出版社，2011 年。

[Liang Qichao. *A History of Chinese Academics in the Last Three Hundred Years*. Changsha：Hunan Literature and Art Press, 2011.]

刘书友编：《黎城旧志五种》。北京：北京图书馆出版社，1996 年。

[Liu Shuyou, ed. *Five Old Records of Li Town*. Beijing：Beijing Library Press, 1996.]

罗竹风主编：《汉语大词典》（1—13 卷）。上海：上海辞书出版社，2008 年。

[Luo Zhufeng, ed. *A Comprehensive Chinese Dictionary*. 13 Vols. Shanghai：Shanghai Dictionaries Press, 2008.]

阮元编：《十三经注疏》。北京：中华书局，1980 年。

[Ruan yuan, ed. *Commentaries and Explanations to the Thirteen Classics*. Beijing：Zhonghua Book Company, 1980.]

史念海、曹小琴：《方志刍议》。杭州：浙江人民出版社，1986 年。

[Shi Nianhai and Cao Xiaoqin. *A Modest Opinion to the Local Chronicles*. Hangzhou：Zhejiang People's Publishing House, 1986.]

司马朝军：《续修四库全书杂家类提要》。北京：商务印书馆，2013 年。

[Sima Chaojun. *The Recapitulation of the Continued Edition of the Complete Books of the Four Storehouses：The Miscellaneous*. Beijing：The Commercial Press, 2013.]

王晓岩：《方志演变概论》。沈阳：辽沈书社，1992 年。

[Wang Xiaoyang. *Introduction to the Evolution of Local Chronicles*. Shenyang：Liao Shen Press, 1992.]

魏徵：《隋书》。北京：中华书局，1973 年。

[Wei Zheng. *History of the Sui Dynasty*. Beijing：Zhonghua Book Company, 1973.]

萧统编：《文选》。杭州：浙江古籍出版社，1999 年。

[Xiao Tong, ed. *An Anthology of Literary Works*. Hangzhou：Zhejiang Ancient Books

Publishing House, 1999.]

永瑢:《四库全书总目》。北京:中华书局,1965 年。

[Yong Rong. *The General Catalogue of the Complete Books of the Four Storehouses*. Beijing: Zhonghua Book Company, 1965.]

余嘉锡:《四库提要辨证》。北京:中华书局,2007 年。

[Yu Jiaxi. *A Review of the Recapitulation of the Complete Books of the Four Storehouses*. Beijing: Zhonghua Book Company, 2007.]

张国淦:《中国古方志考》。北京:中华书局,1963 年。

[Zhang Guogan. An Investigation of *China's Ancient Local Chronicles*. Beijing: Zhonghua Book Company, 1963.]

章学诚:《文史通义》。北京:中华书局,2014 年。

[Zhang Xuecheng. *The Historical Meaning of the Literary History*. Beijing: Zhonghua Book Company, 2014.]

# 致命的 42 岁

## ——探究果戈理之谜的新线索

徐晓宇

**内容提要**：果戈理死于 42 岁，这一年龄在《施蓬卡》《狂人日记》及《鼻子》三部小说中反复出现，都与主角的婚恋相关。而婚恋要素在作家的创作中具有一贯而独特的模式，即爱情、婚姻等于毁灭，男主角陷入其中非死即疯，必须及时逃离。与创作相对，作家终身未婚，爱情对其来说是毁灭的力量。因而 42 岁、爱情婚姻、毁灭死亡三要素或许在作家心里形成关联，影响了作家一生。

**关键词**：果戈理　42 岁　婚姻与爱情　性心理研究

**作者简介**：徐晓宇，南京大学文学院比较文学专业在读博士，主要从事果戈理研究。

**Title**: 42, a Fatal Age: A New Clue to the Enigma of Gogol

**Abstract**: Gogol died at age 42, and this age occurred repeatedly in *Shponka*, *Diary of A Madman* and *The Nose*, and are all related with love and marriage. The love and marriage elements have a consistent and unique pattern in Gogol's works: love and marriage mean destruction, and the male must run away from it in time. The case is the same in his life, Gogol didn't get married all his life. Love was destructive power to him. Therefore, age 42, love and marriage, destruction and death may form a connection in the author's mind and influenced his whole life.

**Keywords**: Gogol, age 42, love and marriage, sexuality in psychology

**Xu Xiaoyu** is a Ph.D. candidate in comparative literature in the School of Liberal Arts at Nanjing University. His research mainly focuses on the

Gogolian study. E-mail：Linyi118100@126.com.

果戈理出生于俄历 1809 年 3 月 20 日，在 1852 年 2 月 24 日，距第 43 个生日还差一个月的时候结束了自己的生命，终年 42 岁。在作家去世两年前，在其 1849 年 12 月 14 日写给茹科夫斯基的信中这个年龄也被提到。作家此时正埋头于《死魂灵》第二部的创作，但因缺乏灵感而进展缓慢，心境十分悲哀——"或许，实际上 42 岁对我来说就是老年了，又或许，我的《死魂灵》不应该在这个昏暗的时代出版"（Гоголь，14：155）。这个 42 岁与作家衰老的无力感，与《死魂灵》第二部的命运相关联，就好像作家自己的死亡宣言。但问题是，这个 42 岁从何而来？此外 42 岁在果戈理的创作中也是一个重要的数字，其所有作品中只有五位主人公有明确的年龄，其中三位的年龄都与 42 有关；并且这三部作品都在其 27 岁之前创作完成。难道果戈理 20 多岁时就预感到自己的死期？难道在 42 岁选择禁食是如约等死？看似荒唐，但在《旧式地主》（1835）中确有类似之事发生。老太太普利赫里娅在心爱的小猫被野猫拐走之后认为自己大限将至，变得郁郁寡欢日渐消瘦，很快便"卧床不起，什么东西也吃不进了"（果戈理，2：29）。而这一描述，用在果戈理最后的日子里竟也十分合适。

果戈理创作与生平中类似的契合之处还有很多。这一现象来自作家心灵带入的创作方法，不论在私人信件还是公开出版物中他均反复强调自己的创作乃心灵状态之记录。在创造人物时，"把自己的缺点转给自己的主人公。[……] 我以另一种身份并在另一个活动范围里去追逐它，我尽量把它想象成为一个给我带来刻骨铭心的侮辱的不共戴天的仇敌，我带着仇恨、嘲笑和一切可用的东西去追逐它"（果戈理，6：114），以此排忧解闷，发泄情绪。

与其创作中的自我暴露正相反，生活中的果戈理尽一切可能隐藏自己。在同时代人看来，他是一个多疑、古怪、任性、狡猾的小俄罗斯人。在《死魂灵》完成之后他日益关注起自身与俄国的道德状况，出版了让所有人跌破眼镜的《与友人书简选》；去世之前将创作十年之久、几经焚毁的《死魂灵》第二部再次烧毁，并以绝食的方式结束了自己的生命。这一切构成了俄国文学中的果戈理之谜。任何一位果戈理传记学家都不得不面对这些谜题。尤里·马恩（Манн Ю.В.）总结了这些阻力：其一作家极为关注内心世界，缺乏鲜明的外部事件；其二作家喜欢自我隐藏，自我神秘化；其三作家心灵一直处于变动、未完成的状态。有鉴于此，马恩谦虚地承认自己的传记也不能解决所有问题，但希望"它哪怕能朝'详尽的无所不包的传记'这一未来的，唉，还很遥远的创作目标前进一步也好"（Манн，первая 8—9）。

因此在面对果戈理这类天才艺术家的时候，传统的以外部事件为主的传记写法并不灵验。创作就是果戈理的生活，他在创作中带入了包括思维、性格、心理情结在内的整个心灵，或许以此为重心才能解开谜题。42岁便是一条连接其创作与生平的线索，而本文将尝试深入这一线索，以期能为破解果戈理之谜，为构建更全面的果戈理传记提供新的视角与思路。

## 一、作品中的42岁——婚恋的年纪

果戈理所有作品中只有五位主人公有明确的年龄，除《钦差大臣》（1836）中23岁的赫列斯塔科夫与《罗马（片段）》（1842）25岁的意大利公爵外，其余三位的年龄都与42有关，他们分别是《伊万·费多罗维奇·施蓬卡和他的姨妈》（1832）中的施蓬卡，《狂人日记》（1835）中的波普里辛与《鼻子》（1836）中的柯瓦廖夫。

"伊万·费多罗维奇·施蓬卡退职已经四年，住在自己的维特列宾基村里"（果戈理，1：236）。《施蓬卡》是第二部《狄康卡近郊夜话》的第三篇，在小说开头，虚构的《夜话》总收集者潘柯对小说来历做了介绍：城里一位先生为其记录在练习簿上的一段故事，可惜其老伴儿误把后半本烧火了。因而故事戛然中断，并不完整。段首引文就是小说正文的第一句话，接下来叙述者简述施蓬卡的成长经历，一直到4年前施蓬卡收到姨妈盼归的信件而退伍为止。施蓬卡退伍返乡，在姨妈的要求下讨要地产与相亲则是小说的主体内容，而这时的施蓬卡在小说中明确说到是38岁（果戈理，1：261）。因此在叙述者讲故事时施蓬卡正好42岁。施蓬卡对婚姻感到恐惧，相亲不顺；

"与此同时,姨妈脑子里又一个全新的念头成熟了。这就得请看下回分解了"(果戈理,1:265),小说就此结束。《狂人日记》中的波普里辛因爱上部长小姐而发狂。"我才四十二岁,——正是开始飞黄腾达的好时候"(果戈理,3:254),主角在日记中这样写道。《鼻子》主角柯瓦辽夫在追讨失踪的鼻子时,怀疑是校官夫人为了报仇而请巫婆施的法,因为他喜欢勾搭校官夫人的女儿,而当校官夫人来提亲时却搪塞说自己还很年轻,"应该再工作五六年,到四十二岁时再结婚也不迟"(果戈理,3:79)。

三篇小说都创作在果戈理的彼得堡时期,成稿相距不过三年。42岁反复出现三次,说明在青年果戈理的意识或潜意识中,这个年龄代表了某种含义。这一含义在《鼻子》中是婚姻(或爱情)。在《狂人日记》中是爱情。由于《施蓬卡》采用了未完成的结构,因而最终的结局我们不得而知。但果戈理选择在相亲情节戛然而止,显然后半段仍将以施蓬卡相亲为主。如果是一个完整的故事,想必叙述者最后还会讲回当下,也就是42岁施蓬卡的生活状态,而这一状态也许会与婚姻的结果直接相连。因此可以说,在《施蓬卡》中42岁也与婚恋相关。

因而对青年果戈理来说,42岁与婚姻或爱情相关联,是婚恋的年龄。这样42岁就与果戈理研究中一个重要而特殊的要素联系在一起,因为作家笔下的婚恋具有独一无二的模式,堪称果戈理式爱情与婚姻。甚至可以用这一要素对作家的全部创作进行分类。

## 二、作品中的婚恋要素——逃离或是死亡

在果戈理的所有创作中,作品中的爱情或婚姻情节共有四种模式或者说结局:一以婚姻结尾的圆满爱情,二主人公陷入爱情非死即疯,三主人公面临情事牵连和婚姻危险而顺利逃脱,四作品未完成。《狂人日记》《鼻子》与《施蓬卡》分别对应后三种结局。

首先是圆满的爱情,有四部属于此类,分别是作家的处女诗作《甘茨·奎辛加丹》(1829)以及两部《夜话》中的《索罗庆采集市》(1831)《五月之

夜》(1831)和《圣诞节前夜》(1832)。《甘茨·奎辛加丹》是作家18岁时创作的浪漫主义田园诗，模仿痕迹严重。而余下三篇的情节全部采用民间故事中常见的一种类型：主角克服阻碍最终求得心爱女子。在此框架之上，果戈理将乌克兰大箱木偶戏、民间传说、民歌等要素与德国浪漫派幻想氛围融为一体，描绘出一幅幅鲜活、奇特的乌克兰民间画卷。然而就情节来看实非果戈理独创。

此后，正如休奇·麦克莱恩（Huge McLean）总结的那样，果戈理的爱情要素"要么成了悲剧的源头，成了毁灭与死亡不可避免的起因；要么成了闹剧的源头，以主人公安然无恙逃脱危险的情爱牵连而收尾"（McLean 105）。麦克莱恩所谓的悲剧源头，指的是真正的爱情，一种热烈的激情；而闹剧的源头则对应轻浮的浪漫史与功利性的婚姻。果戈理婚恋要素的独特之处均体现在这两类相反相成的类型之中。

第二类，主角陷入爱情非死即疯的作品有《伊万·库巴尔日的前夕》（1830、1831）、《可怕的报复》（1832）、《塔拉斯·布利巴》（1835）、《涅瓦大街》（1835）、《狂人日记》，《外套》（1842）也可算作其中之一。《前夕》中的穷小子彼得为了有钱提亲而与魔鬼签订契约，最终自燃成灰。《报复》中的巫师爱上了自己的女儿，最后受到惩罚被"扔进了深渊"（果戈理，1：225）。《布利巴》中的安德烈为了波兰总督的女儿"愿意毁灭自己"（果戈理，2：116），抛弃信仰与祖国，最终死在父亲枪下。《大街》中的画家皮斯卡廖夫不能接受所爱的女子是一名妓女，只得在鸦片中寻求安慰，最终精神崩溃用剃刀结束了生命。《狂人》中波普里辛暗恋部长小姐，"只要她看你一眼：太阳，简直就像太阳一样！"（果戈理，3：252）在得知小姐订婚后彻底发了疯。《外套》的主角阿卡基爱上的是一件阴性的外套（шинель），"他好像结婚了……一个快乐的生活伴侣同意与他共同走过人生之路"（果戈理，3：191）。而当外套被抢后阿卡基高烧而死。太阳、灰烬、毁灭、深渊，在青年果戈理的创作意识中，爱情和女人就像一轮火热的太阳，一旦靠近就意味着毁灭、死亡。

第三类，主角面临情事牵连与婚姻危险而顺利逃脱的作品有《涅瓦大街》《鼻子》《钦差大臣》与《婚事》（1842），《死魂灵》（1842）也可算作其中之一。五部小说的主人公皮罗戈夫、赫列斯塔科夫、柯瓦廖夫、波德克列辛与乞乞科夫一脉相承,共同勾勒出一幅彼得堡男人的进化史,他们都十足地自我欣赏与自满,好鲜衣美食,追求官阶财富,渴望体面舒适的生活,以及可供吹嘘的浪漫史和舒适生活必不可少的女人。对于这些人来说,浪漫爱情与婚姻不过是理想生活的补充,是某种嗜爱之物,而非让人毁灭的激情。虽然如此,作家还是让自己的主人公全部逃离浪漫牵连及婚姻:皮罗戈夫偷情不成,遭痛打之后很快忘了这事;赫列斯塔科夫假装订婚后及时逃走,避免身份败露;柯瓦廖夫找回了鼻子,挫败了校官夫人的逼婚圈套;波德克列辛在即将举办婚礼的教堂跳窗逃走;乞乞科夫及时离开了 ИИ 市,避免因迷恋省长小姐而引出的谣言与猜忌。因而在果戈理的创作世界中,轻浮的浪漫史与功利性婚姻同样会带来祸患,必须及时逃离。

第四类,所谓未完成的作品有三部,《施蓬卡》《罗马(片段)》与《死魂灵》第二部(1842—1852)。《施蓬卡》如上文所说,情节在相亲处中断,记录着后半段故事的稿纸被故事收集者的妻子烧掉了。《罗马》讲述了一位罗马公爵的精神成长史。时为奥地利占领的意大利教育落后,信息闭塞,年轻的公爵热血澎湃,十分向往新鲜活跃的法国式生活,可四年游学巴黎的经历又让他幻灭。返乡途中意大利的风景名胜、绘画建筑震撼了公爵的内心。经历精神蜕变之后,公爵在谢肉节游行上看见并且爱上了民间美女安努齐阿塔。《罗马》的故事就此打住,就现有内容来看,二人的爱情构成了之后情节发展的主线。就《死魂灵》第二部幸存下的手稿与听过作家朗读的朋友的记述来看,作家确实在第二部中描写了真挚的爱情故事。对现实幻灭而堕落成懒汉的坚捷特尼科夫爱上了将军小姐乌琳卡,在后者影响下从麻木冷漠中苏醒,并与之订婚。他后因撰写反动评论而被捕发配西伯利亚。乌琳卡追随他一同前往,并在那里结婚。虽然《施蓬卡》是作品形式上的未完成,而《罗马》与《死魂灵》第二部是创作层面的未完成,虽然施蓬卡要面临的是没有爱情的婚姻,而后者是由爱情而结婚,但共同的未完成的结局说明,在其创作成熟期,作家似乎不能想象或接受婚姻,似乎不满意自己笔下的爱情婚姻。

将四种模式按时序排列,可以很清晰地看出婚恋要素在作家创作中的变化。第一类属于不成熟的作品,情节不具独创性,可以排除讨论。与此同时,果戈理式爱情也在《伊万·库巴尔日的前夕》中出现,"在其第一次成功发表的创作中,果戈理已经将对爱情、婚姻的渴望与惩罚、报应以及丧失生命联系在一起"(Karlinsky 35)。这一爱情主题先是以正面形态出现在第二类的六部作品中,主要创作在作家的彼得堡时期,在作家出国后悄然消失,只在《外套》中留有余音。当创作背景搬到彼得堡舞台后,爱情等于毁灭这一主题开始又以侧面形态出现在第三类的六部作品中,一直延续到《死魂灵》第一部的创作。爱情等于毁灭,男性只能以玩弄的姿态或功利的态度对待女性,但这一关系——特别是有可能到来的婚姻——仍旧十分危险,必须及时逃离。作家创作中的爱情与婚姻要素都涵盖在这一主题之下,而对这一主题的思考与超越也延续了作家的一生,这就是第四类未完成的作品。从第二、三类的创作背景可以看出,没有一桩毁灭或是逃离发生在当代乌克兰。这或许是作家创作《施蓬卡》时面临的问题:他刚告别不成熟时期的圆满爱情,还没进入逃离婚姻这一阶段,作为自己同时代人的施蓬卡,他面临婚姻到底会有什么结局?如果按照爱情等于毁灭这一逻辑来看,施蓬卡难逃悲惨的结局;虽然作品没有交代,但后半部稿纸被烧毁这一设计无疑可看成是悲惨结局的象征——更何况烧毁稿纸的还是一个妻子。作家晚年试图在《罗马》与《死魂灵》第二部中创作出圆满的爱情,但一个没有完成,一个在某种意义上与《施蓬卡》一样,在其完成后被燃成了灰烬。

综上可以看出,爱情与婚姻等于毁灭,要么堕入要么逃离,这是果戈理创作中的一条铁律。而 42 岁对作家又意味着爱情与婚姻,那是否可以假设,42 岁意味着毁灭?即 42 岁、爱情婚姻、死亡毁灭三个要素在作家心里彼此关联,影响了作家一生?这一假设将作家创作中的逻辑移置到作家的心灵,还需在作家生平中寻找有力的证据。

## 三、果戈理的爱情观与婚姻观

除开篇所引的信件外,作家一生中还有一次提到 42 岁,是在 1851 年 5

月 6 日致好友普列特尼约夫（Плетнев П. А.）的信中——"两年了，自从我走进第五个十年"（Гоголь，14：229）。信中同样提到了自己的死亡，只不过是以玩笑的口吻。因此就有限的资料来看，42 岁对晚年的作家似乎意味着命定之年，并不带有婚恋意义。由此本文总结了三对关联意义：（老年作家）42 岁＝死亡，（年轻时创作中）42 岁＝婚恋，（所有作品中）婚恋＝死亡。如果相同的意义项可以彼此联结，那么对于作家来说婚恋也应当意味着死亡毁灭，而考察作家的婚恋观就成了 42 岁——爱情婚姻——死亡毁灭意义链条能否成立的最关键一步。答案是肯定的，作家对待婚姻爱情的态度与上文后三类主人公完全一致。

在果戈理看来，爱情分为婚前的爱情与婚后的爱情两部分：前者火热而折磨人，"它只是一个开端，一种一闪即逝然而却是强烈的、经久不息地震撼人的整个机体的疯狂的热情"，就好比书的序言；而爱情最好的部分是后者，是书作本身，"整个是一个安详快乐的海洋，这种快乐是与日俱增、每天都有新发现的"。前者就像亚济科夫热情洋溢的、一眼就可以把握住全部感情的诗作，后者则像普希金的诗，"你对它越是凝目注视，你就越觉得它广阔无垠"；而《施蓬卡》中的主角，"结婚之前他极像亚济科夫的诗，然而结婚之后却完全成为普希金的诗歌了"（果戈理，8：74—75）。

婚前的爱情其实就是第二类作品中所表现的致命的爱情，作家在现实中也有经历。1829 年 6 月作家出版《甘茨·奎辛加丹》。书店销售不佳，又遭杂志书评嘲讽，果戈理将所有本子买回烧毁并于 7 月末去德国旅游。学界一般认为是长诗的失败让灰心至极的作家跑去国外散心，但作家本人在 7 月 24 日写给母亲的那封著名的书信中，却将原因归结为一个"双眸即刻穿透人灵魂"的女人，"在我看来即使有罪之人进入地狱，也没有我这样痛苦……我发现我必须逃离我自身，假如我还想活着并且要让一点安宁进入我受摧残的灵魂"（Гоголь，10：147—148）。之后在 1832 年 12 月 20 日写给达尼列夫斯基的信中，果戈理感谢命运没让他亲身体验爱情，因为爱情的火焰一瞬间就能把他"燃成灰烬"，又谈到他坚强的意志曾两次将他从"张望深渊的愿望中给拯救出来"（魏列萨耶夫 53—54）。

然而作家的朋友不曾在作家身上发现任何爱情的痕迹，学界一般也将这些视为果戈理的杜撰与想象。事件真假暂且不论，单从内容来看，前者描述的"疯狂的、躁动的、无法解释并难以忍受的状态"（徐晓宇 107），以及后者关于爱情的两个比喻——爱情如同让人坠落的"深渊"，爱情体验能将人"燃成灰烬"，与第二类作品中主人公的爱情体验一致。正如上文所说，太阳、深渊、灰烬、毁灭也是该类作品的关键词。从这一点来看，这些主人公都是果戈理心灵的化身。

而作家所谓婚后的爱情其实就是婚姻本身。在作家看来，幸福婚姻的基础很简单，即"永远对对方满意，永远对自己的状况满意"（Гоголь，10：229）。然而现实中他对婚姻的态度却十分审慎而悲观。1844 年得知好友达尼列夫斯基（Данилевский А.С.）结婚后作家在信中让朋友回答三个问题：第一，朋友的经济状况如何，能否保证二人舒适的生活；第二，朋友妻子的特征、性格、嗜好都是什么；第三，"按小时描述你的一整天，什么也别漏下，哪怕最枯燥平常的小事儿"（Гоголь，12：375—376）。1849 年对普列特尼约夫的婚事作家直接表达了悲观的念头，"我全心全意祝愿你，愿你能同自己心灵挑选的伴侣一起获得幸福；不过，我同时也承认，我不大相信这世上有什么幸福。正是当我们觉得我们停靠在岸边，停在心神向往的平静港湾之时，忧虑便出现了"，在一通说教之后最后说，"时代凶险。我们每一步都很凶险。愿上帝拯救你让你看清一切"（Гоголь，14：102）。同年春天从母亲的信中得知特罗辛斯基一家家庭不和，果戈理回信说，"感谢上帝！上帝亲自安置了您的孩子们；我没有结婚，我的妹妹们也没有踏进婚姻，所以就更少操劳与麻烦。这是上帝巨大的恩典"（Гоголь，14：130）。而果戈理将自己对婚姻的悲观态度带入到创作中，便成为逃离婚姻的第三类作品。

虽然对婚姻持悲观态度，但果戈理也曾尝试迈进婚姻。40 年代初果戈理与维耶里戈尔斯基伯爵（Виельгорский М.Ю.）一家成了朋友，开始与伯爵小姐安娜定期通信。在二人的通信中果戈理一直扮演了导师的角色，而安娜则十分崇拜果戈理，言听计从。作家在 1850 年春通过第三方求婚，维氏一家拒绝后双方断绝联系。这次求婚同作家的许多事迹一样，事先毫无预兆，事后看不出影响。而求婚的原因据推测主要有两点，其一，"果戈理视安娜为灵魂上亲近的人，她虔诚地尊敬自己的天才，充满深厚的宗教情感，吸收了俄国天性中高贵的优点，并且取得所有这些不无他果戈理的影响"（Манн, третья 275），即安娜首先是一个作家能够接受的妻子，并且出身高贵，婚后二人的生活有保障——满足了作家所谓幸福婚姻的基础。其二，也可能是最根本的原因，在于作家创作的《死魂灵》第二部涉及婚姻情节，而这正是作家的短板——于是正如亨利·特罗亚（Henri Troyat）在其传记中推测的那样，"他脑海中出现了一种奇怪的念头：如果他早一点结婚，他的作品是否会更好一些"（606）。

因为创作就是果戈理的生命。"我到莫斯科来，是为了写《死魂灵》，我的一切，甚至生存的手段，都同完成这部作品联系在一起了"（果戈理，8：417），在1849年写给安娜的姐姐索菲亚的信中作家这样说。而作家最亲密的女友、被作家称为"我漂亮的兄弟"的斯米尔诺娃（Смирнова А.О.）在作家死后回忆起他的话——"我确信，当我尽完自己的天职，完成我这人注定要去干的事业，我便会死去的。而我要是让不成熟之作问世，或者陶醉于我所完成的那些小作品，那我便会提前死去的"（魏列萨耶夫 443）。而此时《死魂灵》第二部中的乌琳卡，就听过作家朗读的人来看——同我们今天从残稿中所见的一样——还是"一个有点儿理想化的、苍白的、尚未塑造完工的人物"（魏列萨耶夫 441）。作家惧怕婚姻，不了解女性，所以没办法在创作中带入自己的心灵，描绘出鲜活的女性形象与幸福的婚姻，因此向安娜求婚从根本上讲也是为了满足创作的需求。

作家说施蓬卡在结婚前是亚济科夫的诗，而婚后则变成了普希金的诗——可见在其创作之初，作家就渴望写出一部表现从婚前至婚后完整爱情的作品。经历创作中期的《罗马》，到最后的《死魂灵》第二部这个尝试终于艰难地完成了。现实中小地主的儿子果戈理没能与伯爵的女儿安娜结婚，但《死魂灵》第二部中同样是小地主的儿子坚捷特尼科夫却最终娶了将军的女儿乌琳卡为妻。施蓬卡、罗马公爵与坚捷特尼科夫同属于作家笔下柔弱的男性形象，是作家心灵中柔弱、细腻一面的外化，他们少年时代都不曾受过完整而良好的教育（作家经常抱怨自己少年时期糟糕的教育），他们性格羞涩、胆怯，好沉思，婚姻是他们要面对的共同问题。可惜的是，作家在死前烧毁了《死魂灵》第二部，将其一生所渴求创造的完整爱情与自己一同埋进了坟墓；然而更值得庆幸的是，作家残酷的艺术判断力做出了正确的决断，没给自己的创作生涯留下任何污名。

综上，果戈理的婚恋观与作品一致：他同样认为爱情叫人毁灭，对婚姻持极为悲观的态度，同时其敏感而羞怯的内心也渴望尝试婚姻。作家将三种态度分别带入三类创作中。前两种很成功，第三类的创作贯穿了作家写作生涯始终，但限于作家自身经历与心理特质，始终不能完成。直到作家42岁时烧书绝食，才连同自己的生命一起，结束了这一痛苦的努力。一切都在说明，42岁、爱情婚姻、死亡毁灭三个要素在作家心里彼此关联，影响了作家的一生。

## 结语：42岁——性心理研究的新线索

"在要人们做出自由选择的时候，一个人不可能毫无原因地生成一个数字或名字，[……]这些数字的出现也是由人们实际认为似乎是不可能的方式所决定的"（215），42岁的线索印证了弗洛伊德的判断。从最惯常的逻辑来推断，42岁的心理关联说明作家在早年生活中曾历过某些震撼心灵的、涉及42岁的重要事件（目睹死亡等创伤性事件），由此42岁与事件的核心意义（婚恋、死亡），用精神分析的话说就是在作家的潜意识中关联起来，用行为主义心理学的话说就是构成了条件神经联系，用认知心理学的话说就是建立起一套异常的认知系统。日后当作家在创作中表达这些核心意义的时候就会想到42岁，反之亦然。

作家早年生活中只有两件事堪称重要事件：其一弟弟伊万之死（1810—1819），其二父亲瓦西里之死（1777—1825）。而瓦西里在1819年伊万去世时恰好42岁——这是作家早年生活中唯一一条可以追溯到的42岁。作家没有回忆过弟弟，但笔下却写过"伊万之死"。《伊万·库巴尔日的前夕》的彼得为了爱情杀害了情人的弟弟伊万，《可怕的报复》的彼得出于嫉妒杀害了兄弟伊万，而彼得的后代巫师为了强迫女儿嫁给自己杀死了孙子伊万。凶手都是彼得（或后代），受害者都是伊万。作家在两部作品中是否带入了自己的心灵？是否可以将作品的逻辑移置到作家的生活中，用常见的俄狄浦斯情结解读模式来构建作家早年经历？即伊万出生后分走了母亲的爱，使得作家的俄狄浦斯情结泛化到弟弟身上，出于爱和嫉妒而渴望杀死弟弟，后因害怕父亲惩罚（阉割焦虑）而将这些爱恨压抑进潜意识中。弟弟去世满足了作家潜意识中的愿望，同时他也受到超我所施加的潜意识罪疚感的折磨，由此在潜意识中将 42 岁（父亲的年龄）、爱情婚姻（对母亲的爱）、死亡毁灭（父亲的惩罚）三者关联在一起，影响了一生。对这一假设的讨论超出了本文的范围。不论如何，42 岁的线索将问题指向国内读者比较陌生的一大果戈理研究领域——性心理研究。

"果戈理的性生活是个耐人寻味的谜"，罗扎诺夫（Розанов В.В.）第一个对作家的性心理提出疑问，他认为作家不了解女人，"对女人缺乏生理上的兴趣"，但写起女死者却是妙笔生花，"很富个性和吸引力"（319—320）。米尔斯基（Мирский Д.П.）则猜测作家因性心理发育停滞而无法理解女性，导致其笔下的女性形象：要么是漫画似的、男性化的女性，要么属于外表光鲜但缺乏灵魂、木偶似的美女，"是一些奇怪的、非人的形状和色彩组合"（205）。伊万·叶尔马科夫（Ермаков И.Д.）的《果戈理创作分析概述》首先将精神分析引入果戈理研究领域，认为其在青春期过程中没能将力比多投入到家庭成员以为的对象，"一生都保持着对自己初恋——母亲——的忠诚，没能从幼稚期的依恋中解放出来"（176），由此作家没爱过哪个女人，也没法在作品中描绘女人的美，因为这意味着对母亲不忠。麦克莱恩《果戈理对爱的逃避》一文认为果戈理整个的创作过程可以概括为"退行"（regression）这一防御机制：早期的《夜话》热烈地接受爱，后来的"彼得堡小说"、《死魂灵》等则恐惧地逃避爱，这一变化是因为由恋母情结产生的阉割焦虑使果戈理的力比多投入对象由正常的外在客体退行至更为原始的对象（107）。弗雷德里克·德里森（Frederick Driessen）的《作为短篇小说作家的果戈理》除假设作家具有恋母情结之外，还谨慎地推测作家可能具有同性恋倾向（39—41）。而西蒙·卡尔林斯基（Simon Karlinsky）的《尼古拉·果戈理的性欲迷宫》承其衣钵，认为果戈理对"同性恋倾向的恐惧及压抑是其作品最重要的主题之一，是其个人悲剧的主要原因之一，也是致其死亡的一大因素"（16）。

性心理发育停滞、恋母情结、心理退行、同性恋，这些假设是果戈理性心理研究的重要坐标，与宗教思想研究一同拓宽了20世纪果戈理学。虽然上述假设一步一步揭示出一个更加丰满而真实的果戈理，但都缺乏具体的实证材料。这一局限也限制了该领域的发展，使其在20世纪80年代以后渐渐缺乏新的动力；当然这也跟苏联解体之后，欧美斯拉夫语言文学研究热潮渐渐冷却相关。而俄国学者从苏联时期一直到今天也对该领域不甚感兴趣。本文提出的42岁的线索同样将问题指向了作家的性心理研究，并且恰好能为该领域贡献出一个坚实的事实线索，或可成为该领域研究的突破口。这一线索贯穿了作家的创作与一生，涉及其求婚、烧书、死亡等意义重大的果戈理之谜，因而同样也为作家的传记研究提供了新的切入点。

## 引用文献【Works Cited】

Driessen, F.C. *Gogol as a Short-Story Writer*: *A Study of His Technique of Composition*. Trans. Ian F.Finley. Paris: Mouton, 1965.

Ермаков И. Д. Психоанализ литературы. Пушкин. Гоголь. Достоевский. Москва: Новое литературное обозрение, 1999.

[Ermakov, Ivan Dmitry. *Psychoanalysis of Literature*: *Pushkin, Gogol, Dostoevsky*. Moscow: New Literature Review, 1999.]

弗洛伊德：《弗洛伊德文集02：日常生活心理病理学》，车文博主编。北京：九州出版社，2014年。

[Freud, Sigmund. *Selected Works of Sigmund Freud Vol. II*: *The Psychopathology of Everyday Life*. Ed. Che Wenbo. Beijing: Jiuzhou Press, 2014.]

Гоголь Н. В. Полное Собрание Сочинений в 14 Томах. Москва-Ленинград: АН СССР, 1937–1952.

[Gogol, Nikolai Vasilievich. *Complete Works in 14 Volumes*. Moscow-Leningrad: Academy of Sciences, U.S.S.R., 1937–1952.]

果戈理：《果戈理全集》（九卷本），周启超等译，周启超主编。合肥：安徽文艺出版社，1999年。

[Gogol, Nikolai Vasilievich. *Complete Works of Gogol*. 9 Vols. Trans. Zhou Qichao et al. Ed. Zhou Qichao. Hefei: Anhui Literature and Art Publishing House, 1999.]

Karlinsky, Simon. *The Sexual Labyrinth of Nikolai Gogol*. Cambridge: Harvard University Press, 1976.

Манн Ю. В. Гоголь. Книга первая. Начало 1809–1835. Москва: Российский государственный гуманитарный университет, 2012.

[Mann, Iurii. *Gogol. Book one. Beginning 1809-1835*. Moscow: Russian State University for the Humanities, 2012]

——. Гоголь. Книга третья. Завершение пути 1845–1852. Москва: Российский государственный гуманитарный университет, 2013.

[——. *Gogol. Book three. End of the Road 1845-1852*. Moscow: Russian State University for the Humanities, 2013]

Mclean, Huge. "Gogol's Retreat from Love: Toward an Interpretation of Mirgorod." *Russian Literature and Psychoanalysis*. ed. Daniel Rancour-Laferriere. Amsterdam: John Benjamins Publishing Company, 1989. 101-122.

德·斯·米尔斯基:《俄国文学史(上册)》,刘文飞译。北京:人民出版社,2013年。

[Mirsky, Dmitry Petrovich Svyatopolk. *A History of Russian Literature*. Vol.I. Trans. Liu Wenfei. Beijing: People's Publishing House, 2013.]

瓦西里·瓦西里耶维奇·罗扎诺夫:《落叶(第二筐)》,郑体武译。北京:商务印书馆,2015年。

[Rozanov, Vasily Vasilievich. *Fallen Leaves: the second Basket*. Trans. Zheng Tiwu. Beijing: The Commercial Press, 2015.]

亨利·特罗亚:《幽默大师果戈理》,赵惠民译。北京:世界知识出版社,2002年。

[Troyat, Henri. The Great Humorist Gogol. Trans. Zhao Huimin. Beijing: World Affairs Press, 2002.]

维·魏列萨耶夫:《生活中的果戈理》,《果戈理全集》(第九卷),周启超、吴晓都译,周启超主编。合肥:安徽文艺出版社,1999年。

[Veresaev, Vikenty Vikentyevich. "Gogol in Life". *Complete Works of Gogol*. Vol.9. Trans. Zhou Qichao and Wu Xiaodu. Ed. Zhou Qichao. Hefei: Anhui Literature and Art Publishing House, 1999.]

徐晓宇:《梦境与呓语——果戈理创作中的"个体世界"初探》,《俄罗斯文艺》02(2017):第101—108页。

[Xu Xiaoyu. "Dream and Dreamscape: An Exploration of 'the Individual World' in Gogol's Creation." *Russian Literature & Arts* 2(2017):101-108.]

# 公主日记与写日记的公主
## ——评凯丽·费雪《公主日记》

李霄垅　王梦婕

**内容提要**：美国演员凯丽·费雪的自传《公主日记》取材于其早年日记，展现了她出演《星球大战》成名前后的生活。本文从翻译角度讨论该自传的中文译名开始，然后分析其中的成长主题。作为"写日记的公主"，作者在自我发现中展示了自卑的自我、迷失的自我和感恩的自我。

**关键词**：《公主日记》　莱娅公主　身份认同　自我

**作者简介**：李霄垅，河海大学外国语学院副教授，研究方向：英美文学。王梦婕，河海大学外国语学院2016级硕士研究生，研究方向：翻译学。

Title: The Princess's Diary and the Princess Diarist: A Review of *The Princess Diarist* by Carrie Fisher

Abstract: *The Princess Diarist*, Carrie Fisher's autobiography, is based on her early diary, showing her life before and after she became famous. This paper reviews the autobiography via the translation of the book title and its theme of "buildungsroman", making clear of the author's abased self, lost self and thankful self in her self-exploration.

Keywords: *The Princess Diarist*, Princess Leia, identity, self

**Li Xiaolong** is an Associate Professor of English Studies in College of International Languages and Cultures at Hohai University, China. His research interest is English literature studies. E-mail: xlee@hhu.edu.cn.

**Wang Mengjie** is a graduate student majored in translation studies in College of International Languages and Cultures at Hohai University, China. E-mail: 619938948@qq.com.

2016年年底,继半自传体小说《来自边缘的明信片》(*Postcards from the Edge*)之后,美国知名女演员凯丽·费雪(Carrie Fisher)推出新作 *The Princess Diarist*。此书出版后一个月,作者因心脏病不治在洛杉矶辞世,此书成为她作为银幕上的"莱娅公主"的绝唱。国内各大网站对费雪的新书和她的去世都进行了报道,报道中将 *The Princess Diarist* 一律译作《公主日记》[①]。费雪和《公主日记》不止是一则娱乐新闻。无论是从该书博得的"眼球率",还是该书作为"通俗传记"的文类特征,它都是一个值得研究的标本。

## 一、"公主日记"

可以从日记的角度考察费雪的新作。日记是什么?在传记大类中,它是什么属性?史学家、社会学家、人类学家和传记家都倾向于把日记当作史料,用以佐证某些事实。然而,除了保留历史这一功能外,作者们还赋予日记更多的属性,吐露了更多的困惑,日记本身包括了更多的元素。英国作家伍尔夫在日记里说:"我不知道我为什么要把这些东西记下来?"(Blythe 1)有人写日记时就在考虑,读者该从哪里开始读起他/她的日记。也有人不管三七二十一,只管把日记看作一面镜子,"它起初是照见了日记的作者,最后却是照出了日记的读者"(Blythe 1)。英国著名的传记家鲍斯威尔则坚持,日记"当然保存了"日记作者本人(Blythe 4),即保存了作者本人的形象。法国哲学家乔治斯·古斯多夫(Georges Gusdorf)虽然因为日记缺乏分析性思维而对这种文体有异见,但他认为从建构自我角度看,日记是"一种有用的精神训练"(qtd. in Lejeune 156)。之所以说它有用,是因为第一它对事物有放大功能。日记作者会截取一天里发生的事情中的某一件,对其进行专门的描述、记述或叙述,从而使这件事得到了突出并进行反思。第二,日记对事物有概括功能,无论是详述或简述,它都能对过去的事进行总观。第三,日记有监督功能。它之记事,有时不是为了反思,也不是为了记忆,而是监督日记作者要"意识到时间的流逝,以更好地对现状有所改进"(qtd. in Lejeune

102—103）。

　　从严格意义上讲，将 The Princess Diarist 译作《公主日记》是一则"误译"。首先，在文体形式上，日记是一种具有其严格格式规范的文体。按照英语日记的书写格式，左上角通常为日期，右上角为天气状况等，而此书共有十章，虽也是以时间为顺序，却并无日记格式；此外，在副文本鸣谢当中，作者也表明此书是新作，而非几十年前所作。所以，仅从这些信息已经可以断定，此书是作者以当年的日记为写作素材和叙述主线，以其经历与感悟而写作的一本自传。由此可见，书名译为"写日记的公主"更为准确。"写日记的公主"的重点是"公主"，而"公主日记"的重点则是"日记"，比起荧幕上大名鼎鼎的"莱娅公主"，公主的"日记"更能引起读者的好奇心。相较之下，《公主日记》这个"误译"更能抓住读者的眼球；其次，中文题目中多以简短的名词性短语为主，很少出现动词短语，比如莎士比亚的 As You Like It 译为《皆大欢喜》，译名巧妙地将"like"这一动词译为名词，同时遵循了中国人喜好四字短语的传统，还有狄更斯的 Oliver Twist 译为《雾都孤儿》，The Life of Pi 译为《少年派的奇幻漂流》等。

　　那么我们在电影明星凯丽•费雪的《公主日记》里看到了什么？常言道，一千个读者有一千个哈姆雷特。对于影星凯丽•费雪，影迷们立刻领会书名中"公主"的暗示，马上联想到她主演的那部轰动许久的科幻大片《星球大战》。在这部让她一夜成名的电影里，费雪扮演主人公莱娅公主，从此她半生都系在"公主"的光环下。读者的兴趣焦点自然也聚在日记主人公19岁的费雪和扮演男主角的那位演员的婚外恋上（Truitt；Woemer）。但是正如费雪在访谈中所说，她之所以在60岁上公开她19岁时写下的日记素材，是因为"今天的她已经不是彼时的她"（Fisher 49）[②]。法国著名自传研究专家菲力普•勒热讷说过，"在发表了的日记中，很少有没被剪辑，或是没被重新加工过的"（Lejeune 31），更遑论这部特殊的《公主日记》。如是，经过60岁的作者费雪的编辑，以她19岁的原始日记为基础的自传《公主日记》像一部成长小说一样，让我们看到了作者的成长历程。

## 二、"写日记的公主"

事实上，凯丽·费雪在《公主日记》中以成长、成名、思考和感恩为主题向读者描绘了自己的生活，当年的日记像一个索引，后面连着这位"写日记的公主"的童年到成年，家庭到事业，亲情到爱情，为读者展现了一个不一样的"莱娅公主"，揭示了作者自卑的自我、迷失的自我和感恩的自我。

### （一）自卑的自我

费雪的自卑源于她不幸的童年。年少的她总认为自己不够优秀，因此得不到父母的关爱，得不到爱情。费雪的母亲是美国好莱坞著名影星兼歌星的戴比·雷诺兹（Debbie Reynolds），而她的父亲则是美国老牌歌星艾迪·费雪（Eddie Fisher），出生于巨星世家的费雪从小就被大众所关注。在自己年仅两岁的时候，父母离婚，此后多数时间她便和母亲一起生活。费雪的童年生活非常不幸，一对母亲不满，二对父亲失望。"我就是这么自私地等待着：只要有机会我就不住在家里，甚至不在同一个国家——远离我那个刚离婚又没钱的老妈。"（18）母亲戴比·雷诺兹是一位出色的演员，同时也在百老汇出演音乐歌舞剧，工作的繁忙使得她对费雪疏于照看，童年生活的不幸让这个小女孩性格具有自我叛逆和颠覆的特点；而父亲"比起其他任何事，他对性和毒品更感兴趣"（11）。在小费雪看来，父亲放荡的生活作风和母亲忙碌的工作生活构成了自己童年时代的不幸画面，影响深远。作者坦言，"我本可以过得像其他孩子一样，但是因为我从来没有过那样的生活，我甚至迷上了男同性恋者"（16）。悲剧的童年生活影响了她的价值观，影响到了她后来的人生选择。尽管她在观众面前是坚强无畏的莱娅公主，却难以抹去她内心的情感创伤。

费雪的爱情观很明显地表现出她的自卑。书中，她提及了一段尘封了四十年的爱情，一段婚外情。"四十年后我将其公开，因为无论我们过去外表是谁，我们现在都已不再是了。"（49）在1976年拍摄《星球大战》时，她和时年三十四岁的哈里森·福特（Harrison Ford）维持了三个月左右的秘密恋情。

在她写给福特的诗中，我们便能看出她深深的自卑（125）：

> Don't offer me love 请不要给我爱
> I seek disinterest and denial 我要冷漠、要否认
> Tenderness makes my skin crawl 温情令我起鸡皮
> Understanding is vile 理解全然是恶意
> When you offer me happiness 你给了我快乐
> You offer too much 你给得太多
> My ideal is a long-lasting longing 我愿永永远远地想念
> For someone whom I cannot quite touch 那个我够不到的人

她的日记也记录下了她当时对福特的崇拜，"他是……上帝，他太帅了。不，他比上帝还要英俊"（87）。对福特近乎疯狂地迷恋让她如履薄冰，"我很害怕。害怕我会让福特伤害我"（155）。在费雪看来，自己的不够优秀会让她受到伤害，自卑的心理让她认为"比起让我伤害你，我更要让你伤害我"（167）。感情生活的变化起伏使她患上躁郁症。她怀揣一种特殊的奢望："我总是对一个爱我的人感到失望——如果他看不透我，他该会有多完美。"（168）她一直在纠结自己是否是真的值得被爱，或者说别人在完全了解她后是否还会真的爱上她。也许是由于童年不幸所造成的自卑，她给出的答案是否定的，"当有人喜欢你时是非常危险的，因为终有一天他会发现你不是他想象的那个人"（123）。

尽管她一生中负面新闻从未间断，吸毒、车祸、离婚到躁郁症，等等，但和布兰妮·斯皮尔斯（Britney Spears）和林赛·罗韩（Lindsay Lohan）这些有名的"不良女孩"相比，费雪的精神境界完全高了一个层次。她确曾说过"让他们来发现你"（138）这样自负的话，但是她对自身的探索从没有停止过。费雪在书中用了上百个疑问句来质疑、思考。"我害怕如果我停止写

作，思考就会停止，感觉就会开始"（126）。费雪极其在意大众对她的评价，"我为什么这么急于知道人们眼中的我究竟是怎样的"（137）？她自我剖析，自我批评，"我似乎总是以他人的标准和意见来评判自己，我没有确立自己的道德标准"（116）。她渴望被爱，可却屡遭伤害，在被伤害后，她反省到，"为什么我这么容易接近？为什么我要把自己交出去，交给那些对我来说永远不能成为熟识的人们"（117）。费雪一直在不停地自省，也在自省中不断地成长，逐渐甩脱不幸童年带给她的自卑与怯懦。将原来的日记不断升华为自己成长历程的自传。

## （二）迷失的自我

19岁的凯丽·费雪因在《星球大战》中饰演主角莱娅公主（Princess Leia）一夜成名。相较同时代的007系列电影仍在刻画女性对男性风采的迷恋，《星球大战》却带有鲜明的女性主义色彩，莱娅公主以女战士的形象出现在观众面前，成为大银幕上不可取代的女英雄。电影中，莱娅公主是一位非常勇敢的新女性，她带领天行者（Luke Skywalker）等反抗反派维达（Darth Vader），在面对困境时会选择主动出击。现实中的费雪同样如此，她用自己的言行来重新定义"女性"这个名词，她用叛逆和反抗书写西方演艺界的女性主义史诗。电影的巨大成功带给这位年轻女演员另一个新世界，好像一切事物都等着她去发掘。"我感觉有这么多的东西都是可能的，我很难说出来，很难长时间关注它们：总之一切都很新。"（43）费雪完全沉浸在鲜花和掌声中，此时的她从来没想过会有人质疑她、厌烦她，"我很想红遍大江南北，我不止想让你喜欢我，我还想成为你见过的最能给你带来快乐的人"（55）。和大多数年少成名的人一样，年轻的费雪也飘飘然起来，她开始沾染毒品，各种负面新闻层出不穷。当批评的声音越来越多，她慢慢冷静下来，质疑自己："如果我从来没有扮演过莱娅公主，我会是谁呢？我是莱娅公主吗，还是莱娅是我呢？"（5）她开始发现观众喜欢的只是莱娅公主，那个电影里的白衣少女，而自己却是躲在那身衣服下的费雪，没有人知道她究竟是谁。认识到这一点让她感到绝望无力。"当时的主要任务是向人们展示我和我所扮演的星际公主一样独立、可爱。"（192）"此外，《星球大战》的成名意味着出名的是莱娅公主，并不是凯丽·费雪。"（192）她在自己和莱娅公主两个身份里迷失了自我。当她清楚地意识到这种身份迷失的时候，她彷徨，"现在只有我可以救自己，但是我不知道怎么做"（126）。费雪开始努力摆脱莱娅公主的影子，甚至不惜做一些荒唐事来标榜自我。然而她的自我认识随着与大众接触的机会增多而不断加深。在和观众的互动中，她慢慢发现自己越来越像莱娅公主，她回答关于莱娅公主的一切问题，为这个角色辩护，将这个角色视为自己的一部分，陪伴她、敬仰她。"从 19 岁开始，直到之后的四十年里，我就开心地与莱娅公主这个角色为伴。"（243）"莱娅公主"成就了费雪，费雪也成就了"莱娅公主"。

### （三）感恩的自我

感恩是这部自传的另一主题。费雪首先感谢母亲、敬仰母亲；其次感谢乔治·卢卡斯（George Lucus）、哈里森·福特（Harrison Ford）等友人，感谢那些陪伴她左右的朋友们没有放弃她；最后，她感谢观众，不断探索思考和观众的关系。费雪从小看着母亲戴比在自己的照片上签上名，赠予喜爱自己的人们，她引以为豪地表示："我签名当然是免费的。"（237）一位小女孩看见年老的费雪时既生气又伤心，那个英姿飒爽的"人民女战士"已变成一个身材走样的老人，女孩的父亲见状立马向女儿道歉，费雪立刻表达了自己的立场："你不必为我四十年后的样貌对你女儿道歉。我自己看着也是老了，但我不向自己道歉。"（225）如果没有出演《星球大战》那么她会是谁？她还会不会成为一名成功的女演员？还能不能到各地去演讲？会不会有人给她寄明信片表达喜爱之情？此时此刻她能给予的就是一颗感恩的心。她感谢每一位热爱自己的观众，他们使她成长。

大部分的名人自传，多以讲述作者的童年囧事以及成年后的"丰功伟绩"为主。而此书则用大量的笔墨描绘作者的内心活动，从身份的转变展现作者的成长经历。勒热讷的研究发现，青少年写日记是希望在日记文本的镜子里看到自己反射的影子（Lejeune 107）。老年的费雪重新编写她青年时代的日记，则是对自我的二次审视，以忏悔之心反观成长之路，以感恩之心感谢成长的历程，反思总结人生。把青涩少年时期的日记变成了对自己一生的反思与总结，将一坛新酒变成了陈年佳酿。

## 注释【Notes】

① 例如："凯丽·费雪自曝19岁迷恋福特，"《腾讯网—腾讯娱乐》2016年11月26日。"再见，莱娅公主！原力与你同在，"《搜狐网》2016年12月29日。"永别了，永远的'莱娅公主'凯丽·费雪，"《环球网》2016年12月29日。

② 全文中凡出自该自传的引文皆出自此书（Fisher, Carrie Reynolds. *The Princess Diarist*. New York：Blue Rider Press, 2016.），只注页码。

## 引用文献【Works Cited】

Blythe, Ronald, sel. *The Pleasures of Diaries：Four Centuries of Private Writing*（with Intro.）. New York：Pantheon Books, 1989.

Fisher, Carrie Reynolds. *The Princess Diarist*. New York：Blue Rider Press, 2016.

Lejeune, Philippe. *On Diary*. Eds. Jeremy D. Popkin and Julie Rak. Trans. Katherine Durnin. Hawaii：The University of Hawaii Press, 2009.

Truitt, Brian. "Carrie Fisher remembers being 19 and 'in love'." *USA Today*. Web.25 Nov.2016. 〈https://www.usatoday.com/story/life/books/2016/11/21/the-princess-diarist-carrie-fisher-book-review/94040554/〉

Woerner, Meredith. "In her unflinching *The Princess Diarist*, Carrie Fisher revisits her Pricess Leia days and her affair with Harrison Ford." *Los Angles Times.com*. Web.15 Dec.2016. 〈http://www.latimes.com/entertainment/herocomplex/la-et-jc-carrie-fisher-princess-diarist-20161205-story.html〉

# 表演框架视域下的传记电影研究

周倩雯

**内容提要**：传记电影包含真实传主和真实史料的运用，始终在真实/虚构问题上难以厘清。借助表演民族志研究中的"表演框架"理论，可区分传记电影所涉及的共时语境、虚构情境和历史语境，并明确显性及隐性讲述者，这二者在构成故事情境和讲述历史真实两种不同的表演任务中寻求统一。本文研究传记电影中各表演主体的交往互动，探索传记电影的创作、研究范式如何由"文本性"转向"表演性"。

**关键词**：传记电影　表演框架　讲述者　表演性

**作者简介**：周倩雯，博士，上海大学数码艺术学院副教授，主要从事戏剧与影视学、人类表演学研究，发表论文《即兴表演的观念阐释》（《戏剧艺术》，2016年第5期）、《论虚拟表演的有机性》（《上海大学学报》（社会科学版），2018年第2期）等；出版学术专著《天一电影公司探析》（东方出版中心，2017年）等。

**Title**: Looking at Film Biography from the Perspective of Performance Framework

**Abstract**: Film biography incurs the arrangement of biographical subjects and historical materials. This often faces problems of fact and fiction. The notion of "Performance Framework" in the study of performance ethnography distinguishes the synchronic context, fictional situation and historical context involved in film biographies, making clear the explicit and implicit narrators, which seek unity in the two different performance tasks of constructing the story context and telling the historical truth. This paper studies the interaction between different actors in film biographies and explores how the creation and research paradigm of biopics shifts from "textuality" to "performativity".

**Keywords**：film biography, performance framework, narrator, performativity

**Zhou Qianwen**，Ph.D.，is Associate Professor of Theatre Studies at Shanghai University. Her research concerns theatre arts, film arts and performance studies. Her recent publications include "The Concept of Improvisation：An Interpretation" *Theater Arts* 5（2016）：79-87；"On the Organic Nature of Virtual Performance" *Journal of Shanghai University*：Social Science Edition，2（2018）：45-57 and *Tian Yi Film Company*：*An Overview*（Shanghai：Dongfang Publishing Center，2017）. E-mail：qwzhou@i.shu.edu.cn.

在诸多电影类型中，传记电影明确关注真实存在的个人的历史性言行，并时刻呼应着历史的影像书写。但传记电影因其传主的客观存在，导致其最易遭受"是否忠实于历史中的真实人物"这一质疑。传记电影身为以虚构为己任的叙事电影类型家族中的一员，却常常被评价者标注真实/虚构的成分比例，并往往以此判断其"成色"是否良好，实为"不白之冤"。传记片确乎在史料搜集层面秉承"求真"的目标，但在创作层面，客观真实性必然会让位于主观艺术构想。更何况传记片与人物传记类纪录片的功能诉求原本就不同：后者归于纪录片范畴，追求客观真实性乃题中之意；前者则在电影艺术创作过程中对历史人物、事件加以"演绎"①，倘若将"演绎"简单称为"虚构"，则抹杀了传记电影在史料搜集层面的"求真"诉求。综上，传记电影研究与实践者亟待厘清上述概念含混之处。

人类学家理查德·鲍曼在分析口头传统研究中的表演民族志时指出："叙事既立足于'叙述事件'（narrative event）本身的基础之上——在此事件中，叙事得以讲述，也同时立足于它们所讲述的'被叙述事件'（narrated event［s］）的基础之上。"（112）。这恰好是传记电影和表演民族志的共通之处："叙述事件"和"被叙述事件"两者皆备。正如表演民族志借助表演框架标定、分析表演各要素，传记电影同样需要立足于一定的框架范围内，界定传记电影中的"叙述事件"和"被叙述事件"，进而分析"虚构"和"真实"如何各安其位。

"表演框架"由人类学家理查德·鲍曼提出，他从口头语言交流找到人类学研究的突破口，使得人类学研究由文本中心论转向表演中心论。鲍曼将表演视为"一种具有特殊标记方式的行为，它建构或者表现了一个特殊的阐释性框架，交流行为在此框架之中将能够得到理解"（68）。表演框架理论构成了表演民族志研究中重要的方法论，这一方法对于传记电影研究也有启发意义。

本文试图设定传记电影的表演框架，观察传记电影中的表演主体如何在虚构情境和历史事件之间，展现交流和诠释的能力，进而探索传记电影的研究方向由"文本性"转向"表演性"的可能性。

## 一、确立表演框架：作为文化表演的传记电影

当观众坐在影院或通过电视、网络流媒体观看一部传记电影时，意味着已接触到传记电影的表演框架。我们将依据电影银幕、电视屏幕、网络视频等传播媒介的属性和应用边界，对此加以判断并确认：某部传记影片正依托高复制率和高传播度的媒介，试图描述一位著名人物及其所处的历史时期和所经历的历史事件，从而与观众达成一种意识形态观念的交流，这一过程本身就是一次文化表演的生成。

鲍曼仅在口头语言交流这一范畴中界定文化表演（例如广场集会、戏班表演、坊间交谈等，均可视为运用口头语言交流的媒介场所），而依托新媒介的文化表演则呈现出不同的面貌。电影作为当代最重要的文化媒介，其表演形式和传统文化表演有所不同：广场、剧场的文化表演框定了观众、演员的同时在场性，而电影文本的预制性特征则将观众和银幕内的演员置于相隔绝的时空。但就传记电影而言，仍体现出特定的"在场性"：演员扮演传主角色，不可回避传主基于真实历史时空场域传达的"在场性"暗示；就观众而言，出于对历史人物和历史事件的关注，他们走入影院，或将信任（或怀疑）影像故事的演绎者可帮助他们消除与历史情境的隔膜，恰如古代人类在现场

谛听说书人演绎历史故事，电影观众与传记电影主创方构成某种共时性的默契，无论是基于信任或怀疑，一旦关系形成，共时性的语境则得以建立。和其他类型的叙事电影相比，传记电影并非"使虚构成为在场"（海沃德 13），而是"使在场得以铭记"，这种"铭记"以媒介传播的方式，将传主确认为"一个社会的象征符号和价值观念被呈现和展演给观众"（鲍曼 77—78）。

如何看待传记电影的"使在场得以铭记"？我们需要借助表演框架来阐明这一点。传记电影的表演框架在形式上区分了何为在场的观演关系及观演共同构成的共时语境；何为故事的虚构情境及其中需要加以铭记的历史情境。首先，电影编剧、导演及整个剧组可视为文化表演的重要组织者，他们充分利用电影媒介，演绎了一个虚构情境，换而言之，他们完成"叙述事件"的全过程，交由现实语境中的观众加以品评；其次，"被叙述事件"取自传主的真实资料，直指传主所经历的历史事件，整个"被叙述事件"由传记电影中的角色来完成叙述及演绎，通过特定的标定（anchor）方式，取自真实的历史事件被框定在由不同讲述者参与的表演中，和传记影片的其他艺术虚构部分区分开来。因此，传记电影是典型的"真作假时假亦真"——真（共时语境）、假（虚构情境）、真（历史情境）。在框架界定的基础上，有关传记电影何处真实、何处虚构；何为讲述者、何为谛听者；传主演员何时面向以观众为代表的共时语境陈述历史情境，何时又面向剧中的其他角色参与虚构情境……这一系列的问题才能加以解析。

## 二、框架之外：传记电影的共时语境

传记电影在"叙述事件"的全过程中，确立了表演框架的形成，同时生成了传记电影的共时语境。和其他叙事电影类型有所不同，传记电影的特殊性在于仅凭影片标题或简介就可让观众了解传主为谁，由"传主是谁"牵引出来的是庞杂的故事背景（background），这一故事背景先于传记电影出现在电视新闻、报纸、杂志、传记文学等其他大众媒介，观众对于传主已有先入为主的印象，于是会产生正面、中性或负面的先期评价，以此为基础，框架之外的共时语境就此形成。

共时语境中引人注目的问题是：在世传主/离世传主亲属/传主利益相关者的"强在场性"。他们常常主动质疑编创者的创作资质，积极介入观演关系的界定程序中，他们的意见亦会在相当程度左右表演框架。众所周知的例子是《公民凯恩》，这部并未使用传主真名，甚至杂糅了若干历史人物的"半传记"电影，由于影射了出版大王威廉·伦道夫·赫斯特（1863—1951）的生平轶事，而遭到赫斯特及其传媒集团的多方抵制，虽然电影最终得以公映，但赫斯特依然通过院线遏制排片量，并在相当长的历史时期影响了导演奥逊·威尔斯的职业生涯。就我国传记电影的历史与现状而言，后人起诉传记电影的案例层出不穷：例如《孔子》公映后孔子后人起诉片方；《梅兰芳》从制片到上映都伴随着梅兰芳后人和齐如山后人的干涉或诉讼。传记电影如在法理层面无法摆脱与传主"名誉权"[②]的联结，则这样的情况还将持续下去。

这些共时语境中的文化事件伴生于传记电影表演框架的划定过程，具体表现为：一边是立足于现实环境中既定伦理规则、社会风俗、品评标准的观众，一边是创造虚构情境的影片主创团体，两边彼此争夺领地，观演关系的对峙就此产生。这一问题或许长期以来困扰传记电影的制片方，甚至在影片策划阶段就开始预估传记电影的风险与成本。一些制片方在传主"强在场性"的压力之下，或多或少地会调整其创作策略，使其平庸化并符合当下社会文化、习俗、伦理的期待；另一些创作者则抵御住压力，坚持呈现他们认为真实可信的传主形象；甚至还有一种矫枉过正的可能性，某些桀骜不驯的创作者渐渐脱离了"如实呈现传主"的预期目标，将艺术加工的"传主"表演变为指向平庸化的社会文化、习俗、伦理标准的一杆标枪，人物形象是否"如实"并不重要，重要的是打破和谐的观影关系，迫不及待地制造某种冲突感和戏剧性，向现实语境中的人们大胆索要历史人物的虚构权，进而反讽、刺痛现实语境中因循守旧的人们，打破他们对传记人物和相关历史的刻板印象。

共时语境的存在犹如一把双刃剑：一方面，免去了创作者预制故事背景的麻烦（这是传统故事写作的基本流程之一），并省却了制片方宣传推广的部分成本，利用得当，甚至会制造观众的期待心理；但另一方面，传记影片在筹备、制片、宣发的各个环节被传主的"强在场性"所干扰，受众品评的反馈机制与效应影响了观众和评论界对于传记电影的公正评价。

对于研究者而言，须认识到——这其实是发生在表演框架边界的领地争夺战，拨开表面的纷扰，方能看清其本质：传记电影作为文化表演，在现实语境之中建构一个虚构情境，在虚构情境之中又包含着对历史真实人物、事件的信息传达——这让现实语境中的人们产生困惑和不安。现实语境中的观众一方面渴望透过传记电影了解历史真相、反思社会现实，一方面又不能容忍"真实"的历史身披着"虚构"的外衣，正是这种矛盾的社会心理和预期判断，造就了这些文化事件，同时为传记电影的艺术魅力增添底色。认清传记电影作为文化表演的阐释框架，划定现实和虚构情境的界限，分析不同传记电影背后不同的观演关系，有助于传记电影研究有层次、有深度地展开。

## 三、讲述者的信度

传记电影中"被叙述事件"关注的是其主语——由讲述者参与构建的适用原则。由于传记电影以人物为核心，以历史事件为阐释质料，因此，"被叙述事件"的核心在于对讲述（演绎）者的确证上——即："由谁讲述（演绎）""是否可信"。

传记电影总是试图表现传主一生中最重要的时刻。一般而言，权威的历史卷宗、典籍往往标注了某些重要的历史事件，编创者可依据这些历史节点，相应拣选传主的重要时刻及重要事件，并对此加以还原。但是，一旦缺乏对事件有理有据的解释，则这段被拣选的事件也就成了和其他叙事电影无二的"非历史"的戏剧事件。例如《魂断蓝桥》，我们只需知道这是一个发生在战时的浪漫爱情故事，而无须确证这段故事的讲述人必须是某段历史时期[③]的亲历者。传记电影提供的必须是历史的事件，而令其获得历史的确证的关键在于其亲历者和讲述者的合一。

传记电影格外重视讲述者的设置，讲述者可分为显性和隐性两种。显性讲述者一般由传主角色承担，整个故事依托其言行展开，对观众而言，由传主角色担当的讲述者具有较高的信度。例如《米尔克传》的开头，政治活动家米尔克预知自己可能被刺，用录音的方式为自己准备遗嘱，这一言行标明了他作为显性讲述者的身份。通过这一明确的表演标记，角色不仅确证将为历史人物同性恋政治家哈维·米尔克（Harvey Milk）立传，同时为其特定的历史时期见证。《至暗时刻》中的丘吉尔并不像米尔克那样在片首即明确标明其显性讲述人的身份，而是由一位年轻女打字员的出场和引领，让我们看到丘吉尔如何一步步地成为他所处时代的重要历史见证者和讲述人。打字员在这一表演框架中以明确的倾听者身份反衬出丘吉尔的显性讲述人身份。这样的设置还不够显著，影片在设计丘吉尔的两次重要的公共表演时，均以红色闪光的灯来标记传主如何成为显性的讲述者：一次是丘吉尔决定在电台演讲，提振民众士气，倒计时中，红色指示灯亮起。而另一次则是丘吉尔在去国会的路上，在一个十字路口的红灯亮起时，他突然决定下车，搭乘地铁，和民众交谈，并获得民众的支持。在全片的冷色调中，丘吉尔的两次政治的高光时刻均以红色暖光作为强烈的信号，标明传主丘吉尔如何通过积极、明确的"讲述"，打破其所处的"至暗"时代。通过寻找传记影片中的表演标记，我们可以明确定位传记电影的显性讲述人。

当然另有一种情况是，作为传主的角色虽通过种种表演标记明确其显性讲述者的身份，但他（她）却并不情愿为此负责，对观众而言，一位不愿负责的讲述者，即使他宣称是历史的见证人，其可信度亦大打折扣。例如影片《福克斯对话尼克松》，剧中的尼克松深陷水门事件丑闻，并被迫辞职，但他拒绝为自己的政治污点道歉，并期望利用自己所擅长的公共政治表演能力，实现东山再起。朱迪特·巴特勒曾提醒读者注意政治家"表面'清晰'的观点背后运作的伎俩"，尤其点名尼克松——"望着全国人民的眼睛，说着：'让我把一件事彻底说清楚'，然后开始说谎"（13）。在该片中，尼克松就是这样一位善于讲述、迫切需要讲述，但信度极低的"讲述者"。而剧中他的对手脱口秀主持人福克斯正是通过电视新闻的一个镜头，攫取到作为政治表演家的尼克松不经意流露出的一丝懈怠、轻慢、拒斥的表情，于是启动了他的采访计划。整部影片的故事可概括为：福克斯和他的团队竭尽全力，迫使尼克松由一个不愿负责任的显性讲述者变得愿负其责，并重新获得历史见证者应有的信度。

由于传主角色不可能在整部影片中都坦露心迹，为了维持讲述者的信度，我们需要强有力的隐性讲述者。隐性讲述者用各种方式激发、烘托、确证传主的人物弧光的达成，同时强有力地参与整个传记电影的话语体系建构，帮助传记电影背后的历史话语主体的确立。以《汉娜·阿伦特》为例，作为哲学家的传记电影很难呈现传主，原因在于哲学家一般是以思想见长，而非言行。该片中的隐性讲述人事实上是以黑白影像出现的被审判的纳粹战犯艾希曼。众所周知，汉娜·阿伦特之所以为历史所铭记，缘于她作为犹太裔学者列席纳粹战犯艾希曼的审判现场，她深受触动，之后撰文阐释"平庸的恶"，引发学界和政界的轩然大波，一举奠定了阿伦特作为哲学家在世界范围内的影响力。然而以阿伦特为显性讲述者，无法达成强内聚力的戏剧性，因为阿伦特在审判现场是沉默的谛听者，而战犯艾希曼才是讲述者，艾希曼的法庭自辩使观众籍影像直接目睹何为"平庸之恶"，以此对阿伦特所处的历史语境有了最为直观的印象。当结尾处阿伦特在课堂上向学生剖析"如何用思考的能力去抵御平庸之恶"时，她的言说有了保证，这有赖于艾希曼作为隐性讲述者的一重确证。

一般而言，传记电影中的显性和隐性讲述者会同时存在，交替作用，支撑起全片"被叙述的历史事件"的信度。在《林肯》中，林肯始终是明确意识到、并宣称为所处历史时期负责的显性讲述者，但在影片的高潮段落，即国会投票第十三修正案（废奴法案）的全过程中，作为传主的林肯虽为该历史事件的直接缔造者，但他却不能亲临现场，现场的各州议员各自陈述赞成或反对，作为隐性讲述者的他们支撑起了这一高潮段落，令传主林肯在创造历史过程中的言行变得更为可信，更有力地呼应片中林肯曾对自己及身边的同伴发出的追问——"作为这个时代生人，我们合格吗？"

总而言之，传记电影需要构建一个（或多个）恰当的讲述者，将历史事件以有信度的方式加以演绎，并合理地嵌入整个虚构情境之中。我们需明确的是，这部传记影片是否标记了显性的讲述者或隐性的讲述者，并对整个叙事文本负责,"将被表演的故事组织成一个具有内聚性的单位,并使文本成为一个有边界的(bounded)、易于去语境化的对象"(鲍曼 112)。

## 四、框架之内:虚构情境和历史语境的内部缝合

和其他类型叙事电影一样,传记电影追求一个有内聚力的叙事情境,围绕传主展开的故事依托一定的故事背景,体现明确的人物行动追求,设置阻碍,克服阻碍,最终达成任务或失败……这些是一般的叙事电影的通则。但是,传记电影内部叙事机制中的角色表演,尤其是传主角色的表演,有其独特之处。

传记电影的主人公(传主)总是自觉地秉承一项最高任务:确保其在历史中被铭记。其他的叙事电影中的主人公则未必有这样的自觉性,即使是身经百战的印第安纳·琼斯④,作为考古学家的他负责追索一桩桩重要文物,其最高任务不过是让那些历史文物归置于博物馆,而非让他自己身列于博物馆。当我们探究传记电影的叙事情境内部,会发现这项最高任务会令角色显得颇有几分古怪:在故事情境中,他(她)一方面作为"凡人",生活、体验各种事件、和其他角色发生冲突……;另一方面则须跳脱出来,作为"超人",以先知般的眼光关注自身在历史事件中的表演标识是否清晰、表演风格是否得当。

这两者如何巧妙缝合,令观众欣然接受,决定了传记电影的内部虚构情境是否平滑、整一。《第一夫人》作为典型的传记电影,显然着重关注了传主角色的历史地位诉求。杰奎琳的最高任务在开篇处即明确表露:作为总统肯尼迪的遗孀,她执着于令肯尼迪总统及自己被历史所铭记。这一诉求事实上要求演员必须以超越世俗性的表演呈现角色。杰奎琳作为妻子、母亲的悲痛,作为枪击刺杀案目击者的心理创伤,最终都让位于极具仪式感的言行:举办一场盛大的葬礼;不顾生命危险,走在游行队伍前列;确保她所主导的公共表演通过电视媒体传播,最终令世人铭记——肯尼迪拥有"举世瞩目的人生,万众瞩目的死亡(famous life, famous death)"⑤。娜塔丽·波特曼在该剧中的表演并未获得她以往作品的好口碑,或许真的不能苛责于她,一旦抽去

角色肉身凡胎的欲望，赋予其"超人"的追求，则意味着不断远离观众的观影预期。娜塔丽·波特曼在剧中一方面处理角色的常规情境，另一方面有意识地揽历史之镜而自照，而前者的表演常常生硬地让渡于后者，这很难让观众产生认同感。

  相比较而言，《国王的演讲》在影片内部叙事系统的设置和相关表演的缝合机制方面，显然更能引发受众的共鸣。和其他政治人物传记片类似，演员科林·费斯既要再现国王乔治六世私领域的个体经验和人际关系，同时需要完成乔治六世在各种公共领域的政治表演，前者是"凡人"的角色表演任务，后者往往更强调乔治六世对其历史责任的明确意识，属于"超人"的角色表演任务。无疑，这两种表演任务之间会产生缝隙，也会产生比例分配的拿捏问题。有趣的是，传主是少有的"不擅表演"的政治家，这反而有助于演员/角色抛却历史语境中的自恋情结，将表演/言行专注于私领域中的情境和个人体验：如何克服口吃这一生理疾病，如何正视自身的童年阴影，如何与他的良师益友罗格医生有推进地展开互动，最终战胜生理、心理困境……这一系列的表演、叙事逻辑和疗愈主题的类型电影毫无二致。在完成了"有缺陷的凡人"的表演后，角色的表演重心才自然过渡到"超人"的表演——对传主角色的历史使命的传达上。片中，国王全家观看希特勒的演讲纪录电影，是历史语境的平行插入；在威斯敏斯特教堂继承王位仪式的彩排现场，乔治六世在医生的激将法下，吼出："因为我有权被倾听！"这些桥段均标注了乔治六世试图超越个体当下境遇、直面历史使命的瞬间。和《至暗时刻》中的丘吉尔一样，他们或迟或早，走向了至高任务，应对第二次世界大战中的强大对手、杰出的政治煽动家希特勒，而传主唯一能被历史铭记的方式就是：讲话——"因为民众相信我是为了他们讲话。"⑥

  《国王的演讲》提供了一位"得天独厚"的传主，其得天独厚之处在于其个人缺陷恰如一根针，刺痛传主不断挑战个人极限，同时缝合个人言行与历史使命之间的缝隙。如同德勒兹在《他口吃了》一文中的表述：

> 人人都可以用自己的语言讲述他的回忆，编故事，发表意见；有时

他甚至会形成一种优美的风格，这一风格赋予他充足的手段，让他成为令人欣赏的作家。但是当要挖掘故事下面的东西，砸开意见，达到无记忆的区域时，当自我必须被毁灭时，做个"伟大"作家肯定是不够的，他的手段必须永远都是不足的。(291)

口吃意指"手段不足"。不能纯熟地操持言行、不能控制各种冲破框架的意外发生、不完满的讲述（演绎）、缝隙的暴露……所有的手段不足，方能令传主启动并持续他（她）的上升动作（rising action）。任何迫使传记电影编创者塑造"完人"式主人公的外部诉求，都注定会在艺术实践中遭遇滑铁卢。因为关于叙事内部的角色表演，其适用规则事实上是从意外、不足、缺省出发的，"伟大的传主"和"伟大的作家"一样，必须热情地拥抱个人缺陷和不完满的言说（演绎）手段，在此基础上改写旧有的历史，创造全新的范式。

## 五、结　语

本文所列举的传记电影，多为近年涌现的作品，正因为它们呈现出不同于以往古典叙事主导的传记电影的新面貌，才更适宜于论证本文的研究方法和理论框架。现当代传记电影的范式转移和现当代哲学思潮进程密切相关，主客体分离的经典哲学传统不断遭遇质疑，当我们在后现代哲学语境中审视传记电影时，早已无法依从静态、整一、因袭的古典主义观念范式。传记电影的创作、研究者开始质疑：传记电影何以能凭借传主角色的一己之力，权威地诠释历史真相，并得到现实语境中观众的信服？正如哈贝马斯的主体间性理论代替传统的主体观念，在主体隐退的时代提供了一种通过交往达成反思的新路径（毕尔格 11—12），传记电影同样可以试图寻觅叙事系统中各表演主体间经由交流、互动、反思，抵达历史真实的可能性。传记电影创作和研究的范式转移势在必行。

以往的传记电影研究常借用传记文学的研究范式，例如张英进认为导演、传主可视为叙事主、客体，由多层次的叙事、多文本的交错与重叠构成传记片的"回文性"⑦。需要注意的是，当文学文本转为电影话语时，意味着电影演员基于台词文本、依托面部表情和身体姿势展开一系列的话语交流实践，蒙太奇与场面调度亦参与了整个动态文化语境的生成，动态话语（discourse）之于静态文本（text），呈现出一种"通过语境编码并激活的过程"（徐来娟 19）。

由"表演性"入手谈论传记电影的阐释框架，正是为了呼应上述的范式转移。"表演性"和"表演"有所不同，后者仅指演员的表演技巧、表演中的修辞效应以及电影表演作为重要元素如何参与场面调度或蒙太奇，等等……这一系列的命题和分析多集中于审美和创作技法层面。"表演性"则立足于文化人类学等更为广阔的视野，正如克利福德·格尔兹在《文化的解释》中所言："文化既然是表演的文件（acted document）……具有公共的性质。"（11）传记电影作品的展演作为一项表演文件，和现实语境密切相连，和历史语境紧密嵌套，因此拥有了公共交流、文化展演的意味。

当然，无论采用何种方法论，我们终究要回到现代传记电影本身，审视其价值意义。作为文化表演的传记电影，不仅完成对个人命运的书写，还要投射民族历史的观照，在此基础上传达某种政治意识形态——如安德鲁·文森特所言："包含了对人性的种种概念，并因而指明了人可能获得什么、不可能获得什么；是对人的交往本质的批判反思；是人要么应反对要么应赞赏的价值观念；是为了满足人的需要和利益而做的社会、经济和政治生活上的正确的技术性安排。"（10）在此，我们姑且将上述意识形态的要素换为中国人所说的"道"，则不难发现，传记电影脱胎于"文以载道"，重"人以载道"，在当代语境中走向"行以载道"，不断趋向题中应有之义。

### 致谢【Acknowledgement】

本文为2017年上海大学戏剧与影视学高峰学科成果；2018年上海大学上海美术学院科研成果，得到相关学院资助，作者谨致谢忱。

My acknowledgement and gratitude go to the research project sponsored by Shanghai Film Academy and Shanghai Academy of Fine Arts, Shanghai University.

## 注释【Notes】

① 本文中,"演绎"包括电影编、导、演等各工种创作人员的联合艺术加工,"表演"则单指电影表演。
② 最高人民法院《关于审理名誉权案件若干问题的解答》第 5 条和《关于确定民事侵权精神损害赔偿责任若干问题的解释》第 3 条规定,死者名誉受损时,近亲属有权起诉到法院。
③ 例如:《魂断蓝桥》一片的历史背景为第一次世界大战或第二次世界大战并非故事建制的关键问题。
④ 印第安纳·琼斯为美国好莱坞探险系列影片《夺宝奇兵》中的男主人公。
⑤ 《第一夫人》剧中台词。
⑥ 《国王的演讲》剧中台词。
⑦ 张英进在《传记电影的叙事主体与客体:多层次生命写作的选择》一文中指出:"传主视为叙事客体,导演视为叙事主体,前者引出原有文本(生命已死的历史人物),后者贡献改编文本(得以再生的传记叙事)……"参见张英进《传记电影的叙事主体与客体:多层次生命写作的选择》,《文艺研究》2017 年第 2 期。

## 引用文献【Works Cited】

理查德·鲍曼:《作为表演的口头艺术》,杨利慧、安德明译。桂林:广西师范大学出版社,2008 年。
[Bauman, Richard. *Verbal Art as Performance*. Trans. Yang Lihui and An Demin. Guilin: Guangxi Normal University Press, 2008.]
朱迪特·巴特勒:《性别麻烦:女性主义与身份的颠覆》,宋素凤译。上海:上海三联书店,1990 年。
[Butler, Judith. *Gender Trouble: Feminism and the Subversion of Identity*. Trans. Song Sufeng. Shanghai: Shanghai Joint Publishing Press, 1990.]
彼得·毕尔格:《主体的退隐》,陈良梅、夏清译。南京:南京大学出版社,2005 年。
[Bürger, Peter. *Das Verschwinden des Subjekts*. Trans. Chen Liangmei and Xia Qing. Nanjing: Nanjing University Press, 2005.]
吉尔·德勒兹:《哲学的客体:德勒兹读本》,陈永国、尹晶译。北京:北京大学出版社,2010 年。
[Deleuze, Gilles. *The Object of Philosophy: A Gilles Deleuze Reader*. Trans. Chen Yongguo and Yin Jing. Beijing: Peking University Press, 2010.]
克利福德·格尔兹:《文化的解释》,纳日碧力戈等译。上海:上海人民出版社,1999 年。
[Geertz, Clifford. *The Interpretation of Cultures*. Trans. Naribilige et al. Shanghai: Shanghai People's Press, 1999.]
苏珊·海沃德:《电影研究关键词》,邹赞、孙柏、李玥阳译。北京:北京大学出版社,2013 年。
[Hayward, Susan. *Cinema Studies: The Key Concepts*. Trans. Zou Zan, Sun Bai and Li Yueyang. Beijing: Peking University Press, 2013.]
安德鲁·文森特:《现代政治意识形态》,袁久红等译。南京:江苏人民出版社,2008 年。

[Vincent, Andrew. *Modern Political Ideologies*. Trans. Yuan Jiuhong et al. Nanjing: Jiangshu People's Press, 2008.]

徐来娟:《再论 Text 与 Discourse 的异同》,《北京科技大学学报(社会科学版)》2013 年第 12 期,第 18—21 页。

[Xu Laijuan. "Revisiting the Similarities and Dissimilarities between Text and Discourse." *Journal of University of Science and Technology, Beijing* (Social Science Edition), 12(2013):18-21.]

张英进:《传记电影的叙事主体与客体:多层次生命写作的选择》,《文艺研究》2017 年第 2 期,第 85—93 页。

[Zhang Yinjing. "The Biopic's Narrative Subject and Object: Multiple Levels of Life Writing Choices." *Studies of Literature and Art* 2(2017):85-93.]

# 女性主义电影中女性知识分子的媒介书写
## ——基于《汉娜·阿伦特》和《黄金时代》的比较

杨石华

**内容提要**：探究女性主义电影中对东西方女性知识分子媒介书写的异同，有助于揭示女性主义在东西方的媒介实践状况。文章以传记电影《汉娜·阿伦特》和《黄金时代》为例进行比较研究。导演通过女性版的"智者受难"、性别文化话语权的互补以及公共领域的社会参与来彰显女性主体性在社会文化中的崛起。但在实践中，两者在媒介书写形式与主体建构方面存在着一定差异。中国女性主义电影的创新与发展需要媒介实践者精确把握其文化共性，并进行差异化呈现用以提升文化影响力。

**关键词**：女性主义　女性导演　传记电影　女性知识分子　媒介书写

**作者简介**：杨石华，中国人民大学新闻学院博士研究生，研究方向为跨文化传播与出版史，近期发表了《跨文化对话间性空间的建构与完善》(《传播与社会学刊》，2017 年第 41 期) 等。

**Title**: Female Intellectuals' Media Writing in Feminist Films: A Comparative Analysis between *Hannah Arendt* and *The Golden Era*

**Abstract**: Exploring the similarities and differences of the media writing of female intellectuals in feminist movies will help reveal the current situation of feminist media practice in both East and West. This study is a comparative study of *Hannah Arendt* and *The Golden Era* in female biographies. Directors highlighted the rise of female subjectivity in social culture, through "the wise women's suffering", the complementarity of the right to speak of gender and culture, and the social participation in the public domain. However there are differences between superficial forms and deep subjective content construction in the process of their media writing. Media practitioners should accurately master the common features of feminist culture and present differentiation, in order to innovate and develop Chinese feminist films.

**Keywords**: Feminism, female director, biography film, female intellectuals, media writing

**Yang Shihua** is affiliated to School of Journalism and communication, Renmin University of China, as a Ph.D. student. His research focused in intercultural communication and publication history. He is the author of "Construction and Perfection of Intercultural Dialog in Interality." (*Communication & Society*, 41 2017). E-mail: gushiqi@sina.cn.

## 一、东西方女性知识分子传记电影及其实践者

女性主义自诞生起，历经了争取选举权、男女同工同酬、道德观念上的男女平等以及进入文化和意识形态领域等阶段，并受到自由主义、社会主义、激进主义、后现代主义思潮的影响（王淼 170—171）。女性主义电影作为女性主义的媒介实践方式，因其天然的媒介传播优势与宣传功能，一直深受其实践者的重视。女性电影需要"站在女性的立场，或以女性的视角真实地反映她们的所思所想，……并且理应能反映出特定年代、特殊环境中各种不同女性的共性需要，最应涉及的是，她们在现实境遇中所遭遇的最敏感也是最具普遍意义的话题，当然也包括女性对性意识的识别，女性的自救和真正意义上的'灵魂触动''精神对话'"（金丹元、曹琼 171—180）。研究电影中的女性书写，"除了从较为棘手的女性电影观众或从女星/性表演来切入，最有基础的探讨还是针对女性导演作品的审视"（沈晓茵 32—44）。早在 20 世纪 90 年代，莎莉·波特（Sally Potter）等西方女性导演凭借 *Orlando*（《欧兰朵》）等作品备受关注。东方女性主义媒介实践出现相对较晚。在中国，女性导演及其作品中具有代表性的主要有张暖忻的《沙鸥》、黄蜀芹的《人鬼情》、李玉的《今年夏天》及许鞍华的《姨妈的后现代生活》等，这些作品涉及各种各样的女性人物。女性知识分子作为女性主义电影的主要媒介呈现对象之一，与女性导演有着更多的文化身份接近性。所以，她们对女性知识分

子媒介形象的塑造有着天然的优势和偏爱。人物传记电影作为一种电影类型，是女性导演书写女性知识分子的一种较为理想的传播载体。因此，这类电影作为分析女性主义的媒介实践有着较好的现实基础。

当代东西方女性导演在对女性知识分子进行媒介书写时有着什么样的异同，是一个值得深入探讨的问题。它有助于揭示女性主义在不同区域国家中的媒介实践发展状况，并为中国的女性主义电影媒介实践提供相应启示。为此，本研究以女性导演为出发点，对德国玛格雷特·冯·特洛塔的《汉娜·阿伦特》和中国许鞍华的《黄金时代》进行比较分析。之所以选择这两部人物传记电影作为研究对象，原因在于它们比较符合案例研究中理论抽样的要求。就作品而言，这两部人物传记电影的发行公映时间接近，都在 2013 年前后；影片中的女性知识分子汉娜·阿伦特与萧红所处的时代大致相同，都是第二次世界大战前后的知名作家；两位女性知识分子在当时都以绯闻为时人乐道，似乎其思想和著作都只是那些著名男性知识分子的陪衬。就导演而言，特洛塔作为当下西方知名女性主义媒介实践者之一，代表作有《德国姐妹》《罗莎·卢森堡》等影片，对女性知识分子媒介书写的最新力作是《汉娜·阿伦特》。而以萧红作为主人公的人物传记电影中，女性导演许鞍华的《黄金时代》格外受到关注。简而言之，特洛塔与许鞍华作为同时代的女性导演共同关注着女性的主体性问题，两者都以 20 世纪大致相同时代的知名女性知识分子为对象进行媒介书写，这为研究东西方的女性主义媒介实践提供了良好的比较基础。

## 二、传记电影对女性知识分子媒介书写的偏好

### （一）智者受难：女性知识分子的困境呈现

"智者受难"是人类文明中的一个永恒母题，在文学作品中从奥德赛到俄狄浦斯，在现实社会中从苏格拉底到伽利略等众多"智者"因其超前的智慧、行为受到"天谴"与反噬。但在人类文明的发展进程中，智者受难似乎成了

男性尤其是男性知识分子的专属荣誉。女性在"智者受难"主题中的被遮蔽与缺席，正是女性主义者所批判的。为此，对该主题的媒介书写成为女性主义电影的主要核心。《汉娜·阿伦特》呈现了阿伦特时刻承受着在第二次世界大战中遭受德国纳粹对犹太人迫害而逃离故土的文化创伤。同时影片也刻画了她因为在纳粹分子艾希曼的审判中反思人类在极权制度中的"平庸之恶"，而遭受的来自犹太民族以及好友的反对、谩骂与威胁等诸多苦难。阿伦特受到非议，不是由于个人的私利与私心，而是由于她对人类真理的追求与坚守，这种困境正是典型"智者受难"的体现。在《黄金时代》中，萧红自青年时代就逃离了乡村社会，在城市社会中过着颠沛流离的生活。萧红在"自弃"（逃离家庭、亲人和社会）和"他弃"（家庭、亲人和社会对她的抛弃）相互交织中，"阐释了女性在男权社会结构和意识形态下的痛苦，构成了她命运的独特性和悲剧性，是女性主义的自我救赎和对自由的追求和向往"（钱文娟 24—27）。

《汉娜·阿伦特》和《黄金时代》中两位女性知识分子在"受难"中的"智者"形象代表了一种"大写的人"的意志，其"智者受难"的经历象征着对人（尤其是女性知识分子）"站起来"之后的反驳（刘秀秀 90—96）。她们以异于传统主流思想的观点"站起来"，但不得不面对男权社会的反驳与批判，故而她们遭受着异于常人的非议。"香烟"这一视觉符号正是她们这种女性版"智者受难"的直观体现。在早期电影中"香烟"被视为欲望的隐喻意象，但在对女性知识分子进行媒介书写时它被赋予了"智者受难"的全新隐喻。对于女性而言，"香烟在她们的情感生活中亦扮演着十分重要的角色，吸烟不仅成为城市青年女性烟民的一种生活方式和时尚，而且也成为日常生活中的一项'仪式化'的行为"（林晓珊 47—59）。"香烟"在电影中被表现为两位女性知识分子自我写照的一种"受难"文化仪式行为，象征着她们被整个社会的苦难所点燃。《极权主义的起源》《耶路撒冷的艾希曼》和《生死场》《呼兰河传》等著作就是她们在"受难"后点燃自我释放出的"尼古丁"，令整个社会精神抖擞。燃烧自己以警醒社会的"智者受难"精神，使得她们在人类文明发展的过程中以各自的方式留下了属于她们的印记。

## （二）话语互补：知识分子性别话语权的平衡

话语权的平衡是女性主义理论的重要组成部分，它是揭示复杂社会生活中女性主义内涵的有效方式之一。在两部影片中，"香烟"除了象征着女性版"智者受难"外，还象征男女文化话语权的平衡。19世纪以来，香烟已成为自信男性的一个特征。"作为男性文化的支流，吸烟在某种意义上就是一种'雄性'的标志"（大丰、朝晖 224），尤其是在万宝路将香烟与男子汉气概联系起来进行烟草的符号化象征之后。随着女性主义思潮的传播，在女权运动与消费主义的商业驱动下，"妇女利用香烟表示与过去决裂，与过去的妇女不同。……在20世纪20年代，一个女人手上的一支烟意味着社会互动语言发生了变化"（舒德森 117），可见香烟成了新女性的一种符号资源。《黄金时代》中，经粗略统计抽烟的镜头约有37处，其中萧红抽烟的镜头有14处，是单个人物抽烟镜头中最多的一位。萧红抽烟的情境主要有两大类，一类是在写作中，另一类则是在苦难的情境中用香烟慰藉自身。《汉娜·阿伦特》可以说是烟雾缭绕贯穿全片，并且每一处出现香烟的镜头都较长，约有47处抽烟镜头，其中阿伦特有33处。阿伦特在独处思考、写作、回忆受纳粹分子迫害的苦难中都有抽烟的身影。"香烟"所代表的男性文化话语权在两部影片的男性知识分子身上被减弱了，而在萧红与阿伦特两位女性知识分子身上得以增强。通过这样一减一增的转换，男女性别的文化话语权得以互换、互补。

除了通过"香烟"这一象征符号来达到性别文化话语权的平衡外，两位导演还在影片中通过人物的行为与作品互补其文化话语权。"20世纪30年代是左翼文学书写人民水深火热生活的激昂时期，萧红却是关注着无关时代主题的民风民情以及人民的愚昧。"（徐秋儿 148—150）与热血报国的男性知识分子不同，萧红在面对外族入侵和飘零的个人际遇时，总是保持着一种冷静的女性主体意识，去反思自己的人生与民族内在的根本。在《黄金时代》中提及萧红的作品有《初冬》《弃儿》《商市街》《生死场》《马伯乐》《呼兰河传》，它们集中反映的是女性在苦难中的自我意识。在《汉娜·阿伦特》中，面对艾希曼的审判，众多男性知识分子歇斯底里地指责与诅咒纳粹，而阿伦特却通过理性的哲学思考，去发掘掩藏在极权制度下的"平庸之恶"。阿伦特在其作品中不仅批判了纳粹分子施害者的平庸之恶，还对犹太民族这一受害者中的"犹太委员会"进行了批判。多方面的论述使得阿伦特作为女性知识分子的文化话语权增加，从而弥补了陷入片面而狂热的男性知识分子观点的不足。

### （三）身影渐显：女性知识分子在公共领域中的社会参与

阿伦特和萧红各自的人生经历中一个重要组成部分就是公共领域中的社会参与。《极权主义的起源》的出版与传播为阿伦特在政治理论界奠定了国际声望，使得她有更多的机会在公共领域中参与发言，讨论公共事务。阿伦特之所以能够以《纽约客》特派观察员的身份前往以色列参加对艾希曼审判这一公共事务，其原因之一正是得益于她在《极权主义的起源》中提出的独特而前沿的政治理论主张。对于审判纳粹迫害犹太民族这一公共事务，阿伦特的参与方式是在《纽约客》中连续发表多篇报道。但独特而犀利的观点使其置身于舆论漩涡之中，成了公共领域中的争议对象。之后，她将发表在《纽约客》的文章集结、扩展出版为《耶路撒冷的艾希曼》一书，此书也成为阿伦特除了《极权主义的起源》外最为知名和传播最广的著作。

新文化运动时期"男女社交公开"口号的提出，促进了女性在中国社交场合的"在场"以及在公共领域参与公共事务的机会与能力。民国女子走进社会公共生活空间，参与五彩缤纷的社交生活，体现出这一时期女子自我意识、平等意识、主体意识、自我解放意识的觉醒（邵自玲 37—38）。萧红是这种女性主体意识觉醒的典型代表之一。在《黄金时代》中，萧红、萧军、白朗、罗峰等在公共场合排演话剧讽刺当局，萧红、萧军、鲁迅、许广平在咖啡厅这一社交场所讨论文坛关于鲁迅自身的争议风波、左翼作家存在的问题以及丁玲被南京国民政府抓捕等时政问题。在著作方面，《生死场》与《呼兰河传》是萧红的主要代表作。其中，《生死场》由鲁迅作序，胡风写后记，以"奴隶丛书"的名义出版。此书的出版使得萧红的名声大盛，成了当时中国文坛中一颗女性新星，也使得萧红能够以作家的身份参与当时的文学沙龙，并在报刊等公共领域对公共事务发声。如1936年，萧红与鲁迅等作家联合发表了《中国文艺工作者宣言》，号召爱国文艺工作者，创作优秀作品，为祖国解放、民族独立而斗争。

## 三、跨文化语境下传记电影中女性知识分子的媒介书写

东西方因其地域不同分别有着不同的文化价值体系与传统。为此，导演在对女性知识分子进行媒介书写时，无论是媒介书写的表层形式还是深层内容都会有所差别。表层形式方面，导演在媒介书写时，事件的选择与叙事方式是容易产生差异的两个重要维度。在关于女性主体性建构方面，受异质文化的影响，在面对苦难时的文化心理、话语权互补以及社会参与方面也都会存在差异。

### （一）女性知识分子媒介书写形式上的差异

在事件选择方面，时间文化作为文化价值体系中的一个组成部分，关乎人们对于类似事件的选择与解决方式。西方的时间文化主要是在基督文化中的"原罪"与"救赎"观念、时效主义思想等基础上形成。中国的时间文化主要是在"天人合一""崇古"传统及阴阳五行循环思想等的基础上形成。因此与西方线形的时间形态观、未来的时间取向观、单向的时间制式观、重开头的时间序列观不同，中国更偏向于环形的时间形态观，过去的时间取向观、多向的时间制式观、重过程的时间序列观（葛志宏 101—104）。在这样的时间文化差异基础上，两位东西方女性导演在对女性知识分子媒介书写时的视觉化事件选择则有了较大的差异，即存在时间横截面上争议性事件选择的集中式呈现与时间跨度较大事件选择的全景式呈现的两种叙事方案。

西方时间文化注重时间的"不可逆转性"特性和在单位时间里专注一件事的"单向时间系统"，受此影响，特洛塔在《汉娜·阿伦特》中对阿伦特进行人物传记的电影书写时，他主要选取的内容事件是其人生经历中的一个关

键节点，即《耶路撒冷的艾希曼》一书形成的过程。影片对阿伦特的前半生、在欧洲的求学与受纳粹迫害的历史事件并没有过多的视觉呈现，仅以"智者受难"式的回忆或转借他人之口进行提及。与之形成对应的是，许鞍华受环形、多向与重视过程的时间文化的影响，在对萧红进行电影书写时，她选取的则是一个时间跨度较长、涵括多个人生关键节点的事件。《黄金时代》建构萧红女性主体性的关键事件包括：逃婚与陆哲舜私奔、被王恩甲抛弃、与萧军从相恋到彻底分开、与端木蕻良的感情纠葛以及骆宾基最后的守护。在媒介书写过程中，影片按照时间序列通过各方人物的转述来叙事。此外，在多向时间观的文化影响下，对萧红分手细节的影像呈现是通过不同人的不同叙述间的差异来进行的，以此呈现其人生境遇。

在叙事方式方面，叙事可以由事件的发展或人物的陈述来分别推动。《汉娜·阿伦特》主要以事件的发展进程作为驱动力，由阿伦特参与艾希曼的审判，并对其进行理论性的思考而推动剧情发展。它以阿伦特人生中的一个关键性事件始末作为剧情的始终，来呈现阿伦特的女性意识。而《黄金时代》则是以萧红的自述、友人的陈述、亲人的陈述以及作为作品的"它"的陈述作为推动剧情发展的驱动力。这种由人与物来陈述的叙事方式打破了影像世界的"第四面墙"，使得观影者能够降低剧情对自身的情感影响，以更理性和客观的方式去观察和审视萧红的女性主体性发展。

## （二）女性知识分子主体性内容建构的差异

首先，在"智者受难"时的文化心理有着一定的差异。根植于自身的文化思维图式，女性知识分子在面对苦难时受自身文化价值体系的影响，会呈现各异的文化心理。作为西方女性知识分子，阿伦特在面对来自主流男性知识分子话语的诘难、好友割袍断义以及犹太民族的谩骂与威胁等"苦难"时，她的女性主体性深受西方文化的影响。她坚信女性与男性知识分子是平等的，因而不惧自身已深陷危险之中，依旧通过报刊积极回应那些主要的诘难，并在课堂这样的公共场所进行公开回应。萧红在面对苦难时则深受"乐达"的儒家传统思想影响，将苦难当成积极入世必不可少的人生经历。苦难是自我完善的特殊方式，能够使人更容易地达到修身、齐家、治国、平天下的境界。因此，在影片中，有了身孕而被汪恩甲抛弃的萧红在面临卖入妓院的苦难时，仍坚强勇敢地面对。

其次，在性别文化话语权互补方面有着一定的差异。女性话语权的缺失有深刻的历史原因，陈慧指出"女性在政治视阈中话语权缺失是西方文化传统上公共领域与私人领域二元对立和中国传统父权制的超稳定性造成的"（137—140）。阿伦特作为女性知识分子的话语权建构主要体现在西方文化传统中公共领域与私人领域的二元对立。在《汉娜·阿伦特》中，女性文化话语权的上调是通过阿伦特在家庭里的社交聚会、开放式餐厅以及大学课堂中对于"平庸之恶"的据理力争，公开批驳男性知识分子的主流话语来呈现的。在《黄金时代》中，萧红的女性文化话语权上调的主要障碍是传统父权宰制。萧红颠沛流离的人生经历的起始点在于挑战了中国传统的父权宰制。导演通过萧红挑战地主家庭的权威即父亲的包办婚姻——逃婚私奔，呈现了萧红第一次女性话语权的增加。其父在父权权威受到挑战以后，对萧红进行了经济上的制裁，使得作为中国地主家庭女儿的萧红被迫中断了在外求学，并在没有经济来源的条件下开始飘零。正是源于这种挑战父权文化的举动，萧红的女性主体性得以发展，在之后与萧军、端木蕻良交往时保持着女性的自我人格，在社会参与时有着理性的思考。

此外，在进行社会参与时，政治意愿也存在差异。不同区域国家的女性在进行社会参与活动时会受到不同政治与文化传统、专业化倾向以及性别议题理念等因素的影响，从而产生差异化的女性参与（陈素秋 67—103）。受中国文化传统以及当时性别议题理念较薄弱的时代环境的限制，萧红的社会参与在本质上更多的是一种消极性的社会参与。在影片中，萧红的媒介形象与丁玲等女性知识分子不同，她是在历经人生苦难与时代战乱后仍保持着自然而率真及女性主体性的知识分子。因此，许鞍华所建构的女性主义是一种偏向女性内心的主体自觉，而非政治参与的主体自觉。《汉娜·阿伦特》中的阿伦特则是为了追求真理，摆脱集体"无思"的状况，主动向《纽约客》申请去参与观察艾希曼审判事件。阿伦特这样的女性知识分子受西方政治与社会文化传统影响，在性别议题理念更开放的环境下，其女性性别政治参与意识更强烈，女性政治主体更明确。因此，特洛塔建构的女性主体性更多的是一种在社会中积极参与政治生活的女性政治主体。

## 四、结　语

女性主义传记电影作为一种特殊的社会实践方式，以电影这一大众媒介呈现了女性的社会境况。女性媒介形象呈现方式与文化诉求在不同地域文化体系的媒介实践中有着诸多共性。在女性知识分子传记电影的媒介书写中，东西方导演均受到核心的女性主义文化价值观的影响，在与时代的互动过程中建构了类似的文化议题。阿伦特与萧红虽然分处地球的东西两端，但作为主体意识强烈的女性知识分子，通过自由冷静地思考的结晶（著作）在公共领域中分割了男性的文化话语权，从而介入到公共领域中对公共事务发出属于她们的声音，并在这一过程中承受着女性版的"智者受难"。虽然电影作为一种媒介艺术有着内在的稳定性，但它所建构的影像世界与文化体系则有着地域上的差异，这种差异揭示了女性主义的跨文化传播发展状况。女性主义受文化间性中异质文化因素的影响，在跨文化的媒介书写中有着不同的影像实践方式，尤其是在事件选择和叙事方式的影像呈现方式以及主体性内容的建构方面上有着一定的差异。在中国特色的政治经济环境中，如何将多元的主体性融入时代进程并以适当的方式进行影像传达，是女性主义电影作为跨文化传播工具所要亟待思考并且予以解决的问题。这不仅关乎女性人物传记电影的创作实践，还关乎跨文化语境中电影这一艺术形式如何保持一种与时俱进的媒介意识。中国的女性主义媒介实践要想在对外传播以及全球文化市场中具有更大的传播力与影响力，需要发掘女性主义思想与自身文化价值体系的文化间性。此外，媒介实践者在对女性人物传记电影进行创作时，需对目标文化市场中的文化价值体系进行深度挖掘，并基于目标受众的文化心理图式，选择大众易于接受的方式进行媒介书写，从而促进女性主义文化的整体发展，并推动社会生活与文化价值体系的革新。

## 致谢【Acknowledgement】

本文受益于《现代传记研究》匿名评审人提出的修改意见,作者谨致谢忱。此外,本文为"中国人民大学2018年度拔尖创新人才培育资助计划成果",得到中国人民大学的资助,作者谨致谢忱。

I am grateful to the anonymous reviewers for their insightful comments and suggestions. This research was supported by the Outstanding Innovative Talents Cultivation Funded Programs 2018 of Renmin University of China.

## 引用文献【Works Cited】

陈慧:《性别政治视阈下女性话语权建构探究》,《广西社会科学》2010年第11期,第137—140页。

[Chen Hui. "Explore and Analysis the Construct of Women's Discourse Power in the Horizon of Gender Politics." *Social Sciences in Guangxi* 11(2010):137-140.]

陈素秋:《差异化的女性公民社会参与:以过程中主体出发》,《教育与多元文化研究》(台湾)2013年第8期,第67—103页。

[Chen Suqiu. "Differentiated Women's Participation in Civil Society: The Perspective of 'Subject in Process'." *Journal of Educational and Multiculturch Research*(Taiwan) 8(2013):67-103.]

大丰、朝晖:《中国烟民与烟文化》。长沙:岳麓书社,2007年。

[Da Feng and Chao Hui. *Chinese Smokers and Tobacco Culture*. Changsha: Yuelu Publishing House, 2007.]

葛志宏:《东西方时间观念的跨文化比较》,《盐城师范学院学报(人文社会科学版)》2004年第4期,第101—104页。

[Ge Zhihong. "Cross-Cultural Comparison of the Eastern Time Concept and the Western Time Concept." *Journal of Yancheng Teachers University*(Humanities & Social Sciences Edition) 4(2004):101-104.]

金丹元、曹琼:《女性主义、女性电影抑或是女性意识——重识当下中国电影中涉及的几个女性话题》,《社会科学》2007年第12期,第171—180页。

[Jin Danyuan and Cao Qiong. "The Feminine Principle, the Feminist Film or are the Female Realize—Reunderstanding on Several Feminine Topics in the Chinese Movie." *Journal of Social Sciences* 12(2007):171-180.]

林晓珊:《城市青年职业女性香烟消费的情境与实践》,《青年研究》2009年第5期,第47—59页。

[Lin Xiaoshan. "The Context and Practice of Cigarette Consumption of the Urban Young Professional Women." *Youth Studies* 5(2009):47-59.]

刘秀秀:《"智者受难"的主题变形——论〈荒原〉中先知形象承载的救赎价值》,《云梦学刊》2014年第5期,第90—96页。

[Liu Xiuxiu. "Deformation of the Theme 'A Wise Man Suffering' Discussion of the Prophet's Redemption Value in *The Waste Land*." *Journal of Yunmeng* 5(2014):90-96.]

钱文娟:《"自弃"与"他弃"——萧红〈黄金时代〉中的女性主义意识》,《电影评介》2015 年第 23 期,第 24—27 页。
[Qian Wen Juan. "'To Give up Myself' and 'Others Give up': Feminist Consciousness in the Xiao Hong *The Golden Era*." *Movie Review* 23(2015):24-27.]

沈晓茵:《电影中的女性书写:检视张艾嘉〈少女小渔〉及〈今天不回家〉中的(少)女性书写》,《中外文学》(台湾)1999 年第 28 卷第 5 期,第 32—44 页。
[Shen Xiaoying. "Écriture Féminine in Cinema: Sylvia Chang's Female Writing in *Siao Yu* and *Tonight Nobody Goes Home*." *Chung-Wai Literary Monthly* (Taiwan) 28.5(1999): 32-44.]

米切尔·舒德森:《广告,艰难的说服:广告对美国社会影响的不确定性》,陈安全译。北京:华夏出版社,2003 年。
[Schudson, Michael. *Advertising, The Uneasy Persuasion: Its Dubious Impact on American Society*. Trans. Chen Anquan. Beijing: Huaxia Publishing House, 2003.]

邵自玲:《民国女子社交生活与女性意识研究》(硕士学位论文)。广西师范大学,2006 年。
[Shao Ziling. *The Study on the Female Social Life and Female Consciousness in the Republic of China—Mainly on the Urban Female*. MA Thesis. Guangxi Normal University. 2006.]

王淼:《后现代女性主义的起源、发展及对当代的影响》,《理论界》2007 年第 1 期,第 170—171 页。
[Wang Miao. "The Origin and Development of Postmodern Feminism and Its Influence on the Contemporary Age." *Theory Circle* 1(2007):170-171.]

徐秋儿:《真实的还原,同情式理解——论许鞍华〈黄金时代〉中萧红女性知识分子形象塑造》,《当代电影》2015 年第 6 期,第 148—150 页。
[Xu Qiuer. "Realistic Representation and Sympathetic Comprehension: Visualization of Xiao Hong, a Female Intellectual in Xu Anhua's *The Golden Era*." *Contemporary Cinema* 6(2015):148-150.]

# "传记工作坊：作者、学者和读者的对话"侧记

邵 怡

**内容提要**：为了发展传记文化，提高传记写作和研究的水平，2018年12月22日至23日，上海交通大学传记中心和南京财经大学联合举办了第一届国际"传记工作坊：作者、学者和读者的对话"。来自中国和法国的传记家、学者和研究生五十多人参加了这次活动，14人做了大会发言，其中涉及传记写作的经验、传记史名著的当下意义、传记理论中的前沿问题以及各种传记文本的阅读与思考，对这些发言代表们进行了热烈的讨论，其中也有激烈而友好的交锋。

**关键词**：传主的选择 《随想录》 跨文化传记 物传 《约翰生传》

**作者简介**：邵怡，文学博士，南京财经大学外国语学院讲师。主要研究当代美国文学、比较文学。

**Title**: 2018 Life Writing Workshop: A Dialogue among the Biographer, the Scholar and the Reader: A Report

**Abstract**: The first international "Life Writing Workshop: A Dialogue among the Biographer, the Scholar and the Reader" was co-hosted by Shanghai Jiao Tong University Center for Life Writing and Nanjing University of Finance and Economics in Nanjing on Dec. 22-23, 2 for the purpose of promoting life writing culture and stimulating life writing practice and research. Over 50 biographers, scholars and postgraduates from China and France attended this event. Fourteen attendees addressed the workshop, covering a wide range of topics, including biographical writing experience, significance of classic biographical history, cutting-edge issues of biography theories, and reading and thoughts of a great variety of biographical texts. These issues excited energetic discussions and even heated but friendly disputes among the attendees.

**Keywords**：selection of the biographical subject，*Random Thoughts*，transcultural biography，biography of objects，Boswell's *Life of Johnson*

**Shao Yi** is Lecturer in School of Foreign Languages at Nanjing University of Finance and Economics. Her research interests are contemporary American literature and comparative literature. E-mail：9120041018@njue.edu.cn.

20 世纪 70 年代末，华裔美国作家聂华苓女士分批邀请一些中国作家到美国爱荷华，参加她和安格尔先生举办的文学工作坊，那里有方便的工作条件和舒适的生活环境，让作家们在那里专心致志地写作。聂华苓 1948 年毕业于南京大学的前身中央大学，她也邀请了母校中文系的主任、戏剧家陈白尘教授。陈白尘应邀去了美国，在那里写了一部传记——回忆录《云梦断忆》。

这一文坛佳话给当年南大中文系的许多学生留下深刻的印象，他们是第一次听说"文学工作坊"，梦想自己将来也能有这样美好的经历。将近四十年过去了，如今陈白尘先生的一些弟子和再传弟子，齐聚上海交通大学传记中心，他们仿效先辈，尝试建立一个"传记工作坊"，邀请国内外传记界的同行，交流经验，切磋讨论，互通信息，发布成果，评选优秀作品，商讨研究课题，以发展和繁荣传记文化。

经过半年的筹备并得到传记界同仁的支持，2018 年 12 月 21 日至 23 日，上海交通大学传记中心和南京财经大学外国语学院联合举办的第一届"传记工作坊：作者、学者和读者的对话"，在六朝古都南京召开。五十多名来自国内外的学者、作家和文学爱好者齐聚一堂，就传记写作、研究、阅读中普遍关心的一些问题展开讨论。

21 日工作坊举行开幕晚宴，由南京财经大学外国语学院党委书记刘浩主持，外国语学院院长孙勇彬教授，上海交通大学人文学院副院长、传记中心副主任刘佳林教授分别致辞，他们向来自国内外的与会者表示热烈的欢迎。22 日全天和 23 日上午，工作坊安排了 6 场主题发言，23 日下午有 8 位代表自由发言。这些发言的内容十分广泛，包括传记写作的经验、传记经典的当下意义、传记理论中的探索和争论、各种传记文本的阅读与思考，等等。对这些发言代表们进行了热烈的讨论，也有激烈而友好的交锋。这是一次难得的对话，也是中国传记界的一次盛举。

22日上午的会议上，上海交大传记中心《现代传记研究》主编杨正润教授首先介绍了建立工作坊的宗旨和经过。他强调指出，要发展传记事业，传记家和传记学者之间的交流和对话十分重要，传记家应当懂一点理论，研究者应当学习传记写作。从历史上看，优秀的传记家常常就是杰出的研究者，司马迁是伟大的传记家，他的"究天人之际，通古今之变，成一家之言"也是对传记深刻的理论概括。法国的"传记之王"莫洛亚、英国的伍尔夫和斯特拉奇、美国的艾德尔，他们既是20世纪西方最著名的传记家，也是非常出色的传记理论家，正是他们奠定了现代传记理论的基础。在中国，胡适和朱东润，既写出了传记史上的经典作品，对传记理论也有杰出贡献。目前国外一些著名传记机构，如美国哥伦比亚大学关于传记的非虚构创意写作项目，英国牛津大学的传记中心，都是把传记写作、教学和研究结合为一体，这是当今传记发展的国际潮流和趋势，中国的传记家和传记学者应当加入到这一潮流之中。他还就工作坊的工作范围提出设想，包括筹集资金、审议选题、资助传记写作、评选优秀传记作品和优秀论著、组织传记学术讨论等。

工作坊第一位主题发言的是原山西作家协会主席、传记家韩石山先生，他的讲题是《传主的选择与材料的挖掘》。韩先生认为，当代大部分中国传记作品题材较为单一、真实性不够，许多方面需要借鉴外国传记文学的经验，郑念的《上海生死劫》是一部非常优秀的作品，也是借鉴西方传记的一个很好的例证。韩先生认为，传记家可以做到在不违背主流观点的前提下，"试探着，往前再走一步"。他以自己作品中的一些细节为例，指出对于传主生平中难以解释或存在争议的部分，可以这样解决：一是细读文本、探寻蛛丝马迹，二是如李健吾先生所说，"迎着人性"去理解，那么许多问题都可以豁然开朗。韩先生援引关汉卿《单刀会》中的词曲"三尺龙泉万卷书，皇天生我意何如"，提出传记作者应当既有破万卷书的文人品格，又有祛痾除弊的道义感，才能真实地记录历史、还原历史。

听众向韩先生提出三个问题："如何'迎着人性'写作"；"如何以当代的

眼光看待新文化运动中的徐志摩和鲁迅";"当代传记作家如何处理私密事件"。韩先生以自己写《徐志摩传》为例,将徐志摩年谱与胡适日记比对,发现徐1925年赴欧洲的真正原因并非探望泰戈尔或躲避谣言,而是出于情感原因,这就是"迎着人性"的解释。关于第二个问题,韩先生认为,徐志摩是新文化运动的清醒倡导者和优秀组织者,而鲁迅是新文化运动初期积极的参与者、后期强烈的反对者。关于如何书写私密事件,韩先生提出要有道义感,对于发现的问题一定要说,要"拐弯抹角、死乞白赖地行诸文字",这样写作几十年后才无愧于后世子孙。

第二位发言的是《人民日报》记者、鲁迅文学奖获得者李辉先生,他的讲题是《巴金"随想录"里的那些前辈》。李辉先生从巴金晚年对日本电影《望乡》的辩护说起,结合自己在《人民日报》工作期间对巴金、沈从文、冰心、萧乾、黄裳等文化名人的访谈和相关经历,带领听众一起探索《随想录》中的文人"朋友圈",展现出一个虽值晚年、病痛缠身,但仍充满人性关怀、不断反思自省的精神斗士形象。李先生也谈了自己写作传记的经验,他以自己所做的专栏《封面中国》为例,强调掌握外语和国外信息的重要性。他认为,传记写作要重视时效,如他撰写《胡风集团冤案始末》时,相关人员大多在世,他通过访谈保存了这段历史。在史料收集方面,他认为搜集的范围不仅应当包括常规文献资料,还应包括书信、单据、菜单、契约、门票,等等,这些都有助于还原、丰富历史,应当怀着责任感尊重史料,不能妄自揣摩。

听众对李先生提的第一个问题是:"写作前作者是否已针对传主预设了主题?"李先生回答说对传主的一切拔高都是不合适的。对"传记中是否应该有自我成分"这一问题,他承认自己的第一本传记作品《萧乾传》确实存在虚构,但是80年代以来,他的传记写作都基于真实史料,以记者的身份如实记录。同时,作者总是有感情的,田汉的悲剧和真性情、《时代》周刊创始人对第二次世界大战中国的同情,这些使他写出了纪念田汉的文章和《封面中国》一书。韩石山先生在发言中建议李辉继续往前走一步,写一本自传,让他密切接触过的文化老人在他笔下一个个自省、而不是一个个地赞扬,如写写曹禺的狂傲、巴金的自负。

22日下午第一位发言的是刘佳林教授，发言题是《跨文化传记：同一与差异》。他认为，跨文化传记既包括在不同文化之间流动的人为传主写成的传记，也包括境外国家和地区以本国人物为传主的作品。刘老师比较了罗伯特·白英、吴相湘、王赓武等作家写作的孙中山传记，指出造成跨文化传记差异性的两个原因：叙事框架的选择和构建造成文本主体形象差异化；各异文化语境中的引文造成的传主差异性呈现。翻译也会带来差异性，他以白先勇翻译的陈毓贤《洪叶传》为例，将 latterday confucian 翻译为"季世儒者"，只表现了字面意思，却忽略了 latterday 的基督教含义。他还比较了不同版本孙中山传记中关于早年教育、三民主义和身份描述的部分，发现尽管在语言编码和意识形态方面存在差异，但是"在严肃地对待传主生平活动与思想之来龙去脉、传主生命意义等基本问题上"，它们更多地表现出同一性。

韩石山先生对刘佳林教授的发言发表了看法。关于如何看待白先勇的翻译，韩先生认为如果从台湾的角度看大陆，洪业便是最后一个儒者，翻译为"季世"符合台湾作家的视角。他还认为，刘老师对几部孙中山传记的分析得出的结论，有应时的、唯物论的嫌疑，如果只强调物质环境的影响，不考虑孙中山的个人才华，恐怕很难解释孙中山的唯一性。刘老师赞同韩先生关于"季世"的解释；关于传记是否应当是唯物的，他表示，如果不展示环境的影响以及传主相应的选择，那么传记对读者就丧失了示范性和模仿价值。他引用王赓武的解释，孙中山的唯一性在于他是在夏威夷和香港同时受到了西方文化和底层华人的混杂影响，他的革命思想是在特定的时间和空间对西方文化做出的特定反应。杨正润老师也发表了自己的看法：在使用"跨文化传记"概念时可以用"比较传记"的概念进行补充，孙中山是一个有高度共识的人物，如果换一个有争议的传主是否可以得出"同一性"的结论？刘老师回答说，比较传记包括同一传主不同作者的传记比较，跨文化传记涉及传记家对异文化传主的观察，两者并不通约。关于孙中山作为论据是否有说服力，他表示这是初次尝试，将来会用更多作品进行论证。

第二位发言的是法兰西大学研究院资深院士、马赛大学英文系传记学会主席穆兰（Joanny Moulin）教授。穆兰教授既从事传记研究，也从事传记写作。他在题为《当代法国传记》的发言中，介绍了当代法国传记的出版和研究现状，指出传记作品在法国普通民众中广受欢迎，尤其是一些政治人物的传记；但是在学术界，传记研究还较为冷僻，没有得到普遍的重视。为了让中国学者更多地了解法国当代的传记研究现状，他推荐和介绍了一些近年出版的法国传记研究专著，供中国研究者参考。

23日上午第一位发言的是上海交通大学传记中心兼职研究员唐岫敏教授，她的讲题是《当代西方传记的新形式》，她追溯了近些年西方兴起的"物传"（biography of objects），她认为"物传"源于当代族裔作家确认身份的需求，也顺应了人类学、社会学、建筑学等学科从研究物转向研究人的理论转向。她以英国女作家伍尔夫为诗人勃朗宁夫人的爱犬Flush写的"狗的传记"为例，肯定"物传"的合理性和传记文学新的可能性。20世纪80年代以来，西方出现了《鳕鱼传》《伦敦传》《琥珀眼的兔子》等物传，为动物、城市、家传古董立传，将传记作品的边界扩展到动物学、建筑学、考古学等领域，引起了传记作为一个传统文类是否会消亡的忧虑。对此，唐老师认为，只要关注"物"背后的历史，挖掘人与物的关系，尤其是情感纽带，物就能产生丰富的意义，物传也就具备合法性。判断物传能否成为传记研究的一部分的标准在于作品是否同时具备历史性和文学性。

以物为写作对象的作品是否属于传记？这个问题引起了参会者的热烈讨论。杨正润老师介绍说：《现代传记研究》收到一篇关于"城市传记"的来稿。编辑部对此稿经过三次讨论，并征询夏威夷大学传记研究中心主任豪斯教授的看法。作者根据编辑部的意见修改多次，编辑部最后采用了此稿，但也说明并不完全同意作者的意见。认可"物传"属于传记的与会代表认为：像《文明之光》《硅谷传奇》这样的科技史作品背后折射出的还是人，"物传"可以是传记文学；又如布封的博物志，虽然是科学巨著，但是作者带着强烈的情感，生动细致地描绘鱼虫鸟兽，也可以看作"物传"。否认"物传"为传记的学者认为：其一，传记只应该写人、而不是物，如中国古代的亭台楼阁记，无论如何不能被称为传记；其二，传记边界的无限扩展会影响传记作为一个文学门类的独立性，甚至自我消解。也有学者认为要厘清这个问题，必须界定"物传"的定义，只有物与背后的人发生联系，尤其是稳定持久的情感联系，才能构成"物传"。唐岫敏老师认为，传记一词从写人的 biography 演变为泛指的 life writing，正说明了传记边界的扩大和延伸，"物传"与传记并不冲突。

第二位发言的是孙勇彬教授，他的讲题是《"约翰生传"的现代性——我们向鲍斯威尔学习什么？》他通过"个性的张扬与压抑""众生的舞台"和"灵魂的挣扎"等三个副标题，分别阐述约翰生与环境和他人的冲突以及他的自我冲突，从中展现出一个清高桀骜、才高盖世，但又固守偏见、在天堂和地狱之间徘徊的文坛巨擘形象。孙老师称约翰生是集"怪人、奇才"于一身的矛盾综合体；《约翰生传》的现代性在于用冲突来展示传主的个性，让读者窥见伟人光环后面纠缠、复杂的人性。在讨论中杨正润老师认为，《约翰生传》的写作经验特别适用于当代中国，因为鲍斯威尔善于挖掘冲突，写出矛盾，这对当代中国传记来说，应当是重要的借鉴。鲍斯威尔十分崇拜约翰生，但是并未回避、隐瞒传主的缺点、怪癖甚至可笑之处，这是鲍斯威尔的伟大。韩石山先生认为，鲍斯威尔是一名有才情的世家子弟，麦考莱是一名杰出的评论家，后者对前者的恶评应当不仅出于私仇，还出于他对世家子弟散漫堕落生活的观察。他看《约翰生传》时，也同样看到了一个谦卑、谄媚、懦弱的鲍斯威尔，与麦考莱的评价不谋而合，因此他建议从世家子弟角度来看鲍斯威尔。

23 日下午分两场共 8 位代表自由发言。浙江师范大学俞樟华教授的题目是《论民国期刊对现代传记文学的贡献》，他梳理了发表于民国期刊的传记作品，指出其开创性特点：分期连载作品；图文并茂；策划传记栏目、专号；向名人约稿；发表"小人物"创作的传记；发表具有时效性的传记作品。上海交通大学博士生范晨的《蒋彝的书信手稿研究》通过梳理蒋彝在海外四十四年的书信手稿，指出蒋彝"有根的"世界主义身份建构是帮助他在跨文化交际中游刃有余的关键因素。浙江理工大学薛玉凤教授的《马克·吐温的暴富情结》，指出马克·吐温晚年自传中披露其内心的暴富情结是理解他许多作品的钥匙。青岛科技大学硕士生王泓元的《孤独·愧疚·自由》对多丽丝·莱辛的自传《刻骨铭心》进行了后殖民主义的解读。

青岛科技大学副教授许勤超的发言题是《虚构的力量——莎士比亚传记中的安妮·哈瑟维》，他认为莎士比亚传记的一些作者，在传材十分匮乏的情况下，结合历史文化背景以及莎士比亚作品和人性的特点，通过丰富的想象，使莎士比亚妻子安妮的形象逐渐鲜明，体现出传记虚构的力量。上海大学周倩雯博士的《传记电影中的表演性研究》借助"表演框架"理论，探索传记电影的创作、研究范式如何由文本性转向表演性。上饶师范学院吴凑春博士的《雷锋传记影像谱系分析》，分析《雷锋之歌》对《雷锋》的情节改编，回顾雷锋传记的影像谱系。南京大学文学院硕士生朱钰洁的《传记为谁而作》以史景迁的《中国皇帝：康熙自画像》为例，探讨传统传记和现代传记的差异。

自由发言以后，参会者展开热烈的讨论，其中包括莎士比亚生平，传记作品中的虚构性与真实性的关系等话题。最后，杨正润老师对两天的工作坊进行了小结，他认为各位代表的精彩发言和坦诚交流使他感受到"快乐学术"的意义，希望各位同仁支持工作坊今后的工作并提出意见和建议。他代表《现代传记研究》欢迎大家来稿，并表示编辑部同仁有决心把刊物办得更好，刊物将坚持并进一步完善国际规范和匿名评审制度，以开放的心态，认真、公正地对待每一篇来稿，推动和促进中国的传记研究。

# 稿 约

传记研究已进入当代人文社会科学研究的核心领域，为学术界日益重视。本刊是中国第一个传记专业学术刊物，办刊目的是拓展和丰富传记研究的内容，开展学术讨论，为国内外学者提供发表和交流的园地，吸引和培养本领域的学术新秀。

本刊立足学术前沿，以国际化为目标，发表中文和英文稿件。本刊倡导以现代眼光和方法研究中外传记的各种问题，设立【名家访谈】【比较传记】【理论研究】【传记史研究】【作品研究】【自传评论】【日记评论】【人物研究】【传记影视】【书评】【史料考订】【传记家言】等近20种栏目，以长篇论文为主，也欢迎言之有物、立意创新的短文。本刊尊重老学者，依靠中年学者，欢迎青年学者。

自2013年创刊以来，本刊得到了国内外学者的大力支持，上海交通大学也给予稳定的出版经费资助，刊物在国内外学界的影响不断扩大。2017年，本刊入选"中文社会科学引文索引"（CSSCI）来源集刊，也被一些国际著名大学列入"国际学术刊物"或将本刊所发论文收入传记"年度学术论著目录"。

为了进一步提升本刊质量和推进国际化，来稿请遵照以下要求。

1. 中英文来稿一般请勿超过10 000字。本刊聘请国内外同行专家匿名审稿，在接到来稿3个月内，回复作者处理结果。本刊只接受原创性稿件，谢绝已发表过（包括用外文发表过）的文稿。作者应严守学术道德，文责自负。

2. 学术论文类稿件须遵循以下文本格式和规范：中（英）文标题、作者姓名、内容提要（200字左右）、关键词（3—5个）、作者简介（包括学位和学衔、工作单位、研究方向、近期代表性成果 1—2 种、电子邮箱等，不超过 150 字），与以上相对应的英（中）译文。正文字体一律用宋体或 Times New Roman（5 号）、1.5 倍行距（提要与作者简介同此），引文超过 4 行应独立成段（整体左缩进两字符、上下各空一行，中文用楷体）。文中内容如另需注解、释义或补充说明性等文字应以注释（Notes）形式置于文末，即手动插入连续带圈、上标的阿拉伯数字编号，文末相应给出内容。文献的引注请参照 MLA 格式，即采用文中括号夹注并文末列出相应引用文献（Works Cited）的方式。引用文献按作者姓氏首字母排序（无作者按文献名首字母），非西文文献须给出相应的英译信息。注释和引用文献字体为小 5 号。如作者在执行此格式中确实存在困难，请联系编辑部，编务人员将协助予以解决。论文如受到项目资助或他人和组织等具体帮助的，可在文末单列致谢（中英文）。

3. 本刊只接受电子 word 格式来稿，稿件请寄编辑部信箱：sclw209@sina.com，勿寄私人。

来稿刊出后即付薄酬，并赠送样书 2 册。本刊在上海交通大学传记中心设立编辑部，负责编辑、出版方面的具体工作。欢迎作者和读者就本刊工作提出意见和建议。

# Instructions to Contributors

**Mission**

Life writing studies have moved onto the central stage in the academia and gained ever more attention both in and outside China. As the first scholarly journal in the field of China, the biannual journal *Modern Life Writing Studies* intends to fill up the blank of life writing studies in China, provide a venue for scholars all over the world, attract and promote specialists in the field.

Aiming to keep abreast of the cutting edge of life writing research, Our journal seeks to, in modern views and perspectives, explore various topics of life writing in China and in the world, with almost 20 sections included, such as Interview, Comparative Biography, Theory Study, History of Life Writing, Text Study, Autobiography Study, Diary Study, Subject Study, Film Biography, Book Reviews, Life Writing Materials, From the Life Writer, etc.

Ever since its appearance in 2013, our journal has been well-received by scholars at home and abroad and funded by a steady grant from Shanghai Jiao Tong University. It is exerting increasingly greater influence in academia with a due wide positive response. In 2017, our journal was included in CSSCI(Chinese Social Science Citation Index), and listed in the international academic literature or included in the annual annotated bibliography by world prestigious universities.

Our journal accepts both Chinese and English submissions. All the articles will be subject to anonymous peer review.

**Style**

Submissions are welcome from both Chinese and international researchers. Simultaneous submissions are not accepted. English papers should be between 4,000 and 7,000 words of text in length (including notes), while English book reviews are about 2,500 words. Full-length articles take up most part of the journal, but short essays with originality and fresh ideas are also welcome.

## Submission Guidelines

All written submissions should be formatted according to the eighth edition of *MLA Handbook for Writers of Research Papers*. All submissions should include a 100-word abstract both in Chinese and English, keywords (less than 5), a 70-word biographical statement, and works cited. Please adhere to the following requirements:

- Double spacing, Times New Roman, 12-point font
- One-inch margins
- Only Microsoft Word doc or docx files will be accepted
- Citations should be provided in parenthetical reference followed by "Works Cited".
- Endnotes are preferred if there are any.

Submissions should be emailed in Word format to the editor sclw209@sina.com. Each contributor will get two complimentary copies once his/her paper is published.

Our journal is based at SJTU Center for Life Writing. We welcome suggestions and proposals, from which we believe our journal will surely benefit.

# 编后记
## ——兼致本刊青年作者

本辑"名家访谈"发表了对英国作家霍姆斯（Richard Holmes）的采访，霍姆斯不但享誉欧美，他关于雪莱等浪漫主义作家的传记、关于科学家的传记以及传记理论著作，也是中国读者熟悉的。作为传记学教授，他善于对自己丰富的写作经验进行总结，这篇访谈中就有许多精彩的论述，比如他说："好的传记……在风格、方法和气质上明显差异很大，很难界定它们有什么重要的相同点。尽管如此，我还是认为，爱上你的传主，在必要的时候再从爱中解脱出来，这可能是任何优秀传记作家根本的东西"，这就抓住了传记写作的要害，值得我们记取。

本辑设立"沈从文传记研究"专栏，刊文两篇。多年来沈从文始终为学术界所关注，人们对他的兴趣也从小说扩展到他不同时期各种文体的著作，其中包括传记。梁庆标研究了沈从文 1949 年以后的书信，称之为"有情之画笔"，赏析其中从容、静谧的诗情画意和哲理，感悟到"柔和的心性之美"，这就做出了自传审美研究的示范。丁茜菡凭借对沈从文作品的熟悉，通过对《从文自传》初版的细读以及同其他作品的比较，发现他对自己少时形象和经历的叙述都进行了选择，这源于"济渡自身意愿下的自我建构"，这是对沈从文精神世界的剖析。

"理论研究"发表四篇论文，都同传记或自传的革新有关。现代传记诞生以来，不断有人试图突破传统界限的束缚，创立新形式。俄裔美国作家纳博科夫打破传记以散文为主和线型叙事的惯例，加入各种文体并以作品注解其生平，探析传主的心理。贾莹选择了他的四部不同类型的作品，对他的真实观、历史观以及他对传记的追求做出颇有深度的分析。

自伍尔夫的《奥兰多传》1928年问世以来，一些英美作家不断试图把传记和小说融为一体。传记小说是近年来影响较大的一种，代表作品是英国小说家戴维·洛奇的《作者，作者》与《风流才子》。本辑有两篇论文研究这两部作品，蔡志全认为传记小说集传记、小说、文学批评于一身，具有纪实、虚构、学术研究等多种成分，它同传记（biography）并列，是更宽泛的"生命书写"（life writing）的新模式。陈文玉分析这两部作品里丰富多样的"副文本"，它们缩短了作者和读者之间的距离。这两篇论文可以互为补充。

在自传领域，毛旭设计出一种"完美"的自传结构，即所谓"完美自传"，对自传形式进行规范。20世纪后期，结构主义研究自传，其理论基础就是发现各种模式。毛旭则借鉴电影的三幕剧理论，得出"佳构传记"的模式。"佳构"（well-made）概念来自19世纪的西欧戏剧，它是否可以移植于自传？毛旭只是提出一种设想，这就如结构主义设计的各种文体的模式一样，价值恐怕不在于实践而在于发人思考。

"传记史研究"发表四篇论文。两篇是关于中国现代传记的，在这一领域有关论著已有很多，但是关于民国期刊传记，几乎还没有进入研究者的视野。陈含英、俞扬、俞樟华3位作者合作的《论民国期刊对现代传记文学的贡献》是一篇力作，作者查阅了大量民国期刊，收罗了丰富的传记作品资料，做了细心的考订、梳理、分类和评述，这就为中国现代传记史研究的深化，提供了新的线索。许菁频则考察中国现代传记的发展，认为它是对"五四"新文化运动的一种呼应与致敬。新文化运动对现代传记的主题、内容和形式产生了深刻的影响；现代传记的问世也促进了文学革命的全方位展开，促进了自上而下的文化启蒙。这两篇论文分别从微观和宏观的角度丰富了对中国现代传记的认识。

郑春光研究美国传记史上一个特殊的类型"非裔奴隶自传叙事"，发现它是一种"必需的文学"，在非裔黑人的历史进程和现实生活中发挥了重要作用。李贺考察中国古代传记史上的"先贤传记"，它们同"方志"有许多关联和相似，但也不能混为一谈。这两篇论文提醒读者注意：传记史研究中还有许多被忽视的方面或细节。

"作品研究"的三篇论文有助于我们阅读和理解三部有影响的传记。莫理循的《一个澳大利亚人在中国》记录他1894年在中国的一次旅游,张文茹和崔亚霄的论文论析作者"以传记游"的写作方法,重点在途中所见到的各式人物,笔下不存偏见,尊重事实。这部游记的成功不但改变了莫理循的命运,也在一段中国历史上留下了痕迹。褚夫敏研究邝丽莎家族回忆录《百年金山》,通过作者的身份话语,考察美籍华人的种族、政治和性别诉求。王布新论析房伟的《王小波传》在不同的文化空间中还原传主的书写模式,可以丰富读者对王小波的认识。

"人物研究"栏徐晓宇的《致命的42岁》是篇有趣的论文:他发现果戈理死于42岁,他的作品中有三部说到这个年龄,这成为他探究"果戈理之谜"新线索,同果戈理作品中的爱情和婚姻主题有关,反映了他无意识中的性心理。读者对这一结论可以见仁见智,但徐晓宇对文本的细读,使人想起美国传记大师艾德尔的主张:传记家要学习福尔摩斯的方法。

还有几篇有吸引力的论文:"比较传记"栏慕江伟的《走进复杂的灵魂》对有关苏曼殊的三十多种传记作品进行了比较研究,同时也烘托出这位特立独行的诗人复杂的性格。"书评"栏李霄垅和王梦婕从书名是"公主日记"还是"写日记的公主"的翻译问题入手,评论凯丽·费雪自传中的成长主题,文笔简洁而清新。

"传记影视"栏刊文两篇。周倩雯采用"表演框架"理论考察传记电影从文本性向表演性的转化,杨石华比较中德两位女性导演的两部女性人物的传记电影,揭示两者在选材和叙事、形式和内容方面的差异。这两文都从对具体作品的分析升华到理论。

上海交通大学传记中心主办、南京财经大学外国语学院承办的"传记工作坊:作者、学者和读者的对话"2018年年底在南京举行。"学术信息"中邵怡对这次活动做了相当详尽的报道,欢迎读者对工作坊今后的活动形式和内容提出建议。

本刊问世以来,作者的构成发生明显的变化:青年作者,特别是博士生不断增加，本辑作者中就占了差不多一半。在这里我们要向青年作者说几句话：

《现代传记研究》欢迎你们，有志于此的青年朋友！传记学是个年轻的学科，这里正是你们的用武之地，你们给刊物带来了清新的气息，激发了传记学的生机，新的论题、新的观念和新的视角，主要也是出自你们笔下，欢迎你们来稿！

这里也提出两个建议：在你们的来稿中，关于作家传记（literary biography）的研究占了绝大部分。当然，无论在西方国家和中国，现代传记就是以作家传记发端的，在西方是鲍斯威尔的《约翰生传》和卢梭的《忏悔录》；在中国则有郁达夫、沈从文、胡适、郭沫若等人的自传。作家传记是传记的重要类型，作家的资料比较容易获得，研究起来特别方便，这我们能够理解。但是也请注意：传记的范畴和研究领域十分宽广，即以获得历届中国传记文学优秀作品奖和美国普利策传记奖及入围奖的作品为例，占据主流的是各领域重要历史人物的传记，它们也最受读者欢迎。传记从来同时代有密切的联系，传记研究不是象牙塔中的游戏，它必须关注实践。所以我们支持你们研究优秀的作家传记，但希望你们把视野扩展到更加宽广的领域。

本刊要求严谨求实的文风，希望你们来稿更加尊重学术规范，特别是注意细节，比如摘要和关键词集中反映文章的主要内容，关键词不从标题中选用，外文翻译准确，引文不宜太长，全文字数不超过规定，行文通达流畅……这些要求并不难达到，却可以大大减轻我们的负担，也可以使你们的来稿具有更高的采用率。谢谢你们！

编辑部
2019 年 1 月

# From the Editor
## —To Our Young Contributors

　　This issue features an interview with the British biographer Richard Holmes, who is highly esteemed not merely in Europe and America, but also enjoys wide reputation in China for his biographies of Romanticists, notably Shelley, and scientists and his theoretical works on biography. As a professor of Biographical Studies, he excels in summarizing his rich writing experience, as demonstrated in the interview. For instance, "Good biographies ... are obviously so varied in style, approach and temperament that it would be difficult to define any essential common ground between them. Nonetheless, I think the ability to fall in love with your subject, and out of love again where necessary, is probably fundamental to the writer of any good biography." This calls our attention to the very key of biographical writing.

　　This issue witnesses the special section "The Study of Shen Congwen's Life Writing", which includes two papers. Shen has long remained the focus in the academic community, while the interest in him has extended from his fiction to a great variety of other genres, including his life writing. Liang Qingbiao has conducted a research on Shen's letters after 1949, dubbing them as "the affectionate paintings." Through the analysis of the readiness, tranquility and thoughts in them and the perception of the "tender beauty of his soul," Liang produces a role model in an aesthetic research on autobiography. Based on the knowledge of Shen's works, Ding Qianhan identifies Shen's selection of both his adolescent images and his experience periods in the autobiography through a perusal of the first edition of *Congwen's Autobiography* and the comparison with the works before and after it. This is attributed to "living beyond the suffering by Self-construction" through her exploration of Shen's spiritual world.

　　All the four papers in Theory Study are concerned with the innovation to auto/biography. Since the origins of modern biography, efforts have been constantly made to break free of fetters of conventional boundaries and to establish new forms. For example, the Russian American writer Vladimir Nabokov breaks biography conventions which tend to be prosaic style and linear narration, integrates different genres into the text and interprets the subject's life or explore his/her mind with the subject's work. With four of his works of different types, Jia Ying conducts an in-depth analysis of Nabokov's concepts on truth, history, and his biographical pursuit.

Since the publication of *Orlando* by Virginia Woolf in 1928, some Anglo-American authors have made every efforts to integrate biography with novels for over a century. Biographical novel is a genre of major influence in recent years, typified by David Lodge's *Author, Author*, and *A Man of Parts*. Two papers focus on the two works. Cai Zhiquan argues that the biographical novel embodies the elements of biography, novel and literary criticism and crosses non-fiction, fiction and literary research. He suggests that this genre enjoys equal status to biography and is a new pattern of life writing. Chen Wenyu analyzes the peritexts in the two biographical novels and discovers that they reduce the distance between the author and the reader. These two papers are complementary to each other.

When it comes to the field of autobiography, Mao Xu designs a "perfect" autobiographical structure, i.e. Perfect Autobiography to regulate the autobiographical form. The Structuralist approach to autobiography in late 20th century is based on the discovery of various models. Mao employs three-act movie theory to propose the model of "well-made auto/biography." The term "well-made" is borrowed from drama theory of western Europe in the 19th century. Can it be transplanted to autobiography? Mao only puts forward his hypothesis and this value lies not in practical terms but in thought-provoking effect, as does Structuralism for the generic models it designs.

In History of Life Writing, two of the four papers focus on Chinese modern life writing, a hot research field. Few researchers are, however, interested in biography in periodicals in China's Republican Period. "On the Contribution of the Periodicals in the Republican Period to Chinese Modern Biography" is a brilliant paper coauthored by Chen Hanying, Yu Yang and Yu Zhanghua, who refer to a great number of Republican periodicals for a vast collection of biographical works and data. Their painstaking collation, assortment and comments have injected new momentum into the research on Chinese modern life-writing history. Xu Jingpin examines the development of Chinese modern biography and concludes that it is an echo of and a tribute to the New Cultural Movement. The May Fourth New Cultural Movement exerted profound impact on Chinese modern biography in terms of themes, content and literary forms. Meanwhile, the appearance of modern biography was also a driving force to the spread of literary revolution and promoted the top-down cultural enlightenment. The two papers materialize a better understanding of Chinese modern life writing on a micro and a macro scale respectively.

Through his research on African slave narrative, a special sub-genre in the history of American life writing, Zheng Chunguang identifies it as a literature of necessity, which plays an essential role in the history and real life of African Americans. Li He explores the "sage biography" in ancient China and argues that they are not the equivalent of the chronicles despite all the connections and similarities. The two papers alert readers to the fact that many fields and details are still neglected in the study of life-writing history.

The three papers in Text Study are conducive to the reading and interpretation of three influential biographies. George Morrison's *An Australian in China* documents his travel in China in 1894. Through an analysis of Morrison's writing approach of "biography as travel writing," the paper co-authored by Zhang Wenru and Cuiyaxiao argue that the author focuses on people rather than the scenery and holds no biases but writes about whatever he saw in an objective way. The success of this travel writing has not only reversed his fate but leaves his imprint on history. Chu Fumin's paper on *On Gold Mountain: A Family Memoir of Love, Struggle and Survival* examines Chinese Americans' appeal in ethnicity, politics and gender from the perspective of the biographer's identity discourses. Wang Buxin's analysis of Fang Wei's *A Biography of Wang Xiaobo* restores the biographer's writing mode in different cultural spaces to improve our understanding of Wang Xiaobo.

In the section of "Subject Study," Xu Xiaoyu's "42, a Fatal Age" is an interesting paper, in which he discovers that Gogol died at the age of 42, recurring in three of his works. From this new clue to solve "the enigma of Gogol," Xu discovers that it is associated with such themes as love and marriage in Gogol's works and reveals the sexual psychology in his unconsciousness. This conclusion may be controversial, but Xu is well versed in close reading, reminding us of what is advocated by Leon Edel the great biographer, "The method I am proposing for biography is related to the methods of Sherlock Holmes and also to those of Sigmund Freud."

There are also a few other intriguing papers. In the section of "Comparative Biography," Mu Jiangwei's "Into the Complex Soul" conducts a comparative research on over 30 Su Manshu biographies and highlights the complex character of the poet subject whose singularity is most distinctive. The section of "Book Review" meets an essay co-authored by Li Xiaolong and Wang Mengjie who review Carrie Fisher's autobiography from the perspective of the translation of the book's title, i.e. the princess's diary or the princess diarist. The buildungsroman theme is commented in a succinct and refreshing style.

Two papers are concerned with film biography. Zhou Qianwen employs the "performance framework" to examine the shift from textuality to performance, while Yang Shihua compares two film biographies of female subjects respectively directed by two female film makers from China and Germany. He reveals the differences in material selection, narration, form and content. Both papers arrive at the theory based on the analysis of a specific text.

"Life Writing Workshop: A Dialogue among the Biographer, the Scholar and the Reader" was co-hosted in Nanjing by Center for Life Writing, SJTU, and Nanjing University of Finance and Economics at the end of 2018. Shao Yi provides a detailed coverage on this workshop in the section of "Academic Info." Any of your advice concerning our future workshops is welcome and highly valued.

Ever since our journal was founded, the body of our contributors has undergone a fundamental change. The percentage of young contributors, particularly doctoral candidates, is continually on the rise and reaches up to nearly a half. Therefore, we would like to deliver a few words to young scholars:

You are welcome to contribute to our journal, young friends! As a young discipline, life writing studies provides an open arena for you to bring your potentials into full play. You have brought new blood to our journal, as well as new momentum, topics, concepts and perspectives. Your papers are highly appreciated.

Nonetheless, we have two suggestions to you. Up till now the vast majority of submissions from young scholars address literary biography. It is true that modern biography finds its origins in literary biography, e.g. autobiography of Yu Dafu, Shen Congwen, Hu Shi and Guo Moruo in China and *Boswell's Life of Johnson* and *The Confessions of Jean Jacques Rousseau* in the West. To the extent that literary biography is an essential sub-genre of life writing and it has no much difficulty to access to the writers's materials, it is understandably easy to research on the genre. But We must also remember that biography enjoys a broad range and large varieties. Take the example of the Pulitzer Prize for Biography or Autobiography, a great number of winners and finalists owe their success to their biography of heavy-weight historical figures and historical biographies seem to be most applauded by readers. It is universally acknowledged that life writing can never be amputated from its context and life writing studies are no intelligence games in the ivory tower. Hence, we support your research on excellent literary biography, but it is more desirable to expand your horizons.

Our journal advocates a rigorous and truth-seeking style of writing. We are expecting to see submissions in compliance with academic standards, free of minor errors in such fields as abstract, keywords, translation, length of quotes and full text, coherence, etc. These standards are not difficult to meet with. Improvement in these respects will mean less unnecessary burden on the part of the journal and more chance for the acceptance of your paper. Thank you!

January, 2019